珍藏本·增订本

纪念版

汉译世界学术名著丛书

# 从经验立场出发的心理学

〔德〕布伦塔诺 著

郝亿春 译

商務印書館
SINCE 1897
The Commercial Press

Franz Brentano

**PSYCHOLOGIE VOM EMPIRISCHEN STANDPUNKTE**

Felix Meiner，Leipzig，1924 年第二版

本书从 Psychology from an Empirical Standpoint（Translated by Antos C. Rancurello，D. B. Terrell and Linda L. McAlister，English translation © 1973，1995 Routledge）英文本译出。

# 汉译世界学术名著丛书
# （120 年纪念版·珍藏本）
# 增订本出版说明

2017 年 10 月，为纪念商务印书馆创立 120 周年，本馆推出“汉译世界学术名著丛书”（120 年纪念版·珍藏本），计七百种。近五六年来，仰赖学界同人倾力支持，订正旧译，增补新译，拓展新著，积累日多。为满足读者需要，本馆在七百种的基础上，继续推出“汉译世界学术名著丛书”（120 年纪念版·珍藏本·增订本）三百种。至此，“汉译世界学术名著丛书”累计出版已达千种。

今后，本馆将继续推进丛书的翻译出版工作，在积累单本名著的基础上陆续分辑刊行，汇印出版。为促进中外文明互鉴、推动我国学术发展，使“汉译世界学术名著丛书”这项对我国学术文化有基本建设意义的重大工程发挥更大作用，诚望海内外学术界、翻译界继续给予支持，帮助我们把这套丛书出得更好。

商务印书馆编辑部

2024 年 2 月

# 汉译世界学术名著丛书
# （120年纪念版·珍藏本）
# 出版说明

2017年2月11日，商务印书馆迎来120岁的生日。120年前，商务印书馆前贤怀揣文化救国的理想，抱持“昌明教育，开启民智”的使命，立足本土，放眼寰宇，以出版为津梁，沟通中西，为中国、为世界提供最富智慧的思想文化成果。无论世事白云苍狗，潮流左右激荡，甚至战火硝烟弥漫，始终践行学术报国之志，无改初心。

迻译世界各国学术名著，即其一端。早在20世纪初年便出版《原富》《天演论》等影响至今的代表性著作，1950年代后更致力于外国哲学和社会科学经典的译介，及至1980年代，辑为“汉译世界学术名著丛书”，汇涓为流，蔚为大观。丛书自1981年开始出版，历时三十余年，迄今已推出七百种，是我国现代出版史上规模最大、最为重要的学术翻译工程。

丛书所选之书，立场观点不囿于一派，学科领域不限于一门，皆为文明开启以来，各时代、各国家、各民族的思想与文化精粹，代表着人类已经到达过的精神境界。丛书系统译介世界学术经典，引领时代思想，为本土原创学术的发展提供丰富的文化滋养，为推动中国现代学术和现代化进程做出了突出的贡献。

为纪念商务印书馆成立120周年，我们整体推出“汉译世界学术名著丛书”120年纪念版的珍藏本，寄望既利于文化积累，又便于研读查考，同时向长期支持丛书出版的译者、编者和读者致以敬意。

两甲子后的今天，商务印书馆又站在了一个新的历史时间节点上。我们不仅要铭记先辈的身影和足迹，更须让我们的步伐充满新的时代精神。这是商务人代代相传的事业，更是与国家和民族的命运始终紧密相连的事业。我们责无旁贷，必须做好我们这代人的传承与创造，让我们的努力和成果不仅凝聚成民族文化的记忆，还能成为后来人可以接续的事业。唯此，才能不负前贤，无愧来者。

商务印书馆编辑部

2017年10月

# 目　录

# 1874年版前言 xxvii

我为本部著作所拟的题目既标示其对象也刻划其方法。我的
心理学立场是经验的;唯有经验是吾师。不过我也认同一些同行
的下述确信:这种立场完全可以与某种观念论立场相容。我对心
理学方法的看法将在这六卷本[①]的第一卷中详述。第一卷讨论作
为科学的心理学;第二卷一般性地考察心理现象;接下来第三卷研
究表象的特征及其所遵循的规律;第四卷关注判断的特征及规律;
第五卷考察情感,特别关注意欲行为的特征与规律;最后一卷处理 1
身心关系问题,因而我们也会追究下述问题,即,灵魂生活在身体
朽灭后继续存在是否可信。

于是,这部论著的规划就涵盖了心理学中所有相异而根本性的领域。然而,我们的目的不是写一部心理学概要,虽然我们会尽量让每个对哲学研究感兴趣的人都能对这部著作清楚明白。我们经常会在某些特别的难题上劳心费神,并且我们也会以比通常所知晓的标准更为严苛地考察心理学的基础。或许有人会觉得这种谨小慎微的方法过于夸张、令人生厌,我倒宁愿接受这种批评,而

---

① 严格地讲,布伦塔诺仅完成了这个规划的前两卷,即本部著作所包含的两卷。其它四卷所涉及的内容分散在他的各种专论和讲课稿中,在其生前公开发表的也不多。——译者注

xxviii 非被人批评说我的论断证据不足。我们在心理学上最急迫的需求并非其原则的多样性和普遍性，而是其学说的统一性。在这种框架下，我们必须试图达到最初是数学随后是物理学、化学及生理学所达到的程度，即，一种被普遍接受的真理核心能够吸收来自所有其他科学领域的努力成果。我们必须寻求建立一种统一的心理科学来取代我们现存的诸种心理学。

此外，正如不存在特殊的德国真理一样，也不存在特殊的国家心理学，遑论一种德国心理学。正因如此，我考察现代英国哲学家的杰出科学贡献不亚于考察德国哲学家的贡献。

科学无疑被一些不讲原则的妥协败坏了，因为妥协者为了顾及与先师的统一性和一致性而牺牲了学说的统一性和自洽性。事实上，没什么会比折中主义更导向哲学观的分裂。

在科学中——正如在政治中——不经过冲突是难以取得一致的，不过在科学争论中，我们不应追求这个或那个研究者的胜利，而只应追求真理的胜利。这种冲突背后的动力不应是野心，而应是对所共同遵从真理的渴求，此真理唯精唯一。因此，正像我毫无保留地拒绝和批评他人在我看来的错误观点一样，我也随时欢迎对我所提观点的任何纠正。在这里以及随后的研究中，我将经常且坚定地与诸如穆勒、贝恩、费西纳、洛采、霍姆海兹以及其他最杰出的研究者商榷，但这样做不应被理解为或是减少了这些人物的优长、或是削弱了其影响力。相反，这恰恰是一种标志，即，就像其他人那样，我也以一种特殊方式受到这些人物的影响，并从其学说中受益，这不仅在接受他们的学说时成立，而且在我不得不挑战他们时同样成立。因而，我希望别人也可以像我一样在对这些理论的彻底估价中受益。

我也非常清楚，有时我对自己的论辩所针对的观点其实并没多大内在兴趣。我在这上面劳心费神是因为这些观点在时下享有不适当的名声，并且施加给公众一些令人不快的影响；而公众尚未认识到去要求科学有说服力，这种情况在心理学领域比在其他领 xxix
域更甚。

读者会时常发现我提出了一些前所未闻的观点。我相信，同时也显而易见的是，我没在什么地方故意要标新立异。相反，我是从传统概念出发的，只是不情愿地且只被理性力量所迫而做出一些革新，这种理性力量至少在我看来是无法抵制的。而且，更进一步的分析会表明，即使在我转达看上去最为原初的观念时，上述的新观点在某种程度上也已经被预示。我不能对这些早先的预示置若罔闻，甚至当我的观点独立于先前类似的观点提出时，我也不会对先前的观点置之不理，因为我所关心的并不是成为一种新学说的创发者，而是成为一种真理的拥立者。

如果说早先的学说有时只被看作后来更精准理论的预示，那么我自己的论著也不过是为将来更为完备的理论做准备。在我们这个时代用不了多久就会看到，某种哲学——这种哲学一度将自己当作所有科学的最终体现[1]——并非不可超越的，而是不可证明的。一种排除了向更完满状态发展的科学理论是个死胎。时下的心理学发现自己尤其处于下述情形，即，那些自诩为专家的人士暴露出比苏格拉底所说的“我自知我无知”更大的无知。

① 这里显然是指黑格尔的思辨哲学。——编者注

然而,真理不存在于极端中。目前出现了科学心理学的开端。虽然这些开端自身不起眼,但它们拥有充分发展的可能性,于是有朝一日便会硕果累累,不过这只能寄希望于后生了。

弗兰兹·布伦塔诺

1874 年 3 月 7 日于阿沙芬堡

# 1911年版前言[①]



能够为科学做出巨大贡献的，并非那些旨在给一个既定的科学科目以体系化的专著或作品，而是解决一个难题的专论。因而下述情形就不足为奇，即，我的《从经验立场出发的心理学》尽管没有全部完成，仍引起广泛兴趣。在这部论著中，我为某些基本问题提供了全新解答，且为了详尽地证成我的创发而殚思竭虑。值得一提的是，我有关心理现象分类的研究越来越引起科学家的普遍关注。近来有人请求我授权把与这些研究有关的章节翻译为意大利文，这一事实也表明在这一主题上一直增长的兴趣。

我这本书已经出版三十多年了，不过我后来的研究并未在根本上改变其中的观点，毋宁说这些观点只是得到进一步发展，或者说——至少我自己相信——在一些更为重要的观点上得到了改进。看来不太可能不提及这些修改，不过保留这本著作的原貌这个主意也不错，因为它正是以这种样式影响了其时代的同行。下述情形也促使我保留这部著作的原样，即，我认识到：不少对我的学说表现出极大兴趣的杰出心理学家，更多受到了这本书原初形

① 1911年的这个版本只包含第二卷的第五至第九章，书名为《心理现象的分类》，书后有一个附录。——译者注

式的激励，而较少跟随我后来所形成的思路。因此我决定原封不动地重印正文的旧文，而将对其增补的内容小部分放在注释中，大部分放在附录中。这些增补包括一些辩护，即，针对那些对我的学说所做的批评进行的辩护，就我自己的判断而言，这些批评完善了我学说中那些需要改进的方面。

其中最重要的改进之一是，我不再坚持下述观点，即，心理关系除了以一种实在物（Reales）作为其对象，也能够以其它东西作为其对象。为了论证这种新观点，我不得不扩展一些全新问题域，例如我不得不开始对表象的诸样态进行研究。

我完全明白对我们表象的简化并无助于对这一主题的理解。鉴于此，我会更精准地表述自己的看法。

一些德国心理学家听说《从经验立场出发的心理学》出了意大利文版本，并且其中包含一些增补，就请求我也准备一个新的德文版本，这尤其也是因为第一版脱销已久。为满足需求，在意文新版中包含的一切内容也将出现在德文第二版中，本版也以我上述提到的方式得以增补。

弗兰兹·布伦塔诺

1911 年于弗罗伦萨

# 第　一　卷

# 作为一门科学的心理学

# 第一章　心理学的概念与目标 3

有这样一些现象，它们乍看上去是显而易见的，并且看起来可以为那些模糊不清的东西提供解释。可后来这些现象自身看上去也变得神秘兮兮，并开始引起惊讶与好奇。恰恰首先是这些现象而非其它现象才被古代的大思想家们热心探究。然而，时至今日，对这些现象的研究仍然或是少有共识或是模糊不清。我正是将这些现象当作自己的研究对象。在这部著作中，我试图以普遍术语概要地给出关于这些现象的特征与规律的确切画面。没有哪种科学不在关于自然与生命的知识方面硕果累累，也没有哪种科学不曾最大程度地满足我们最根本的需要。没有哪个知识领域——唯独形而上学除外——被民众所轻视。不过也没有哪个知识领域被人们赋予更大的价值，并因而给予更高的敬重。事实上，如果不将心理学这种知识门类纳入其中的话，整个真理领域就会显得贫乏而粗鄙。因为人们相信其它科学只有作为通向心理学的手段才会受到尊重。事实上，其它科学只是基础；而心理学却是王冠之端。其它科学都为心理学做准备，而心理学也依赖每种科学。不过据说心理学同时也给诸科学施加了最为有力的反作用。心理学被看作要更新人们的全部生活，并加速与确保后者的发展。如果心理学一方面要成为科学这个塔形结构的顶尖，那么另一方面它就注

定会成为社会及其最高贵财富的基础，并且通过这种事实，心理学也成为所有科学努力的基础。

4 1. “心理学”一词意指“关于灵魂的科学”。事实上，最早对科学进行分类且对其分支进行分门别类研究的亚里士多德，将其著作之一冠名为《灵魂论》(περί ψυχῆς)。亚氏以“灵魂”意指生物的本质，或是像他所表述的那样，意指生物的“形式”、“第一活动”、“第一现实”等。[①] 亚氏认为一个东西能营养自身、能生长和繁殖、具有感觉和思维能力，或是至少具有其中能力之一者即为生物。亚氏虽然远未将意识赋于植物，但还是认为植物领域是活着的且具有灵魂。因而，在建立了灵魂的概念之后，最古老的心理学著作就继续讨论那些既具有营养能力也具有感觉或理智能力的存在者的最普遍特征。

这就是心理学最初所包含的问题域。不过后来这个范围从根本上缩小了。心理学家们不再讨论植物性活动。基于植物缺少意识这种假定，整个植物生命领域淡出了心理学的研究范围。同样，动物领域由于像植物与其它无机物那样也是外感知的对象，因而也被排除在研究范围之外。这种排除也扩展到与感觉生活紧密联系的现象，例如神经系统与肌肉，以至于这些研究成为生理学家而非心理学家的研究领域。

这种心理学范围的狭窄化并非任意而为。相反，这种显而易见的调校是由题材本身的本性所推动的。事实上，只有当相互关联的领域达到统一、而彼此无关的领域达到分离时，各学科边界才能得

① 希腊文的表述为：φυσις，μορφη，πρωτη ενεργεια，πρωτη εντελεχεια。

以正确划分，这种分类也才能有助于知识的增进。而意识现象在很大的程度上彼此相关。相同的感知模式给予我们关于这些现象的全部知识，并且在高级与低级现象之间存在着无数相似的关联。而由外感知呈现给我们的关于生物的现象看来像是来自不同的视角、甚至是以完全不同的形式，我们在这里所发现的诸普遍真理有时是 5
以同一的原则、有时又是以相似的原则支配着无机的自然。

可以说——这也并非毫无根据——正是亚里士多德自己预示了后来对心理学界限更为恰切的划定。熟悉亚氏著作的人都知道，他是如何经常地提出一种不同的、然而更对头的初步观点，虽然这种观点还远没进展为学说。亚氏的形而上学、逻辑学以及伦理学都提供了这方面的例证。在亚氏《灵魂论》第三卷，当讨论意愿行为时，他排除了对诸器官进行研究的想法，因为这些器官只是欲求与——欲求所指向的作为运动载体的——身体部分之间的间体。他说这种研究不属于研究灵魂者的任务，而属于研究身体者的任务，[①]这听起来确实像是现代心理学家的言论。我仅粗略地提及这些，以便或许比较容易说服一些直到我们这个时代仍存在的亚里士多德的狂热追随者。

我们已经看到心理学的范围是如何被缩减的。同时，生命的概念也被以相似的方式狭窄化，不过至少还没被缩减到上述灵魂概念的范围，因为科学家们通常是在其宽泛的原初意义上来使用“生命”这个术语的。

在现代术语中，“灵魂”一词指的是表象（Vorstellungen）与其

① 《灵魂论》，第三卷，第十章，433b21。

它行为的本体承担者，这些行为都建基于表象，且像表象一样只能通过内经验被直接知觉。因而我们通常称灵魂为具有诸能力的本体，这些能力包括：感知想象（Phantasie）、回忆行为、希望或害怕行为以及欲求或嫌恶行为等等。

我们也正是在这种意义上运用“灵魂”一词。尽管这个概念发生了变化，这也不妨碍我们以亚里士多德曾经所用的方式来界定心理学，即，心理学是关于灵魂的科学。因而正如自然科学研究作为外经验对象的物理物体的属性与规律，心理学则是研究灵魂的属性与规律的科学，这种灵魂是我们在自身中通过内经验直接发觉、并通过类比推出在他人中也存在着的。

6 心理学与诸自然科学看来如此这般地划分了它们之间的全部经验科学领域，这种划定也使其彼此的边界得以清晰界定和区分。



不过这种初步的划分至少是不属实的。还有一些事实也能以与内经验或外经验领域相同的方式被演明。而且正因为这些事实范围广阔，它们更为综合性的原则就既不专属于诸自然科学也不专属于心理学。这些原则既可被归于这类科学又可被归于那类科学的事实便表明它们最好不被归于其中任何一类。不过，对这些无比重要的原则应当有一种特殊的研究领域。这个研究领域就是形而上学，我们必须把它既与自然科学又与心理学区别开来。

然而，甚至科学的二分比三分更少普遍性这种看法也不是绝对的。就像两种科学经常相互关涉一样，自然科学与心理科学的边界相互包含也是不可避免的。尽管生理学与心理学在特性上存在巨大差异，但它们所研究的东西却紧密关联。我们会发现身体与心理属性统一在同一个组群。不仅身体状态会引发身体状态、心理状态会引发心理状态，而且身体状态能产生心理状态方面的结果、心理状态也能产生身体状态方面的结果。

有些论者已划分出独立的科学来处理这些问题。尤其是费西纳，他将这门科学分支称为“心理-物理学”，并把他自己确立的关于这种联结的著名规律称为“心理-物理律”。也有人不甚恰当地将这门科学称为“生理学的心理学”。[①]

上述科学以为消除了心理学与生理学之间所有的界限之争。然而，一方面在心理学与心理-物理学之间，另一方面在心理-物理学与生理学之间难道不是又引起了无数有关划界的新争执吗？抑或，由心理学家来确定心理现象的基本要素难道不是显而易见的 7
吗？不过，心理-物理学家也必须研究它们，因为感觉是被物理刺激所引发的。将意愿及反射行为通过不间断的因果链回溯至原点难道不是生理学家的任务吗？心理-物理学家当然也将不得不研究心理导致的最初物理后果。

那么，让我们不要被下述不可避免的难题过多侵扰，即，究竟是生理学建基于心理学还是相反。这种侵扰并不会比例如物理学与化学何者为基础的难题侵扰更大。这丝毫也不会否认我们已建立界限的正确性；这只是表明，这种区分正如科学中的其它区分一样，在某种程度上都是人为的。也没必要把这种所谓的心理-物理学问题的整个领域处理两次，即，一次在生理学中处理、一次在心

① 最近冯特(Wundt)在其重要的著作《生理学的心理学原理》中采用了这个表述。这个“生理学的”会被误解为一种方法，虽然这并非其文中的意思。我们随后会看到，有人想把所有心理学都奠基在生理学的研究上。也可参见 F. W. Hagen:《心理学研究》(*Psychologische Studien*)，(Braunschweig，1847 年)，第 7 页。

理学中处理。在每种包含这种难题的情形中，我们都会轻而易举地发现是哪个领域包含着根本困难。一旦这种困难解决了，这个难题本身也就会很好地得以解决。例如，确定基本的心理现象（这些现象由物理刺激引发）是心理学家的本份，尽管他们在这种确定的过程中不能不去留意各种生理学事实。同样，在身体的意愿行为情形中，心理学家会去探寻与一系列物理变化相关的最终的及当下的心理先行因素，而生理学家的任务则是探究引发感觉的最终的及当下的物理原因，尽管生理学家在进行这些研究工作时显然必须参照心理现象。当然，在考察由心理引起的运动时，生理学家也必须在自己的领域内构建最终的和邻近的影响。

关于在物理与心理的因果引发之间的相应关系难题的演明，即，所谓的"心理-物理律"研究，我认为分为两个部分，其中一部分属于生理学家的任务，另一部分则属于心理学家的任务。前一部
8 分确定与可被注意到的心理现象强度的微小分差相应的物理刺激强度的相关分差。后一部分试图发现可被注意到的微小分差之间的关系。对后一部分问题的回答难道不是当下而完全明证的吗？所有可被注意到的微小分差都必须得到相同对待难道不是显而易见的吗？这已是被普遍接受的观点。冯特在其《生理学的心理学原理》（第 295 页）中提出了下述论证："刚好可被注意到的在强度上的分差具有……一种常量上的心理值。事实上，如果一种刚好可被注意到的分差比另一种更大或更小，**那么这另一种就比刚好可被注意到的更大或更小**，这是一个矛盾。"冯特没意识到这是个循环论证。如果有人质疑所有可被注意到的分差都是相等的，那么这样一来，"可被注意到"就不再是一种常量特征。先天明见的

唯一正确情形是，所有可注意的分差都同样是可注意的，而非它们全都是相等的。如果它们全都相等的话，那么每种分差的等量增加就会伴有注意的等量增加，并且每种注意的等量增加，也会伴有分差的等量增加。不过这是有待研究的，而对这一问题的研究又属心理学家的工作，因为它所处理的是比较判断的规律，这产生的结果会与我们的期待大异其趣。月亮在天边的时候其位置变化比在正空的时候的位置变化更为引人注目，而事实上它在相同的时间内都移动了相同的距离。另一方面，上述提到的第一项任务无疑属于生理学家。物理学观察在这里大有用武之地。与此相应，我们也必须感谢一流的生理学家如 E. H. 韦伯(Weber)等人铺设了通向这个规律的道路，而受过哲学训练的物理学家例如费西纳也在更为广泛的领域确立了这个规律。①



于是上述对心理学的界定得以辩护，心理学与相邻科学的位置关系也得以澄清。

2. 然而，并非所有心理学家都认同上述将心理学界定为关于灵魂的科学的做法。有人宁愿将心理学界定为关于心理现象的科 9
学，如此就将其放在与姊妹学科同一水平。以这些人的观点看，自然科学也就相应地被界定为有关物理现象的科学，而非关于物体的科学。

① 对于这种关联，费西纳(Gustav Fechner)说："外在心理-物理学从物理学中借用了手段和方法；而内在心理-物理学从生理学和解剖学，特别是从神经系统……借来手段与方法"(《心理-物理学要素》，纽约，1966 年版，第 10 页)。在前言中，他又说："这本书特别会引起生理学家的兴趣，不过我同时希望它会引起哲学家的兴趣"(第 29 页)。

让我们来澄清这种反对的基础。“关于心理现象的科学”或“关于物理现象的科学”是什么意思呢？“现象”或“显现”一词经常用于与“真实存在之物”相对立的东西。例如我们说在感觉中揭示的感性对象是单纯现象；颜色、声音、温热和气味在我们感觉之外并不真实存在，即使这些现象可以指向真实存在的对象。洛克曾做过这样一个实验：他先将一只手暖起来、另一只手冰起来，然后同时将二者伸进同一盆水中。这时他一只手感觉到冷，而另一只手却感觉到热，这就证明了在水中热和冷都不真实存在。同样，我们知道覆在眼球上的压力能够引起一种视觉现象，而这种视觉现象却会被以为是从所谓的有色物体发射的光线产生的。如果考虑到对空间定位的确定，那些将现象看作真实的人，很容易被发现是犯了类似的错误。从相同的距离看，不同位置的东西看上去是在相同的位置，如果从不同距离看，相同位置的东西看上去是在不同的位置。在相对运动中，运动的东西看上去是静止的，而静止的东西看上去却是运动的。这些事实无疑都证明了感觉经验的对象具有欺骗性。即使这种欺骗性没被如此清楚地证明，我们仍不得不
10 怀疑感觉对象的真实性，因为除了下述假设之外，它们是缺乏保证的，即，有一个在现实中实存的世界引起了我们的感觉，感觉内容与这个世界的内容具有某种相似性，这种相似关系足以对现象进行说明。

因而，我们无权相信所谓的外感知对象像其显现给我们的那样真实存在。事实上，它们在我们之外并不实存。与真实的存在相反，外感知对象仅仅是现象。

不过，关于外感知对象所说的东西并不能同样适用于内知觉

对象。在后种情形下，没谁曾表明，认定这种现象为真实的人因而会陷入悖谬。相反，对于内知觉对象的实存我们具有直接明见所提供的清晰知识和完全确定性。因而，没谁会真正怀疑他在自身中所知觉到的心灵状态的实存性，而且这种状态恰恰是在被他知觉到的时候实存的。那些把他的怀疑推广到内知觉经验的人必定会导致一种绝对的怀疑状态，而这种怀疑论肯定会毁灭其自身，因为这种绝对怀疑也必定毁灭怀疑论试图攻击其它知识而需先行具备的坚实基础。

将心理学界定为关于心理现象的科学是为了使自然科学与心理科学在这方面彼此相像，当然，这尚未得到合理辩护。[①]

不过，还有一种非常不同的理由看来会普遍地激发采取上述界定的人。这些人不会否认思维和欲求的真实存在。他们将“心理现象”或“心理显现”这些表述完全等义于“心理状态”、“心理过程”以及“心理事件”等，正如内知觉向我们所揭示的那样。然而，这些人对心理学旧定义的反驳也与下述事实相关，即，如果基于旧定义，知识的界限就会被误解。如果有人说自然科学是关于物体的科学，而他所说的“物体”是指作用于我们的感官并产生出物理现象的表象的本体，那么他就假定了本体是外在现象的原因。同样，当他说心理学是关于灵魂的科学时，那么“灵魂”就意味着心理状态的本体承载者，于是他就透露了下述信念，即，心理过程被看作一个本体的属性。可我们有什么权力假定存在着这类本体呢？



① 康德已做过这项工作，而且这是一个常常被重复证明的错误，特别是在俞波维希（Überweg）的《逻辑学体系》中。

已经讲过这些本体并非经验的对象;无论是感觉还是内知觉都不
11 会向我们揭示这种本体。正如我们在感觉中遭遇到温热、颜色和声音等现象,我们在内知觉中则遭遇到思维、情感和欲求等现象。然而我们从没遭遇过这些属性的本体。不过下述看法则是虚幻的,即,认为这些本体没有相应的实在性,或是即使本体实存,它的实存性也无从证明。显然,这种本体并非科学的对象。因而自然科学不会被界定为关于物体的科学,而心理学也不会被界定为关于灵魂的科学。前者宁可被界定为关于物理现象的科学,而后者相应地则被界定为关于心理现象的科学。就我们研究的范围而言,并不涉及灵魂这种本体,因而心理学也就能够以——如果借用朗格悖论式的表达的话——没有灵魂的心理学[①]的方式存在。

我们发现这个观念并没它在表述中看上去那样荒谬。即使以这种方式看,心理学依然保留了广泛的研究领域。



浏览一下自然科学就会明白这一点。因为当这一分支学科被看作是研究物体的科学时所研究的所有事实与规律,在这个学科被看作是研究物理现象的科学时仍然被这个学科所研究。这是当前不少著名自然科学家实际持有的观点,他们已就哲学问题达成了共识,这也归功于目前把哲学与自然科学紧联在一起的显著倾
12 向。这样做的时候,这些自然科学家并没有限制自然科学的领域。他们将旧科学中所具有的共存和持续规律,也都统统纳入新的科学领域。

---

① 《唯物主义史》,第二卷,第三部分,第三章,第168页:"那么,平心静气地设定一门没有灵魂的心理学!只要我们研究一种没被其它科学完全覆盖的领域时,这一名称就仍是有用的。"

这对于心理学同样成立。被内知觉所揭示的现象也都服从诸规律。任何进行科学心理学研究的人都会发现这一点,甚至懒汉在其内知觉中也会轻而易举地确证这一点。而那些否认心理学是任何关于灵魂的知识的研究者,仍会保留心理现象的共存与持续规律作为其研究对象。不过这也会给心理学家带来大量疑难问题,其中大部分仍有待解决。

为了使心理学的本性更易于理解,在这方面发挥了重大影响的约翰·穆勒在其《逻辑学体系》[①]中给出了在他看来心理学必须关注的问题的纲要。

根据穆勒,心理学一般性地研究控制我们心理状态之持续性的规律,也即研究一种心理状态据之产生另一种心理状态[②]的规律。

在穆勒看来,这些规律中有些是普遍的,有些是较为特殊的。例如一种普遍规律是这样的规律,根据它"当我们之中的意识状态无论被什么原因所引发的时候,……与前者相似且稍弱的意识状态就会在我们之中复现,这不需要最初引发这种状态的原因再次出现。"他说,每种印象——如果用休谟的话说——都有其观念。与此相似,也存在着决定这种观念实际呈现的某种普遍规律。他提到三种如此这般的观念联想律。第一个是相似律:"相似的观念会相互引发。"第二个是接近律:"当两个印象经常被一起经验



① 第六卷,第四章,第 3 节。

② 感觉当然也是心理状态。不过它们的持续与它们所表象的物理现象的持续是一样的。因而,就其依赖于感官物理刺激而言,建立有关感觉持续性的规律就是自然科学家的任务。

时……不论它们是同时的，还是直接相继的……那么当这些印象
或其观念中的一个再现时，也会引发另一个观念。”第三个是强度
13 律：“两个印象或其中一个印象强度越大，它们之间也就具有越强
的联结频率，如果使它们彼此引发的话。”

穆勒认为，心理学的进一步任务是从心理现象的这些普遍与基本规律中得出思维的更为特殊复杂的规律。他说因为许多心理现象通常都一起运行，那么是否每种这样的情形都是诸原因的联结呢？换言之，诸结果以及初始条件通常是否像在力学领域中那样联结呢？在力学中，运动通常是运动的结果，这种运动通常与其原因是同质的，且在某种意义上是其诸原因的总和；抑或是，心理领域像化学的化合过程那样，即，水只是氢和氧化合的结果，硫化汞只是硫和汞化合的结果。穆勒相信，在内在现象领域，上述两种情况都存在是已被证明了的事实。这种过程有时像力学的，有时又像化学反应。或许会出现一些观念以下述方式结合，即，它们不再呈现为多个观念，而是呈现为与原来观念完全不同种类的一个观念。例如就像广延与三维空间的观念源于肌肉运动感觉一样。

不少新的研究与此相关。其中尤其出现了信念和欲求是否是心理化合物的问题，即，它们是否由诸观念化合而成。穆勒认为我们或许要否定地回答这个问题。不过在信念和欲求应当以何种方式被确定的问题上，或许可以肯定地讲，这里一定敞开了完全不同的研究领域。这就出现了新的探究任务，即，通过特殊的观察手段，对这些现象的持续性规律进行探究，也即探究它们是否属于这些心理化合物的结果。对信念而言，我们要研究我们直接相信的

是什么；一个信念根据什么规律产生另一个信念；一个东西根据什么规律作为另一个东西（或对或错）的证据；对欲求而言，基本任务是确定我们自然而原初的欲求对象是什么，进一步必须确定是什么原因导致我们原初地欲求不同的东西，甚至在原初欲求方面彼此纷争不断。

此外，还有另一个丰富的研究领域，在这里心理学与生理学的研究比在其它地方都更水乳交融。根据穆勒的看法，心理学家具有下述任务，即，研究被其它因素所产生的心理状态在多大程度上被可确定的身体状态所影响。同样的心理原因产生的个体感受性 14
差异被认为具有三重基础。这种差异可以是最初与最终的事实，可以是这些个体的先前心理史的后果，也可以是身体器官差异的结果。在穆勒看来，细心而明辨的观察者会认识到，一个人的大部分特性都能被其所受的教育以及所处的外在环境充分地说明。其余的大体上只能被机体差异间接地解释。这不仅对下述众所周知的情形是显而易见的，比如从耳聋到充耳不闻，从天生盲人到好色之徒，从生理残障者到心理过敏者等；而且这对拥有较少理智现象的人也是适用的。正如穆勒所同意的，如果还有其它一些现象（特别是本能性的），除了直接用一个人特殊的身体官能对之进行解释外，不能用其它东西对之做出解释，我们就会看到，心理学研究在道德学领域、亦即在发现品性形成的规律方面仍大有用武之地。

这就是将心理学当作纯粹现象科学的最重要倡导者对心理学问题进行的研究。当然，从上面提到的这些方面看，心理学确实未曾受到这种新的心理学概念或导向这种新概念的观点的损害。事实上，除了穆勒所提出和分析的问题，还有其它问题也同样重要。

因而，对于这个学派的心理学家而言就不缺少重要的任务，就目前情形来看，他们正以促进这一科学的发展为己任。

然而，上述心理学概念至少排除了一个问题，这个问题是如此重要，以至于如果缺少了它，就会给心理学留下严重的裂痕。被旧心理学当作主要的研究任务，以及给了心理学研究以第一推动的问题在上述心理学的视域中显然不能再被提出了。我指的是死后不朽的问题。熟悉柏拉图的人都知道，正是想确定这一问题的真相使他进入了心理学领域。他的《斐多》便致力于此，他的其它对话如《斐德罗》、《蒂迈欧》以及《理想国》一再回到这个问题。亚里士多德也是如此。虽然他对灵魂不朽所提供的详细证据要少于柏拉图，但由此推出这个问题在他那里便无足轻重则是错误的。在
15 其逻辑学著作中，绝然的或科学的演证必定是最重要的问题，可亚氏仍在《后分析篇》的最后几页集中讨论"不朽"这一问题，这与他对其它问题的冗长而详尽的讨论形成对比。在《形而上学》的最后一卷，[①]亚氏虽然只用寥寥几语提到神圣，不过这个研究对他而言是如此根本，以至于他居然以"神学"来称呼这整门科学，这门科学当然也被称作"智慧之学"及"第一哲学"。同样，在其《灵魂论》中，即便不是一带而过，亚氏也只是非常简短地讨论了人的灵魂及其不朽。不过亚氏在这部著作开头对心理学问题的分类，已清楚表明不朽这个问题在他看来是心理学的最重要内容。我们在那里看到，心理学最重要的任务是研究灵魂之所是，进而研究其属性，其中有些属性是只内在于灵魂而不在身体中的，因而它们是精神性



① 我指的自然是卷 Lambda。

的。亚氏还必须进一步研究灵魂是由诸部分构成的还是单一的，所有部分都属身体状态还是有些不是，在什么情形中可以确定不朽。与这一问题相关的各种难点表明，我们碰触到诱发这位大思想家求知欲的开端。这就是心理学最初所致力于的任务，它也给予心理学发展以第一推动力。不过这种任务现在看来却是不光彩的，也是不可能的，至少从那些拒绝将心理学看作是关于灵魂的科学这种观点来看是如此。因为如果不再有灵魂，那么灵魂不朽的问题自然也就不成其为问题了。

这个结论看来如此显而易见，以至于像朗格那样将心理学概念的上述发展看作是不证自明的[①]也就不足为奇了。因而心理学提供给我们一幕类似于在自然科学中所发生的剧目。炼金术士们为了从混合原素中提取黄金而最先开始了化学研究，可成熟的化学科学却将这种野心作为不可能的而放弃了。这就像一个著名的寓言所说的那样：行将就木的父亲立下了遗嘱，可他的继承人却实现了他的言外之意。在这个寓言中，儿子们辛勤地挖掘葡萄园，他们深信里面埋着宝贝，结果他们虽然没有找到埋藏的黄金，却收获 16
了易于播种的土壤。在化学家甚至心理学家那里发生的情况与此相似。成熟科学不得不抛弃不朽问题，不过聊以慰藉的是，对原本不可能解答的问题的执着探究导致了其它问题的解决，而这些已被解决问题的深远意义则是毋庸置疑的。

不过上述两种情形还是不能一概而论。取代炼金术士们梦想的是，现实给出了一种更高级的替代物。而柏拉图和亚里士多德

① 见《唯物主义史》，第二卷，第一部分，第一章，第162页。

希望确定的是，我们最高贵的部分是否能够在身体消亡后继续存在，这个问题几乎无法被观念的联想律、信念和意见的发展律、欲求和爱的发生律及增长律等真实地弥补。这个希望的丧失看来是更为遗憾的。因而，如果两种心理学概念的对立确实意味着接受或拒绝不朽问题，那么这个问题就是至关重要的，这迫使我们对作为承载心理状态的本体之实存性进行形而上学方面的探究。

不过在这种联结中，无论所限定研究的范围是多么必然的现象，这种现象终究还是一种现象。休谟在他的时代强烈反对这样一些形而上学家，他们声称在自身中找到了心理状态之承载者的本体。休谟说："就我而言，当我最为内在地进入所谓的我自己时，我总是碰到这个或那个特殊的感知，如冷或热、明或暗、爱或恨、苦或乐等等。任何时候，我总不能抓住一个离开感知的我自己，而且除了感知之外，我不能观察到任何东西。当我的感知在一段时间内离开的时候，例如在酣睡中，那么这期间我便知觉不到我自己，因而这时可以真正地说我是不存在的。"如果某些哲学家声称将他们自己知觉为单一而持续的，休谟也不想反对他们，不过对他自己及对其他每个人而言（唯独上述形而上学家除外），休谟相信："他们彼此只是一束或一团互异的知觉，这些知觉以不可想象的速度互相接续并处于永久流变之中。"[①]我们由此看到，休谟毫不含糊地站到本体性灵魂的反对者一边。不过休谟自己也承认所有不朽的证据在他的概念中与在他所反对的传统概念中一样，仍然保留



① 《人性论》，第一卷，第四章，第六节。

着同样绝对的力量。当然，朗格把休谟的这种解释理解为一种嘲讽。[①] 他很可能是对的，因为休谟并没在什么地方表现出对以恶 17
毒的反讽作为武器的轻蔑。[②] 不过休谟所说的并非像朗格或他自己也许会认为的那样存在显而易见的荒谬之处。因为即使下述说法是自明的，即，否认本体性灵魂存在的人不能在恰当的意义上讲灵魂不朽这句话；这仍不能得出，我们否认心理现象之本体承载者的存在就使灵魂不朽的问题失去全部意义。当人们认识到下述情形时，这一点就是不证自明的，即，不论存不存在本体性灵魂，都不能否认我们实际上存在着一种连续的心灵生命。如果某人否弃本体的存在，那么他必定假定这种连续性不需要一种本体承载者。那么我们的心灵生命在身体消失后是否继续存在的问题对他来说就像对其他人来说一样是毫无意义的问题。正因为如此，劝说人们否认不朽问题的思想家从根本上讲就是不能自洽的，虽然这种情况下的不朽问题也应当被适当地称为生命不朽而非灵魂不朽。

这已被穆勒充分认识到。在前面所引用的其《逻辑学》的同一页，穆勒说，在所列出的要被心理学解决的问题的名单上，我们确实找不到不朽这个问题。不过在穆勒关于汉密尔顿的著作中，已经将我们刚才提到的想法表达得一清二楚。[③]

同样，目前德国的重要哲学家中，没谁比费西纳更经常振振有

① 《唯物主义史》，第二卷，第一部分，第一章，第 162 页。

② 贝恩(A. Bain)关于休谟说道："作为一个像喜欢沉思一样喜欢修辞的作家，我们常常搞不清楚他什么时候偏向哪一边"(《心理科学》，第 207 页)。

③ 《对汉密尔顿哲学的探究》，第十二章："至于不朽问题，恰好就像我们可以很容易设想情感、意识之流是永恒延续的那样，我们也可设想精神本体也是永远持续的；其中一方面的证据也会证明另一方面。"

辞地拒绝心灵状态与身体状态具有本体性基质。在他的《心理-物理学》和《原子学说》及其它著述中，他时而严肃、时而幽默地批评了这个理论。不过，费西纳还是坦率地承认他相信不朽。因而，显然即使一个人接受了下述形而上的观点，这种形而上的观点导致现代思想家用心理学作为心理现象的科学的界定取代了传统上将
18 之作为灵魂科学的界定，心理学领域也不会因此而缩小，重要的是，它不会遭受任何根本的损失。

然而，如果不经过通盘的形而上研究就接受这种观点，也未免显得草率，就像未经验证而拒绝它一样。正如有杰出人物质疑和否认现象具有本体性的承载者一样，也有著名的科学家对其存在坚信不疑。洛采在这方面便认同亚里士多德和莱布尼兹的本体论立场，在现代英国经验主义中斯宾塞[①]也是如此。甚至穆勒也以其坦率的性格在其关于汉密尔顿的著作中承认，对现象之承载者的本体的拒绝并不能完全摆脱困难和不确定性，特别在心理领域更为如此。[②] 因而，如果心理学的新定义与新的形而上学关联在一起，正如旧定义与旧形而上学关联一样，那么我们要么被迫寻求心理学的第三种定义，要么进入对形而上学令人生畏的深层研究。



庆幸的是，以上情形的反面才是真实的。心理学的新定义中没有什么是不能被老学派的继承者所接受的。因为不论存不存在灵魂，总是存在着心理现象却是不争的事实。没有哪个承认灵魂的本体性理论的人会否认，关于灵魂所确立起的东西同时也与心

① 参见其《第一原理》。

② 《对汉密尔顿哲学的探究》，第十二章。

理现象有关。因而，如果我们采纳了现代的定义以取代心理学之为灵魂科学的定义，没什么东西会妨碍我们。或许新旧两者都对。它们之间仍存在的差异是，旧定义包含着形而上的设定，而现代的定义则免除了这种前设；后者可被对立的思想学派接受而前者却是特定学派的标记；因而后者（新定义）使我们从对一般前提的研究中解脱出来，而前者（旧定义）却迫使我们去从事这种研究。所以，对现代概念的采纳简化了我们的工作。再者，这也提供了一种额外的优势：对任何不相干问题的排除不仅简化了工作，而且也强化了工作。这表明我们的研究结果更少依赖假定，因而也给予我 19
们所确信的内容以更大的确定性。

因而，我们在上述已阐明的意义上将心理学界定为关于心理现象的科学。前面的讨论已充分澄清了这一定义的普遍意义。我们接下来对心理现象与物理现象之差异的研究将会提供其所需的进一步澄清。

3. 如果有人只想用被现代的两类研究类型所激发出的兴趣为尺度，来比较上面以自然科学方式所描述的科学领域的相对价值，那么心理学无疑会黯然失色。如果我们比较这两类科学所追求的目标，那么我们就会发现它们是不同的。我们会看到自然科学家能够达到的是哪类知识。他们研究的现象如光、声、热、空间定位和位移等并不是真实存在的。它们只是某些真实之物的标示，通过这些真实之物的始因活动，可以产生出关于它们的表象。不过，这些表象并非真实之物的完备图像，而只是在非常不完备的意义上给我们以知识。我们可以说，存在着某物，它在一定条件下导致这种或那种感觉的出现。我们大概也可以证明这些真实之物间存在的关系相似于形状及尺寸这些空间现象所显示出的关系。而这已经是我们能够达到的极至了。我们对真实存在的东西就其自身而言并不具有真正的经验，而我们所经验到的又并不真实。物理现象的真正如人们所言，那只是一种相对的真。

20 内知觉现象则完全不同。它们自身就是真实的。因而它们在现实中就呈现为一种事实，这种事实被它们由以知觉的途径之明证性所确保。那么谁又会否认这种真实性构成了心理学超出自然科学的巨大优越性呢？

心理学知识的更高理论价值显然也表现在其它方面。一种科学的价值不仅随着其知晓方式的改进而提升，而且也随着其研究对象价值的增进而增进。其规律被心理学所研究的现象优越于物理现象不仅因为前种现象自身是真实的，而且因为它们具有无与伦比的美与尊贵。颜色、声音、广延和运动是相对于感觉而言的，而想象、判断、意欲等却是相对于展现在艺术家的观念、伟大思想家的探究以及有德者的自我奉献中的所有庄严现象而言的。这样我们就以一种新的方式揭示了心理学家的任务如何优于自然科学家的任务。

下述情形当然也是正确的，即，相对于处在我们之外的东西而言，直接与我们休戚相关的东西更容易引起我们的注意。我们更渴望知道我们太阳系的秩序和规则而非遥远天体上的情形。我们自己祖国的历史和祖先比那些与我们没切近关系的人们更能引起我们的注意。而这也是将关于心理现象的科学置于更高位序的另一个原因。因为我们的心理现象是最属于我们自己的。一些哲学家甚至已经将自我等同于心理现象的集合，而另一些人则把自我等同于这种现象集合的本体性承载者。而且在日常语言中我们也说,物理变化外在于我们,而心理变化则在我们自身中发生。

这些非常简单的观察能够易于令人相信,心理学知识具有重大的理论意义。并且从实践意义的角度看,心理学问题的意义也绝不逊于自然科学问题所具有的地位,或许这一点最为令人吃惊。 21
甚至在实践方面也难有其它科学分支与心理学平起平坐,除非这些学科也配当基于下述基础的研究,即,它们都是通向心理学知识最终成果的独立而不可或缺的准备性步骤。

请允许我只是简要地指出心理学包含了美学的根基吧!心理学发展到一定阶段,无疑会扩展艺术家的视野并确保其进展。同样,可以充分地讲,逻辑学的重要技艺在心理学中有其源头,而逻辑学的少许进展就能带来科学的无数更新。另外,心理学还可以成为教育理论的科学基础,不论这种教育理论是个体性的还是社会性的。与美学和逻辑学一样,伦理学和政治学也扎根于心理学领域。因而,心理学看来就成了人类进步的基本条件,而正是这些条件尤其构成了人类的尊严。如果不运用心理学,父辈与政治领袖的关怀就会落空。正因为直到现在心理学原则在政治领域还未被系统应用,甚至由于保民官们即使没完全抛弃、也是完全忽视了这些原则,我们便可以附和柏拉图及当代一些思想家的断言,即,不论有多么著名的人物脱颖而出,历史上依然尚未出现过真正伟大的政治家。虽然在生理学系统地运用于医药学之前,也不乏著名的医师,正如医师们所取得的信任及做出的惊人救治所表明的那样。不过现在熟悉医药学的人都知道,不经过数十载的学习不可能成为真正伟大的治疗师。其他人只是盲目的经验主义者,他

们多少有些技术，也多少有些幸运。这些人不是、也不可能是训练有素和名副其实的医师必定所是的样子。目前的政治家正是这种情形。他们在多大程度上还是盲目的经验主义者会通过下述情形表现出来，即，每当重大事件改变了政治环境之际，他们就会明显
22 发现自己像是身处环境迥异的异国他乡。这时试图从其经验中得出处事原则，则会完全于事无补。

通过正确的心理学的治疗，或通过心理状态可依之塑形的规律之知识，多少罪过可以得到补救啊！——不论是在个体层面还是在社会层面。通过心理学的分析，如果决定一个人成为诗人、科学家或具备实践能力者的不同才情之基本心理条件会变得确定无疑，那么人类的心理力量将会得到多么大的提升！如果这是可能的，我们就不是从其果实，而是从其最初枝芽认识一棵树木，从而可以一开始就将其放在适合本性的环境中。因为才情本身是非常复杂的现象；才情无非是诸种力量导致的长远后果，而这些力量的初始活动蕴含这种后果正如树上的花朵蕴含果实。不过在这两种情形中，我们都是在处理属于相似律的关系。正如植物学可以预言果实一样，充分发展的心理学也能做到这点。以这种方式或以许许多多其它不同的方式，其心理学的影响就成为最富成效的。或许只有心理学才能为我们提供抵制颓势的途径，而这种令人沮丧的颓势不时地打断文化的平稳进展。我们早已正确地注意到经常使用的比喻性表述——如“古老民族”、“古老文明”等——严格来说是不恰切的，因为各种有机物只是部分地更新自身，而社会则是在每个连续时代中完全地更新自身；我们可以说族群以及时代生病了，而不能说它变老了。然而，存在着直到现阶段还时常出现

的病症，而由于缺少相应的治疗技术，这必定会逐步导致机体的衰竭。因而，尽管二者不具真正的本质相似性，但现代在外在表现上与古代情况的相似性却是不可否认的。

显然，我为心理学赋予的实践任务并非无足轻重。可是心理学真能达到这种理想吗？对此生疑看来并非毫无根据。从到目前为止千百年来心理学尚未在实践事务方面取得进展这个事实出发，人们或许会确信下述说法，即，心理学将来也不会对人类的实践利益有多大促进。

回应上述的反对意见不需舍近求远。只需看看心理学在诸科 23
学的系统中所处的地位这便会昭然若揭。

普遍性的理论科学形成一种层级系统，其中每层更高的科学都建立在它下一层科学的基础之上。更高层的科学研究更复杂的现象，而较低层的科学则研究构成复杂现象的简单现象。高层科学的进展自然预设了低层科学的进展。因而，自明的是，如果撇开经验中某些弱的先例，那么较高级科学的发展显然迟于较低级科学的发展。尤其是，高层科学不能与低层科学同时达到满足生活的充分需要这种成熟状态。因而我们看到数学很久以来就被转向实践应用，而物理学却在其摇篮中昏睡，这时它并未显示出丝毫力量，可随后的辉煌却证明了物理学可以满足生活的需要和欲求。同样，当拉瓦锡为化学奠定了第一块基石的时候，物理学早已成熟且应用于实践，在接下来的几十年，化学更新了世界的文明领域（如果不是改变了整个世界的话），因而也更新了其它实践活动领域。同样，当生理学尚未诞生时化学已硕果累累。我们不用退回多少年就会发现生理学令人满意的发展之开端，接下来便是其实践应用的尝试。这些应用也许是不完全的，但已显明，只有从生理学出发，才能期待医药学的新生。这就可以理解为何生理学发育得如此之晚。因为它研究的现象比它所依赖的早熟的科学所研究的现象更为复杂，正如化学现象依赖于物理现象，而物理现象依赖于数学现象一样。因而不难理解，心理学为何到现在为止还未产生出丰厚的成果。正如物理现象处于数学规律的影响下，化学现
24 象处于物理学规律的影响下，生理现象处于所有这些规律的影响下那样，心理学的现象处于控制着形成及更新身体器官所涉及的各种力量的规律的影响下。因而，如果某人到目前为止还没从直接经验获知心理学状态的话，如果他熟悉其它理论科学的历史、熟悉生理学的最近诞生，甚至熟悉化学，如果他对心理学方面的问题不抱着一种怀疑主义的话，那么他就会断言，虽然心理学尚未取得什么成果或是成果甚少，不过恰是在眼下，它已呈现出一种从根本上发展的趋向。这意味着心理学在实践生活方面的最重要成果系于未来。因而，如果谁只是将注意力集中于心理学的历史的话，那么他就会发现心理学如他所预期的那样患了不育症；他也就难以认同心理学在未来会硕果累累这种不受人欢迎的断定。

即使不怀疑心理学在将来有丰富发展的可能性，我们也会看到心理学目前处于尴尬的境地是一种必然。我们所承诺的这种可能性事实上已经初露端倪，虽然仍微而不彰。一旦心理学这种可能的发展达到一定程度，其实践方面的后果就会不期而至。对于个人甚至对于群体而言，如果有利与不利的未知环境可以相互平衡的话，那么心理学规律将为行动提供一种可靠的基础。

因而，我们可以信心十足地希望，心理学并不会永远缺乏内在

发展和有效应用。事实上，它必须要满足的需要已经开始变得迫切。社会的无序更急迫地呼唤校正，这比完善诸如航海、铁路运输、农业和卫生更为迫切。我们较少注意的问题，如果被提到选择日程的话，就会引起每个人的关注。一些人已经看到这将是我们时代最为重要的任务。我们会提到一些重要的科学家，他们怀着同样的目的，献身于心理学规律的研究，献身于方法论研究，而这种研究又关涉将会应用于实践的确定性结论或结论的派生物。

结束目前的混乱以及在日益陷入利益冲突的社会中重建和平
不可能是政治经济学的任务。政治经济学在其中起一定作用，不 25
过它既不能作为全部任务也不能作为其中重要部分的倚傍。事实上，依照政治经济学而增长的利益只会证实这些说法。穆勒在其《政治经济学原理》的导论中，涉及了这门科学与心理学的关系。在他看来，不同时间的不同个人在商品生产和分配方面的差异一定程度上有赖于他们在自然事物的知识状态方面的差异，而这也存在着心理学方面的原因。他说："就一个国家的经济条件有赖于自然知识的状态而言，它是自然科学的、以及建立在自然科学之上的技术的主题。然而就其原因是道德的或心理学的而言，这些原因或是依赖于制度和社会关系，或是依赖于有关人类本性的原理，对它们的研究不属于自然科学，而属于道德与社会科学，而且这就是被称之为政治经济学的对象。"①

因而，无可置疑的是，在未来——或许是在不远的未来——心理学会对生活的实践方面产生相当可观的影响。在这种意义上，

① 第 26 页。

就像某些人已经指出的那样，我们可以将心理学标示为未来之学，也即，与其它任何一门科学相比较而言，未来更属于心理学；这门科学也比任何其它一门科学更能塑造未来；在未来，其它科学将服务于且在其实践应用方面将隶属于这门科学。这就是心理学一旦达到成熟及能够富有成效地起作用时所占据的地位。亚里士多德将政治学称为主导技艺，而其它科学作为附属服务于它。不过，正如我们看到的，为了成为它应是的样子，政治学就必须留意心理学，正如次要的技艺必须留意自然科学的教导一样。我宁愿认为，政治学理论只会是对旨在获得实践目标的心理学原则的不同编排和进一步拓展。



我们已经提出四个理由，这些理由看来足以表明心理科学的突出重要性，这四个理由即：心理学所研究现象的内在真实性，这些现象的高贵性，这些现象与我们之间的特殊关系，以及支配这些现象的规律之实践的重要性。不过，我们还必须加上这门学科特有的、无可比拟的重要性，即，心理学为我们提供有关不朽的教诲，从而心理学在另一种意义上成为未来之学。如此，对来世希望的关注以及参与一个更完满世界状态之构建的任务就落在心理学肩
26 上。正如我们注意到的，心理学已经试图解决这个难题，并且看来它在这个方向上的努力并非一无所成。果真如此的话，我们这里无疑就会拥有心理学最高的理论成就，这种成就除了给予心理学的其它理论成就以新的价值之外，也会具有最为巨大的实践重要性。当我们出离了这个生命之后，我们就将自己与受制于自然科学规律的东西分离开来。关于重力和声光电的规律随着经验因之而建立的现象之消失而消失。另一方面，心理规律对我们将要来

临的生命是适用的，就像它适用于我们当下的生命那样，只要我们的生命是不朽的。

因此，亚里士多德有足够理由将心理学置于众科学之冠，就像他在《灵魂论》的开头所做的那样，在这样做的时候，他甚至将心理学在理论上的独特优先性考虑在内。亚氏说："虽然我们认为所有知识都是可敬而可贵的，但其中的这一类，比之于它类，或凭其更高的确切性，或由于其关涉的题材更为尊贵奇妙，恰就显得更为可敬而精致。于这两方面而言，我们自然举出灵魂这论题作为学术上的首要研究工作。"①

这里无疑会令人惊讶的是，亚里士多德在这里断定，甚至就其 27
确切性而言，心理学也优于其它科学。而对亚氏而言，知识的确切性是与对象的不朽性紧密关联的。根据他的观点，不断变化的东西在每个方面都会逃脱科学的研究，而最一贯的东西就具有最持久的真理。于是我们也就不能否认心理学规律至少具有一种永恒而重要的真理性。

① 《灵魂论》，402a1-3。

# 第二章　心理学方法：尤其关注其经验基础

28

1. 科学家们已经开始特别留意心理学的方法。事实上可以说，在方法上面没有其它普遍性的理论科学能一方面比心理学，另一方面比数学更值得注意和更富有教益。

这两种科学就像相反的两极一样关联在一起。数学关注最简单和最独立的现象，而心理学则处理最为复杂也最具依赖性的现象。因而，数学以清楚明白的方式体现了所有真正科学研究的本性。对于清楚地获得规律、推演、假定以及其它重要的逻辑概念来说，没有什么研究领域能比数学领域更好的了。当帕斯卡转向数学领域试图达到对基本的逻辑概念更好地理解时，他运用了真正天才的方法，他通过区分本质的与非本质的而澄清了数学中出现的混淆。另一方面，心理学自身也在科学方法的引领下展示出其全部丰富性，它也通过调整自身而去胜任越来越复杂的现象。这两种科学共同指明了居间的科学所采用的研究方法。每一种连续性的科学与其母胎（这也是其显著特征的基础）相比都有下述差异：其困难随着现象的复杂性的增加而增加，随着困难的增加其技艺的精纯性也加强等等——当然只有在将前面的科学与后面不间断链条上的科学进行比对时这才更为明显。

如果心理学的方法自身能被更清晰地获知且得到更充分发展
的话，无疑就会有更多的光亮照射过来。在这方面还有很多工作 29
要做，因为只有当对其方法的本真理解有所进展，这门科学才会
进步。

2. 就像自然科学一样，心理学在知觉与经验中有其基础。不过，心理学的源头首先可从我们自己对心理现象的**内知觉**中发现。如果我们不通过我们自己的现象中的内知觉得知下述内容，我们就永远不会知道思维、判断、苦乐、欲求或厌恶、希望或恐惧、勇气或失望、决定和意图等等是怎么回事。不过请注意，我们是说内**知觉**（Wahrnehmung）而非内**观察**（Beobachtung）构成心理学最基本的源泉。这两个概念必须区分开来。内知觉的一个特征是，它永远不可能成为内观察。通常人们讲，我们能够观察外感知的对象。
在观察中，我们把全部注意力集中于一种现象，为的是精确地把握 30
它。但是对于内知觉对象而言，这是完全不可能的。如果考察某种心理现象，比如愤怒，这种情形就会显而易见。如果一个处于狂怒状态的人想观察他自己的愤怒，那么在他观察之际愤怒在某种程度上已经烟消云散了，这样，他最初的观察对象也就消失了。同样的不可能性也表现在其它所有情形中。这是一条普遍有效的心理学规律，即，我们永远不能将我们的**注意力**集中在内知觉对象上。后面我们会对这一问题做详尽讨论。这里对于唤起无偏见者的个人经验已经足够了。即使那些相信内观察可能的心理学家也都承认其中包含着巨大困难。他们承认，尽管尽力而为，可这种观察在多数情形中总是躲躲闪闪。在这些人认为成功的个别情形中，他们无疑也都是自欺的牺牲品。只有当我们的注意转向不同

的对象，我们才能顺带知觉朝向这一对象的心理过程。因而在外感知中对物理现象的观察在提供给我们自然知识之基础的同时，也能够成为获得心理知识的一种手段。事实上，在想象中将注意力集中于物理现象，这即便不是我们关于支配心理的规律之知识的唯一来源，至少也是其直接而基本的来源。

我们区分内知觉与内观察并非强词夺理，强调其中一个而非另一个与我们的心理现象有关这个事实亦然。就我所知，到目前为止，仍没有心理学家做出过这种区分。而对这两个词不加甄别地交互使用导致了许多有害后果。我知道一些年轻人的例子，他们想投身于心理学研究，可还处于这门科学的门槛上时就开始怀疑自己的能力。他们被告知内观察是心理学知识的主要来源，于是他们一次次努力尝试达到它。可所有这些努力都成为徒劳；他们从中得到的仅仅是一堆混乱的观念和头晕脑胀。于是他们得出结论说，自己缺乏自身观察的能力——这相当正确！可是，接受了这种以讹传讹的观念，也意味着他们得出自己缺乏心理学研究天分的结论。

其他一些不惧怕上述困难而进入心理学领域的人成为了其它
31 一些错误的牺牲品。有些人将物理现象、特别是将在想象中呈现出的所有东西都看作心理现象，因而混淆了最为异质性的要素。上面就心理学从对想象之物的专心研究得到的优势所说的话使这种错误观念变得可理解了。然而，只要这种错误观念还没得以纠正，那么显然既不可能划分出心理现象，也不能满意地得出其每一类别的特性和规律。而对这些现象的混淆也必然会愈演愈烈。这就是缘何会发生下述情形，即，所谓观察到的领域往往成为任意观念的舞台。福特拉格(Fortlage)在其《出自内感觉观察的作为经验科学的心理学体系》[①]中给出了无数这样的例子,当然绝不止他一个人这样做。朗格在其《唯物主义史》中对福特拉格的评价也是完全中肯的:"起初他为自己构造了一种内感觉,他将一些功能归于其上,而这些功能一般都是被归于外在感觉的;之后他就将此界定为观察领域并开始观察。"(就人是被内感觉感知到的而言,福特拉格声称心理学的观察范围是人)。这种批评虽然尖刻,但并非没有道理,朗格接着讲道:

"在两厚卷中找出一、两个真实的观察是不值得给予其荣誉的。整本书都在运用由他自己发明的术语所构成的普遍命题,而这些命题对诸现象却毫无限定。福特拉格应当告诉我们这些现象是他在何时何地观察的,或是我们为了观察到它事先必须做些什么准备。我们被好心地告知,例如对于一片叶子,当我们被其形式吸引时,这种形式是如何成为注意的焦点的,'其必然结果是,在相似律的作用下,形式的比例融进了叶子的形式中,叶子便开始对意识变得清晰'。我们被告知叶子现在'在想象空间里消失在形式比例之中',可这些是何时何地怎样发生的呢?这种知识的'经验'种类又是基于何种经验呢?观察者运用'内感觉'的方式及样态,以及他运用这种感觉的证据依然是模糊不清的。他或许尚未纯化自己粗泛的猜想,就贸然发明出一种体系。"[②]

另一方面,这些错误导致了对内观察这个概念的批评。而这

① 莱比锡,1855 年。

② 《唯物主义史》,第二卷,第三部分,第三章,第 171-172 页。

32 些错误也绝非孤例，事实上，内观察呈现在我们之中的心理状态已经成为到目前为止的心理学所普遍接受的一个信条。而心理学家们开始逐渐认识到这种内观察实际上是不存在的。不过由于观察与知觉的区别一度被忽视，他们也就开始怀疑内知觉的可能性。

孔德也犯了同样的错误。他称那种“通过沉思自身而假装完成了对人类心理规律的发现”为“虚幻的”。

“后来，通过谨小慎微的工作，一个人可以区分开同样重要的两种观察类型，即外观察与内观察，后者完全致力于对理智现象的研究。这里我必须将自己限定在对一条理路的关注上，它会确定无疑地表明，所谓的心灵对自身的直接沉思纯粹是幻觉。不久以前人们还相信，看是发光物体将其外部形式和颜色投射在视网膜上的结果。对此生理学家们有足够理由反对说，如果光的印象就像影像那样被看到，那么就需要另外一只眼来看它们。这难道不也同样适用于我们这里的情形吗？事实上，人类心灵能直接观察除了其自身之外的所有现象，这一点是毋庸置疑的，而对于自身心灵之内的现象，没谁能够进行观察。”①

孔德认为，对于道德现象，我们能够确定，这些现象是其功能的官能与思维是其功能的官能是有区别的，于是与这二者相关的、妨碍对自我-知识进行反思的只是：处于一种决断性的情感状态与处于一种观察状态必然是水火不容的。

“因为在理智现象发生时，以与它们同样的方式来观察它们显然是不可能的。思维着的主体不可能将自己分割为两个部分，其

① 《实证主义教程》，巴黎，1864年，第一卷，第30页以下。

中一部分在推理,而另一部分在观察其推理。在这种情形下,行观察与被观察的官能是同一的,观察又如何能够发生呢?这种所谓的心理学方法奠基于其上的原则因而就是无效的。让我们来进一步看这种方法如何会直接导致彻底的悖谬过程。一方面我们被告知要尽可能与我们的外感知分离,特别是要抑制我们自己所有的 33
理智活动;可即使我们只是在做最简单的数学运算时,我们的'内'观察中又会发生什么呢?另一方面,在通过这些方式达到理智的完全休眠状态后,我们才会投身于对发生于我们心灵中的这些过程进行沉思,而这时心灵中却已一无所有。对于这种自娱自乐性的东西,我们的后代一定可以见证到这种假定被弃之如敝履。"

如此一来,孔德不仅拒绝了内观察——他已经正确地认识到了其不可能性,即使他对这种联结所提供的解释是可疑的;可是,由于没有在内观察与内知觉之间做出区分,他同时也拒绝了一个人对自己心理现象的内知觉。那么孔德取而代之地给了我们什么呢?穆勒在评论孔德时直言不讳:"我们简直羞于启齿,他给我们的只有骨相学!"[①]在这个评论中,穆勒毫不费力地表明,判断或推理的观念绝不会从外感知揭示给我们的现象中得出。不过穆勒对待孔德学说中所包含的真理性因素也并不完全公正。正因如此,穆勒的权威性就不足以大到阻止他所反对的理论被他的一些同胞们所接受。比如茂德斯雷(Maudsley)在其《心灵的生理学与病理学》[②]中也反对将自身意识当作心理学知识的来源之一。他的主



① "孔德与实证主义",载《维斯敏斯特评论》(*Westminster Review*),1865 年。

② 茂德斯雷:《心灵的生理学与病理学》,伦敦,1868 年,第 17-18 页。

要理由从根本上讲是孔德的论证，对此他自己也直言不讳。[①] 不过，这个论证对他之所以依然至关重要，是因为与那位法国思想家不同，茂德斯雷将同一种中枢神经系统既当作道德现象也当作心理现象的基底。不过茂德斯雷并没有严格坚持由此得出的结论，他不时地将他实际上应当完全拒斥的自身意识的用语甚至放在相当重要的位置上。

在德国，由于内观察与内知觉间的混淆，以及由此引发的上述混乱，导致朗格反对内知觉概念。在他看来，康德根据对内观察的研究结果表明（当然康德自己也这么看），我们无法区分观察物理
34 现象的外感知与观察心理现象的内感知。朗格说，这种内感知尝试实际造成“导向心灵的发狂之路”，我们这里“假装在自身中发现了由我们自己放入的东西”。而朗格在福特拉格思想中发现的混淆导致其得出下述看法：“在内观察与外观察之间划一条泾渭分明的界限是不可能的。”[②]比如，对于所说的主观的颜色或声音，一个人就会问自己，这应当属于两个领域中的哪个呢？如果他未曾发现对颜色的感知——这种感知正是呈现于想象中，而想象正是被包含在属于内感知的观察中——那么他就不会问到这个问题。于是，在正确断定了对呈现在我们想象中的现象的有意感知与通过视觉的观察之间的相似性后，他接着断言：“任何一类观察的本质都是相同的，其差异主要在于，这个观察是否能被他人同时或随后做出，或是这个观察是否逃避这种控制和确证。”[③]因此，像孔德一



① 茂德斯雷：《心灵的生理学与病理学》，伦敦，1868 年，第 37-38 页。

② 《唯物主义史》，第二卷，第三部分，第三章，第 172 页。

③ 同上，第 174 页。

样，朗格拒绝了内观察，也顺带地拒绝了内知觉，他只认可外感知，不过只是抱怨这个用词不太合适。

由此可见，对同一种区分的同样疏忽导致不同的人在相反的方面都陷入错误。这些错误可以从上面的分析得以证实。不过，当我们后面讨论内意识以及物理现象与心理现象的区别时，这一点会变得更加明证。

因而，对于心理学研究而言，我们自己对心理现象的内知觉便是首要的经验源泉。我们不要将这种内知觉混同于对我们心理状态的内观察，因为任何这类内观察都是不可能的。

3. 显然，与其它普遍性科学相比，心理学在这方面看来有不少劣势。尽管其它科学当中有些并不能诉诸于实验，尤其是天文学，可没有哪种科学不能诉诸于观察。

事实上，如果没办法弥补这种缺陷，心理学就是不可能的。不过对于这种缺陷，我们至少可以在一定程度上弥补，即在**回忆**中对之前的心理状态进行观察。经常有人声称这是获得关于心理事实之知识的最好方式，而且研究进路完全不同的哲学家对此也一致 35
认可。赫尔巴特已经明确指出了这一点；而穆勒在他评论孔德的文中也指出，通过紧随心理现象呈现之后的回忆来研究心理现象是可能的。穆勒接着说："这确实是通常获得关于心理行为的最充分知识的方式。当行为过后，我们反思我们的所为，不过这必须是在这些行为的印象仍鲜活地持留在记忆中的时候。"

如果对搅扰我们的愤怒进行观察的尝试，由于现象的消失而变得不再可能，那么显然，在回忆的方式中，先前的激动状态就不再以同样方式被扰乱。我们确实可以把自己的注意力集中于过去的一种心理现象上，正如我们可将其集中于当下的物理现象上一样，也正是在这种意义上可以讲，我们观察它。我们进而可以说，以这种方式对我们自己的心理现象进行实验也是可能的。为了弄清这种或那种现象是否会作为结果发生，我们可以通过各种方式在我们自身中有意地引发某种心理现象。我们因而就可以在回忆中冷静而有意地沉思各种实验结果。

这样一来，至少心理学的一种劣势显然可被弥补。在所有经验科学中，回忆使为建立普遍真理而进行的对于已观察事实的收集成为可能；而在心理学中，回忆同时也使对事实的观察自身成为可能。我可以确定，那些相信在内知觉中观察到了其心理现象的心理学家们，其实所做的正像穆勒在上段引文中所描述的那个样子。他们将其注意力集中于刚刚过去的行为，而这些行为的印象还鲜活地持留在他们的记忆中。



诚然，我们在回忆中唤起的这种观察显然不完全等同于当下进行中的原本观察。众所周知，回忆在很大程度上是虚妄的，而内知觉却是不谬的和无可置疑的。当回忆中持留的现象取代了内知觉的现象后，这同时也将不确定性和各种自欺的可能性引入其中。一旦欺骗的可能性存在，那么欺骗的实际发生也就为时不远了，因为在与观察者自己的心理行为相关联时，他所必须具有的心灵的无偏见模式是很难达到的。

正因为如此，当某些作者赞美自身意识的不谬性时，其他人——比如茂德斯雷[①]——则认为这完全是靠不住的。前者诉诸

① 《心灵的生理学与病理学》，第 9 页以下。

于内知觉的明证性，而后者则提请我们注意我们常常具有的对于 36
自身的幻觉，这些幻觉不仅出现在有心理疾病的人那里，而且在一定程度上可以说出现在所有人之中。这就解释了心理学家在这方面通常为何意见纷纭，即使这个难题可以通过内知觉给出的直接明证性来解决也还是如此。正是只有在回忆中才能进行观察打开了怀疑之门。时至今日在是否每种心理现象都伴有情感——不论是快乐还是不快——这个问题上人们还众说纷纭，这是我们刚才指出的那种混淆的后果。如果没有这种混淆，有关心理现象的最高级类型的问题就会早已得到落实和安顿。这种障碍如此巨大，以至于我们会经常发现自己处在这样一种位置上，即，对于我们通过形式论证和无穷后退之荒谬性不得不拒斥的东西，我们却可以通过内知觉的明证性直接认识到这种拒斥实际上是错误的。

不过，无论记忆可靠性的不充分是多么大的缺陷，如果以此为基础根本否认内知觉有任何价值显然就是愚蠢地夸大。如果通过回忆的验证不能被用于科学研究，那么不仅心理学不可能，而且其它所有的科学也都不可能。

4. 与自然科学相比较而言，心理学处于劣势的情形还有另一种状况。一个人在内知觉中领会到的以及随后在记忆中观察到的所有东西都属于呈现在人们自己生命中的心理现象。所有不属于这个个体生命过程的现象都处于他的知识范围之外。不论一个生命有可能是多么丰富的现象（每一生命，即使最贫乏的生命，也展现出奇妙的丰富性），与处于我们内知觉之内的东西——这些东西包含在无数同类生命之中——相比，它必定是贫乏的难道不是显而易见的吗？这种限定是非常要紧的，因为如果考虑到其内在生命，那么两个人的关系就与其它同类无机物种的两个个体之间的关系不可同日而语——比如与两滴水之间的关系。在生物学领域，两个同类个体时常表现出某种变易；在心理学领域亦然，只是这种变易更加巨大。即使亲密无间的两个人，他们之间的差异也会如此显著，以至于在有些情况下一个人也不会赞同另一个人，甚
37 至不能理解另一个人的举止。而且在其它情境下天资与品性也会具有巨大差异，例如当我们比较品达与阿基米德的才智、苏格拉底与阿尔斯比亚德的才智的时候，甚至当我们一般性地比较男性和女性之间的性格的时候，更不用说比较正常人与不正常的或病态的痴呆症及臆病患者的时候了。因而，当我们将自己的观察限定在单个人的时候，我们仅可以得出的结论是，我们对心理现象的理解是完全未尽的。我们会不会总是以一般的特征而把个体特殊的东西搞错？这无疑是实情，而鉴于我们永远不会完成对我们自己心理生活完全展开的充分研究，这种劣势就越发突出。不论我们将记忆退回到多远，我们心理生活的开端总是被不可通达的状态所裹挟。虽然这种开端会精确地提供给我们关于最普遍心理学规律的知识，不过对于开端中以其最为简单的形式呈现的现象而言，由于每种心理印象会与它的后发效应一起持留，我们就会发现自己处在无数原因纷繁而复杂的交织中。

这种情形的缺陷也在另一方面显示出来。正如被观察对象是唯一的(即我们只能部分地观察的唯一生命，就像我们已看到的那样)，观察者自己也是唯一的，其它位置上的人没谁会校正他的观察。因为别人所领会到的我的心理现象不可能比我自己用内知觉领会到的我自己的心理现象更为真切，反之亦然。就此而言，自然

科学的定位就比心理学更为有利。同一种日食和同一个彗星可被千百个个体所感知。如果仅是一个人的观察而没其他人的确证——例如只有一个天文学家声称观察到一个新星球而其他天文学家都未能确证——那么其观察结果就只能具有很小的可信度。

因而，如果心理学只是局限于对我们自己心理现象的内知觉，以及在记忆中对它的观察的话，那么心理学的经验基础通常就是不充分和不可靠的。

不过，这并非实情。除了对我们自己的心理现象的直接知觉外，我们**对他人的心理现象还具有间接的知识**。内在生命现象通常会表现它们自身，也就是说，它们会导致可外在感知到的变化。

当一个人直接用语词来描述自己时，他就被最为充分地表达。38
当然，如果两个个体的心理生活之间的差异如此之大，以至于彼此毫无共同之处，那么这种语言的描述就是相互不可理解的，甚至是不可能的。在这种情况下，他们交流观念就像是一个天生盲人与一个天生缺乏味觉的人彼此向对方解释紫罗兰的颜色与香味那样。不过这并非实情。相反，我们相互可理解的交往能力显然包含了各种各样的现象，以一个人的描述为基础，我们自己便能够形成关于他在发热或非正常状态下所经历的心理状态的观念。与此相似，当一个有教养的人想表达其内在状态时，他也不用担心找不到必要的词汇来表达。这种事实表明，一方面，人们及其处境的个体差异并没有有些人所设想的那样大，除非一个人或是失去了感官或是不正常或是不成熟，至少就一般的现象种类而言，每个个体
都会在其内经验中经历心理现象的全部领域。不过，另一方面，这 39
也使我们把自己的内在经验与其他人在他们自身中观察到的现象

结合在一起成为可能，而且，当观察相似现象时，一个人可以通过其他人的观察来验证自己的观察，正如美洲科学家所做的光热实验可以被欧洲科学家关于这些现象的实验所确证或拒绝一样。两个人向彼此谈论各自内在生活所用的语言本身，是从他们的先人及先前的科学中继承下来的，这也能够丰富他们关于心理现象的知识，正如它也可以促进关于外在现象的知识那样，这是通过展示不同的现象种类的基本区分而达到的，而这种区分显然又是从它们与内经验的特定关联出发而得到落实的。

最后，上述论断也表明研究自传对于心理学家的意义，不过我们不要忘了以下事实，即，在这种情形下，观察者或报告者多少是带有偏见的。弗赫特斯雷本（Feuchtersleben）正是在此种意义上说，在自传中，我们不仅要注意所报道的东西，更要注意那些无意间流露出的东西。

心理状态甚至不通过语词交流也能得到表达，这种表达或许尚欠充分，但它依然是一种足够清楚的表达。

人类举止与意愿行为首先属于这个范畴。从内经验中得出的结论通常比基于语词表达的结论更为可靠。如果实践行为通常并未被看作一个人信念更为可靠的表达，那么“言传不如身教”（verba docent，exempla trahunt）这句古语的真理性在日常生活中就不会被证实。

在这些意愿行为之外，还存在着无意的身体变化，它们也自然而然地伴随或跟随着特定的心理状态。惊吓会使我们面色苍白、恐惧会导致发抖、害羞的时候脸颊会变红。即便被表述之前的情感，也是科学研究的一种对象，就像达尔文最近一再指出的那样，人们已经在简单明了的经验和习俗中获得了有关这种关系的大量材料,以至于可观察的物理现象被看作不可见的心理现象的表征。40
显然,这些表征自身并非它们所要表征的东西。因而,许多人非常愚蠢地试图让我们相信,这种对心理状态外在的和被装模作样地称作“客观”的观察会成为心理学知识的来源,据说这种观察是完全独立于内在“主观”观察的,而事实上这种“客观”观察成为心理学知识的来源是不可能的。不过,以主观观察为基础,我们也可以通过参考他人自身的经验来丰富和补充我们的内在经验,并从而校正我们可能会陷入的自欺。

5. 如果通过上面提到的这种或那种方式,我们能够对**比我们自己的意识生活简单的意识生活**的状态获得一些洞察,那么这就具有重大的价值,不论这种简单性是出于发展不充分还是完全缺乏某种特定的现象类型。第一种方式特别适用于幼儿,而对婴儿就更加适合。出于这种原因,对于新生儿已经做了不少观察和实验。另外,这对原始社会中成人的研究也是有价值的。一方面,这种研究看起来是不太重要的,另一方面,它也以口头交流的更精确表达优势取代了标记,而这些标记或多或少都会受到误解。正因为如此,洛克在他的时代就已经运用了这种方法,而且最近出于对心理学的兴趣,科学家们越来越多地将其注意力转向那些充当原始人的标志的现象。

第二种简单心理生活的例子是天生的盲人,在这种人中,颜色的观念以及只能通过视觉得到的其它观念都丧失了。人们对这种案例具有双重的兴趣:首先,可以确定离开视觉的协助我们的观念生活可以发展多少,特别是天生的盲人是否具有和我们同样的空

间关系知识；其次，如果以后一种成功的手术恢复了他们的视觉，那么就可以研究他们最初所获相关印象的本性。

这个范畴也包含着出于心理学目的而对动物所做的观察。不仅低等动物的心理活动缺少这种或那种感觉，而且高等动物的心理与人的心理生活相比也是简单而有限的。这或许在于如下的事实，即，它们与我们虽然具有同样机能，可是程度却比较低；或是说它们也许从根本上就缺乏某类心理现象。对这个问题的回答本身
41 显然是极其重要的。如果后一种观点——它被早先的亚里士多德、洛克以及如今的多数人所持有——被证明是正确的，那么我们就单独禀有某种最为显赫的心理行为能力。同时，任何不从看似合理的常识——这种常识从根本否认动物拥有心理生活——出发的理论，会坚持对动物的心理特征与人的心理特征进行比较，而这对心理学家而言是至关重要的。

6. 从另一方面看，对**心理状态疾病**的有意研究也是重要的。通常的理论兴趣与更为经常的实践兴趣导致科学家们观察痴呆者与精神病人，这也为心理学提供了重要的资料。正因为这里所包含的现象属于不同的种类，因而它们才能对心理学做出贡献。有时心理疾病显示出的是恒常性的或是所谓的“固定”观念，这种观念对一个人的意识生活有很大影响。除了对这种现象之原因的研究，我们从中还可以发现对复杂观念联结之规律的富有价值的展示。有时某些机能表现出不相称的增强或减弱，如果考虑与它们相关机能的增强与减弱，那么控制它们的联想律因而就被澄清了。低能和精神病现象以及其它疾病现象给予我们关于心理现象与身体存在的关联以极其重要的信息，如果这种残损的心理现象是与

可观察的器官异常相关联的话——而这往往是事实。不过，试图将这些疾病状态与正常的心理生活看得同等重要甚至看得更为重要则是个错误。首先，我们必须建立与正常的心理学事态相关的共存及连续的关系。只有当这些关系得到充分的观察与归纳，至少达到一定程度后，引入反常的情形才被证明是有用的。我们这样才能站在一个位置上更精准地评断那些反常情形，因为适用于正常情形下的规律在反常情况下也起作用，只是具有不同的联结和新的复杂性罢了，而这些都是植物性机能发生剧变的结果。随后——也只有在随后——我们关于这些规律与现象序列的理解才能通过引入反常情形而得以扩展和深化，从中我们便可以看到规律如何能够解释那些甚至是明显的例外。正是在这些情形中我们才找到最为新奇的关注，这要用很长时间才能成功地满足我们对相关知识的渴求。而对这些现象的解释只能一点一滴地达到。直 42
到心理学与生理学达到较高级的发展阶段时，对反常现象的关注才是有益的，过早关注这些现象就像动物学家过去喜好畸形怪兽一样劳而无功。

7. 因而，由于我们首要的任务是研究正常现象，那么总体而言，首先观察所有在生理健康的人身上表现出的突出现象就更富有教益。对心理学研究有重要价值的线索可在人们的传记中发现，这些人将自己标划为艺术家、科学家或杰出人物，这种线索还可在那些臭名昭著的罪人的传记中发现；而在研究一件杰出的艺术品创作、一项重大发明以及一种重要的行动或犯罪时，至少对获得其动机及先行境域的洞察是可能的。因而，在对伟大人物的描绘中，在对新时代事件的描述中（这些事件一般会围绕着体现了时代精神或社会运动的著名人物)，历史就会提供一些对心理学家而言重要的事实。这些事实所呈现出的清明之光对心理学观察是非常有用的。

另外，自在自为的世界历史进程、展现在群众中的现象进程、进步与退步、国家的兴衰等，都能经常大大有助于那些想要研究人们心理本性之普遍规律的人。当接触了大量人群的时候，心理生活的最突出特征就会被更清晰地看到，而次要的特征则会彼此抵消。柏拉图甚至希望在国家和社会这种大写形式中找到与个体灵魂这种小写形式相同的特性。他相信灵魂的三部分对应着城邦的三个基本阶层:劳作者、保卫者与统治者。柏拉图进一步发现在不同伦理共同体中都存在着这种对应，比如在埃及人、腓尼基人、北欧蛮族人和热爱文明的希腊人中。或许有些人希望在艺术、科学和宗教等等这些高贵的现象中找到我们高级心理生活的各种基本构造。人们通常讲，个体发展的历史是人类发展历史的缩影，这并
43 非没有道理。对人类社会精神现象的观察无疑会有助于照亮个体的心理现象;当然，反之则更是实情。其实，一般而言，在已发现的个体特征的基础上来理解社会及其发展是更为自然的过程，这比颇费周折地通过对社会的观察而阐明个体心理学方面的问题更为可取。

我们所讲的已足以表明，心理学家是从哪些领域获得其对心理规律的研究所依据的经验的。我们发现**内知觉**是其基本来源，但它具有永远不可能成为观察对象这种劣势。对内知觉而言，我们增添了在**记忆**中对我们先前心理经验的沉思，在这种情况下，将注意力集中于这些心理经验或者说观察它们就是可能的。从而，

局限于我们自己心理现象的经验领域就得以扩展，而在他人对自己心理生活的*表达*中，我们便可以获得一些不能直接经验到的有关心理现象的知识。如此，对心理学而言重要的事实肯定会千百倍地扩展。不过，后一类经验预设了通过回忆的观察，正如回忆预设了对当下心理现象的内知觉一样。所以内知觉构成其它两类知识来源最终的和独立的前提。因而，就此而言，传统上的心理学便对孔德有所校正，即，内知觉恰好构成心理科学得以确立的基础。

# 第三章　对心理学方法的进一步探讨：44 对心理学基本规律的归纳

1. 心理学家必须首先为自己设定的任务是，确定所有心理现象都共有的特征。当然，这得首先假定存在这种特征，因为这种特征的存在是时常被否认的。培根断言，通常必须先寻找居间的规律，然后逐渐上升到最终的规律，这一断言尚未被自然科学史所检验，因而对心理学家也毫无价值。对最普遍规律的归纳只有在下述情形中才是正确的，即，我们首先在诸个体中自然地发现其共同特征，然后在特定人群中发现这种特征，直到最后规律在整个人类范围内确立。

2. 心理现象的划分原则将出现在对其普遍特征的考察中；这将直接导致在心理现象自然相似性的基础上确定其基本类型。只有当这些工作完成之后，才可能进行对心理学规律的进一步研究，因为这些规律只应用在这类或那类现象的绝大部分中。如果热、光、声这些现象并没被显而易见的分类划分为自然的组群，那么物理学家基于这些现象的实验研究又会出现何种结果呢？同样，如果不区分心理现象的基本种类，那么心理学家确立这些现象之持

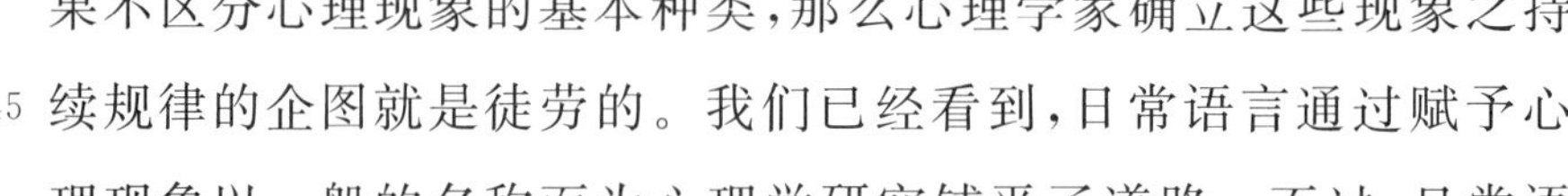

45 续规律的企图就是徒劳的。我们已经看到，日常语言通过赋予心理现象以一般的名称而为心理学研究铺平了道路。不过，日常语

言通常并不完全可靠，如果对其依赖过甚，则会误入歧途，正如对其小心谨慎的界定有助于发现真理一样。就像我们提到的那样，有充分的证据表明，没有什么基本的心理类型只出现在他人那里而不出现在我们自己的个人生命中。这就使建立一种完全的心理现象清单成为可能。这也有助于使我们看到，虽然存在着各种心理现象，但其基本种类是非常有限的。这种事实实际上促进了我们的研究，并排除了下述顾虑，即，我们完全忽略了某些属于基本种类的现象类型，而这些种类又异于以前考察过的所有基本类型。在上述事实中出现的所有困难是：内知觉永远不能成为内观察。甚至当今的心理学家仍未在心理现象的基本分类问题上达成一致这一事实表明，在某些情况下这种困难的障碍有多大。我们不得不确立心理现象的自然秩序及其基本类型。

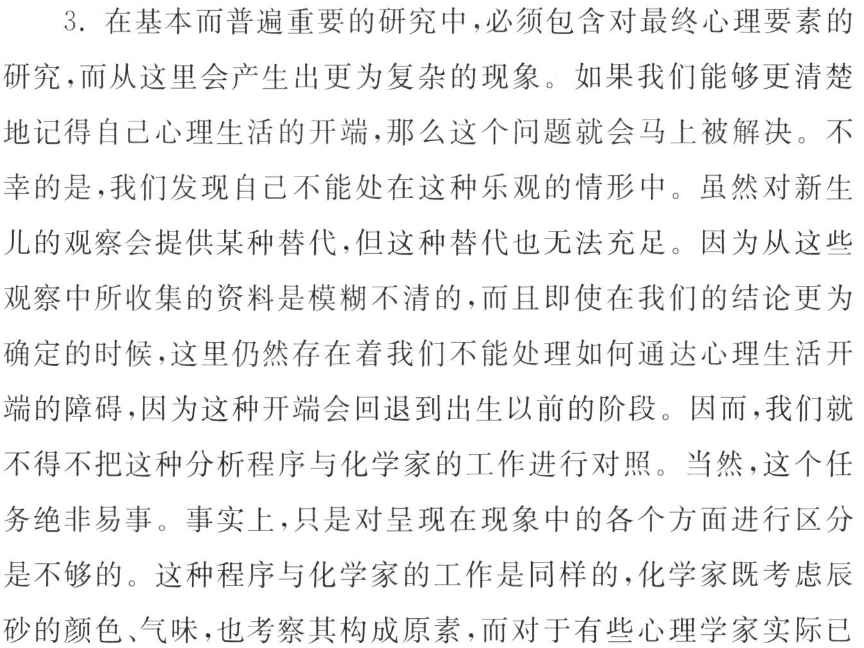

3. 在基本而普遍重要的研究中，必须包含对最终心理要素的研究，而从这里会产生出更为复杂的现象。如果我们能够更清楚地记得自己心理生活的开端，那么这个问题就会马上被解决。不 46
幸的是，我们发现自己不能处在这种乐观的情形中。虽然对新生儿的观察会提供某种替代，但这种替代也无法充足。因为从这些观察中所收集的资料是模糊不清的，而且即使在我们的结论更为确定的时候，这里仍然存在着我们不能处理如何通达心理生活开端的障碍，因为这种开端会回退到出生以前的阶段。因而，我们就不得不把这种分析程序与化学家的工作进行对照。当然，这个任务绝非易事。事实上，只是对呈现在现象中的各个方面进行区分是不够的。这种程序与化学家的工作是同样的，化学家既考虑辰砂的颜色、气味，也考察其构成原素，而对于有些心理学家实际已

陷入的荒谬绝伦的错误而言，洛克也难免其责。正如化学家会将一种化合物的构成原素分解开来一样，看来心理学家也应当将构成复杂现象的基本现象分离开来。只有心理学中所进行的分析像化学中所进行的分析一样完满和确定时这种做法才是可行的！然而，由于心理生活从不会从后来的阶段返回到早先阶段，我们也就绝不可能把基本现象还原到最初所经验到它时的单纯样貌。① 在这种情形下，如果观念的联合真正是融和性的，如果能够转化成完全不同种类的现象（就像化学化合物中那样），而且如果这是普遍情况的话，那么其中的困难就是不可逾越的。所幸的是，没有哪个心理学家在这种断言上走得如此之远，而那些试图这样做的人也会被轻而易举地拒绝。一般而言，观念的心理-化学理论到目前为止尚没获得认可。



对心理要素的研究主要集中在感觉上，因为感觉无疑是其它心理现象的一个来源，甚至很多科学家断言只有感觉才是所有现象的来源。感觉是物理刺激的结果。其源头因而是一种心理-物理过程。因而生理学，特别是感官生理学在这里会为心理学提供可赞的帮助。然而，用以解决这个问题的纯粹心理学手段通常也
47 是不够用的。不过没有人会将分离的源头归于相互包含的现象。在这种情形下，正如我们已提到的，对通过实施手术而成功的天生盲人的观察就变得尤为重要；这不仅对视觉重要，而且也对整个感

---

① 甚至连康德也抱怨作为“一种系统性的分析科学”的心理学永远不能赶上化学，因为其中内观察的杂多要素只是通过抽象的剖析而彼此相分的，它们不能被随意地相分或相合。见《自然科学的形而上学基础》，前言（载《康德全集》，柏林科学学术版，第四卷）。

官感知领域重要，因为对于视觉——我们最高级的感觉——可以比对其它感觉完成更为彻底的研究。

4. 关于心理现象持续的最高级和最普遍规律——不论这种规律是对所有现象还是只对其中一种基本现象有效——是由普遍的归纳律直接确立的。正如贝恩在其"归纳逻辑"[①]中正确地指出的那样，这种规律并非重力律和惯性律那种意义上的最高的和最终的规律。这是基于以下事实，即，这些规律所应用的心理现象是完全依赖于生理学条件的，而我们对于这些条件的知识又是非常不完备的。严格讲来，这种有关心理现象的最普遍规律属于经验规律，这需要对与它们相关联的生理状态进行精确的分析和解释。

我所说的东西不能被误解为我相信下面的内容，即，人们应当从生理学规律，甚至从狭义上的化学规律以及物理学规律得出心理现象持续的基本规律。这将是愚蠢的。在我们对自然的解释中存在不可超越的界限；正如穆勒正确地指出的，当涉及心理领域向物理现象领域过渡的时候，我们就遇到了这些界限之一。[②] 即使物理学家将产生我们色感、声感及味感的所有原因都还原到分子运动、印象及压力，我们还是不得不为色感——其实是每种特殊种类的色感——及声感、味感提供特殊的终极规律。任何对这些规律的数量进行进一步还原的企图都是无望的和不合理的。因而，我认为对心理规律进行进一步解释的欲求和必然性并非将其看作从物理规律演绎而来。我认为，在简单情形下的解释应包含对直



① 《逻辑学》，第二卷，导论，第284页。

② 《逻辑体系》，第三卷，第14章，第2节。

接而临近的生理学前提或伴随的条件进行最精确地例举，而对与
48 它们不直接相关的因素都进行排除。在这些情形下，我们必须研究前面心理现象对随后现象的影响，甚至在有相当长的空隙打断了心理活动以后，也有必要考察期间的生理过程，看它对早先的心理原因与随后的心理结果之间的关系有何影响。如果我们达到这个目标，我们将会拥有基本的心理学规律，虽然它们不会一清二楚，但它们也会具有像数学公理一样的严格性和精确性，而最高级的心理学规律应当在这个词最充分的意义上被看作终极规律。不过眼下构成我们最高规律的规律以某种改变了的形式再现于诸次生规律中，心理学的主体部分——如果并非全部的话——因而就会带有半生理学半心理学的特征。

5. 心理过程对生理过程不可否认的依赖一再促使心理学家直接将心理学奠基于生理学。我们已经看到孔德多么想将面相学当作心理学研究的手段，即使这些面相学与高尔(Gall)发展出的东西毫无共同之处。在德国，最近霍维兹(Horwicz)也表现出为心理学奠定一种新基础的相似尝试。[①] 在《哲学与哲学批判文集》[②]中，这位作者花大气力讨论了下述问题，即，他所认为的心理学领域中唯一有效的方法是什么。

霍维兹没有陷入孔德拒绝自身意识的错误中。相反，我之所以反对他是因为当他提出“科学的自身观察”时，将其抬举过高，并且与其他认可自身观察的心理学家一道承认“一种好的心理学观

① 霍维兹：《生理学基础上的心理学分析》(哈勒，1872 年)。

② “心灵学说的方法论”，载《哲学与哲学批判文集》，LX(1872 年)，第 164-205 页。

察并不能被所有人通达，而且也肯定不能经常获得。”[1]尽管如此，他却并未真正将自己的学说奠基于自身意识上。霍维兹只是希望将其当作一种预备性阶段，相信这会向他提供对于心理活动总体 49
的粗浅概观。[2] 他期望所有进一步的知识都从生理学中获得。从下述事实出发，即，生理学“为心智在机体中的出现提供了特殊前提，也为其相互关系提供了前提”，他形成了“方法论上的确信，即，心智的组织——在其最早的和最普遍的框架下——必定……对应于身体的组织。”[3]根据他的说法，我们可以找到下述问题的答案，即，“对于心理生活最一般的组织和结构而言”，只要“我们首先研究身体生命的组织和结构就可以了”。因而，我们必须从关于身体的生理学的一般观点开始，随后确定这是否提供了对心理整体组织的可靠研究。他断定心理过程中可见的差异完全取决于“基本的生理学原则，如果这毫无疑问是正确的，那么就没有什么心理过程可以离开物质性基体而发生。”[4]正如他在其它地方表述的那样，他觉得在随后所有的研究中，生理学“不仅仅是有用的入口，而更是研究的方法论工具。”[5]特别是，通过对所有生命过程进行生理学对比，他希望“找到能够使我们发现最简单心理要素的线索，

① “方法论”，第 170 页。这就很难理解他如何将这个学说与下述陈述协调起来，即，“我们同时具有的观念不能超过一个”（《心理学分析》，第一卷，262 页）。事实上，在后来的第 326 页，他对自己这个陈述的正确性也产生了极大怀疑。

② “方法论”，第 187 页；参见《心理学分析》，第一卷，第 155 页以下。

③ “方法论”，第 189 页。

④ “方法论”，第 190 页。

⑤ 《心理学分析》，第一卷，第 175 页。

而心理生活正是从这些要素原初地发展起来的。”①

这些是诱人的前景，特别是在自然科学旗开得胜而哲学裹足不前的时代。而被看作主要属于哲学主题的心理学感知，以及由此衍生的所有东西，被认为仅仅是一种准备性的研究。随后自然科学便会接手。霍维兹甚至通过生理学的方法确定，心理现象有几类以及它们相互关联的特征是什么。他也确定基本的心理要素，也发现复杂性的规律，并去追究最高级心理现象的源头。

在什么是心理学所可欲的目标方面我们不要被轻易地蒙骗。不难表明霍维兹与孔德一样夸大了生理学对心理学所能起的作用。霍维兹将其确信建立在心理学之于生理学的关系上。因为生理学处理的直接是高级概念——生命的概念，它与心理学的关系
50 必定相似于“数学之于物理学以及天文学之于地理学的关系”。②不过无论数学对于物理学家是多么地有用和不可或缺，如果物理学家完全依赖于数学并使之成为其研究的工具——正如霍维兹希望生理学成为心理学家的工具那样——那么我们就会看到物理学家不会有任何进展。这里只举一个例子：数学如何能给出物理学家所处理现象的基本种类的数目呢？

或许霍维兹会回应说，将生理学和心理学的关系与数学和物理学的关系相类比是不能完全令人满意的，就像其它类比那样。他也许会说，生理学与心理学领域有着特殊的亲近性，因为，正如他所指出的那样，生理学所研究的现象是心理现象发生的条件，而

① “方法论”，第189页。

② “方法论”，第188页。

且在它们之间存在着非常亲近的关系。即使我们认为生理学与心理学的关系与数学和物理学的关系不同，我们仍能够信心十足地指出这种关系一方面相似于化学与研究无机现象的物理学的关系，另一方面也相似于化学与生理学的关系。无机领域包含了有机领域的条件，后者的存在有赖于与前者恒长而亲近的关联。然而，无论无机的化学与物理学对生理学家有多么大的帮助，难道霍维兹会期望从前者中获得有关机体结构的充分信息吗？难道霍维兹不是与此相反地从生理学现象自身获得其整体的结构以及身体个别部分的机能吗？这一点是无可质疑的。

或许甚至这种类比也会被批评为不充分的。人们会说，无机现象无疑会与有机现象发生恒长而交互的关系，但它们并不像生理现象之于心理现象那样构成其“物质基体”。不过甚至霍维兹本人也承认解释这种关系的特殊本质不是轻而易举的，而且以同种方式对所有心理现象提供普遍的说明则更为困难。显而易见的只是，心理现象与伴随着的生理现象的关系实际上不同于化学所处理的无机现象与生理学所处理的有机现象的关系。不过对我们而言，更为仔细的比较结果及对所有相关事实的分析证明了下述结论，即，可以在化学现象中期待更多关于生理现象的信息，而在生理学中则不能期待更多关于心理现象的信息。生理学过程与化学及物理过程的差异看来只是前者更为复杂。自洛采以后，越来越 51
多的科学家放弃了“活力”这种具有更高贵本性的概念。化学现象这个更为综括性的概念已经同样运用于无机变化以及生理学意义上的生命。当我们将生命这个概念既用到生理学领域又用到心理学领域时，很难说它表达了同样的东西。进而言之，当我们把注意

力由外在世界转向内在世界时，我们就会发现自己进入了一个全新的领域。这两个领域的现象是绝对异质性的，以至于相似性这个概念要么被放弃，要么带有非常模糊的或人为的特征。[①] 正因为如此，在我们一开始讨论科学领域的基本划分时，我们就将心理科学与自然科学划分为经验科学的两个主要分支。

霍维兹努力的后果已被证明是一种不幸的事实，而这种后果其实可以根据上述这些考察而提前预知的。霍维兹本来希望提供一种更加深入和严格的心理学，可他却依赖于一些表面的相似性，并将一种假定建基于另一种假定之上。上述做法的一个例子是由"灵魂生命与身体生命间的诸重要类比"所提供的，而他在其心理学分析中，于"神经系统的阿里阿德涅(Ariadne)线团"[②]中发现了这种类比。第一个类比是日常语言意义上的消化与意识领域中比喻性的消化之间的类比，前种消化是逐渐转化和提纯过程，即，将外来的质料消化为人造的血液，随后转化为肌肉、腱、骨头、神经等。根据他的看法，吸收的过程也与这两种情形相似。"外在事物的影响给予感觉神经的感知器官以刺激。心灵从这些作为原材料的刺激中以诸感觉的形式获得营养。当我们突然面对一些完全陌生的印象时，我们说首先必须消化它们是正确的。心灵通过对神经提供的原材料进行消化而将之转化为诸感觉，进而又提升为更高的心灵产品，诸如观念、概念、判断、推理、情感倾向、决定、规划、公理等。"根据霍维兹，第二个类比是感觉与动力神经活动的对立



① 参见洛采:《小宇宙》，英译本(爱丁堡，1885 年)，第一卷，第 144 页以下。

② 《心理学分析》，第一卷，第 148 页以下。

同各种心理过程之间对立的类比，前一对立支配着整个神经系统
（而所谓的中心器官只是由联结两极的插入部分构成的），后一对 52
立以不同形式“在对抗的、深层的和普遍的两极对立中”显示自身。霍维兹相信，正是理论与实践的两极定向占据了意识的整个领域。依赖于这两种类比，他借助生理学方法而对心理现象做出基本的划分，据他讲，这与“沃尔夫所建立起的意识的确切轮廓”是完全相符的。心理现象一方面被划分为高层和低层的现象，另一方面被划分为认识和欲求现象，而且这两种划分是彼此重叠的。在认识与欲求现象之间有过渡的阶段，正如低级与高级现象有过渡阶段一样。这是情感这类现象的位置，现代心理学家一般将其区分为单独一类。也正是这类现象被认为是中心器官插入的部分。于是，在生理学考察的基础上，我们大致接近了心理现象的基本分类；不过，我们做这些工作，只是要通过更为精准的过程而确证和解释生理学所教导的东西。

尽管霍维兹所有的看法都建立于物理性的观察，不过还是很难理解，一个像他这样能够做出很好判断的人会被下述想法所迷惑，即，这些粗糙的类比（心理现象与“意识的神经基体”之间的关系并不比与机体的其它部分的关系更为亲近）能够符合，甚至能够取代我们通过心理观察的方式而发现的内容。如果这种心理分类并不确定，那么下述假设就更不确定了，即，感觉神经构成认识基体而动力神经构成欲求基体。其他生理学家不仅将这些现象，并且也将思想和意欲放在同样的神经中枢中。事实上，正如许多不同的物理属性可被归于同一种本体那样，我们为什么不应设定不同类别的心理属性也可归于同一种本体呢？因此，这种方法绝对

不能告诉我们存在多少种心理能力。[①]

53 到目前为止我们已经看到，在构建其理论的过程中，霍维兹只是给了我们一系列大胆的假定。我们在对其后续内容的研究中也会发现相似的东西。由于随着每一新假定的出现，几何学进展中的或然性就会减少，所以我们有可能早已形成下述道德确信，即，跟随作者无畏的引领，当我们达到下述断定时也就抛弃了通向真理的道路，“在感觉与运动之间发生的亲近与必然的联系构成了简单要素，而所有心理过程都是通过对简单要素的重复及复杂化而构造得来的。”

霍维兹完全注意到牛顿的格言“假定不虚”(hypotheses non fingo)不能用于他对心理现象的生理学分析，有时他甚至完全意识到他所做之事的不可能性。因而，在一个地方(第一卷，第 156 页)，他说生理学“不能深入到心理过程的细节”。(我们已经看到关于心理现象的基本分类已被揭示。)进而他认识到，我们对于将心理现象还原到生理学基础的说明“仍然缺乏非常根本的关联环节”(第 175 页)。事实上，他在赋予生理学以“伟大的任务”(第 183 页)——即从神经刺激的单一状态中推出感觉与运动的整个领域——的同时也承认我们距这个目标“相去甚远”。同时，他附加道，“从生理学经验中得出意识存在或不存在是非常危险的”(第

① 霍维兹自己讲：我们必须“明确地认定所有心理行为都与神经系统的中心器官相关联。我们不会……发现心灵不同的属性、能力和机能(不论你如何表述它)分属于神经群的不同部分，像颅相学家所认为的那样。相反，我们被迫假定不同的器官、组群和神经系统在根本上实施着同样的功能，不同的心灵能力并不对应于不同的中心器官及其部分”(《心理学分析》，第一卷，第 223 页)。既然如此，他所提供的类比又有什么用处呢？

224 页）。他承认，“睡眠的生理学条件是未知的”（第 235 页），这就意味着在生理学基础上，我们对这种显著现象的存在一无所知。他甚至认为生理学提供的这些联结“也只是虔诚的希望与想象”（第 250 页）。最后，他对记忆所做的断定是坦率和全面的：“我们需再次注意，在目前的科学状态下，我们只能处理一些假定与可设想的可能性。在一个完全缺乏标尺和精确性的领域中，显然不会出现一个东西到底是怎样的这个问题；这个领域处于未知状态”（第 288 页注）。因而从他的观点看，我们可以说，以生理学为基础可以表明有些东西是错误的，但我们无法确定正确的是什么。这里就会为各种假定留出余地。如果这是实情，我们会感谢生理学 54
在不少方面给我们提出的警示，但我们并不能像霍维兹所希望的那样，将生理学当作一种向导（在这个词恰切的意义上）。生理学甚至不能给我们已经很好确立的心理事实以说明，或是给出他为意识的整体性所提供的那种（他所接受的）说明（第一卷，第 325 页以下）。霍维兹所断定的一切正如他自己一再谦称的：“更多内容仍在黑暗之中。”我们时下能做的只是：“展示生理学能够认可的**会**符合事实的道路，展示出于此种考虑而至少在生理学上**可能**的道路。”“将自己投身于生理学研究的敏感之人希望通过其分析而最终解决心理-物理的联结之谜吗？”他说，他只想指出：“粗略地讲，为了使回忆到的现象在某种程度上具有生理学上的可信和可知性，而如何必须构建心理学理论。”他只是试图“设想这样一种观念，即这些事情在生理学上究竟是怎样的”。当然，人们可以质疑他的这方面究竟能够深入到何种程度。

6. 对于将心理学建基于生理学之必然性的强调，茂德斯雷并

不比霍维兹更少——如果不是更多的话。正如我们已经提到的，茂德斯雷有时看起来与孔德一样完全否认自身意识。当他对此有所认识的时候，茂德斯雷着重强调自身意识在总体上的不充分性。

在其发表于1866年《心理科学杂志》上的批评穆勒论汉密尔顿的著作中，茂德斯雷严厉地指责穆勒没有注意到生理学方法，而这种方法已被证明对于心理学能够如此富有成果，他批评穆勒相信将老方法建基于内知觉之上就可以如愿以偿，而柏拉图、笛卡尔、洛克、贝克莱等许多其他人都未曾如此做。茂德斯雷说，“现在我们没有丝毫的信心，即，成千上万个穆勒如果仍然采用同样的方法，将会做出前述伟人没能做出的事业；不过，如果穆勒先生自己选择利用新材料和新方法，而这又是他那些伟大的前辈生活的时代所没有出现过的，他能够做出没哪个当代人能够做出的事业也就是毫无疑问的了。”



在其《心灵的生理学与病理学》中，茂德斯雷艰辛地试图表明，利用老方法不可能达到理想结果。可以确定的是，茂德斯雷有关这种方法的概念并不完备，因为他相信以前的心理学家只是注意到其自身的个体现象，而未将他人纳入考虑。正因为如此，茂德斯雷对他们进行了激烈指责，即，指责他们试图从一滴水来窥探整个
55 世界。[①] 可这些被指责的作者中每个人都利用了他人的研究成果这个简单事实已足以表明茂德斯雷这种说法的错误。其实如果仔细考察的话，茂德斯雷会发现穆勒、还有之前的洛克，以至于两千多年前的亚里士多德，都已经将对他人甚至对动物的显著现象的

① 《心灵的生理学与病理学》，第24页。

观察纳入到了心理学考察之中。不过这仍然留下一个问题，即，茂德斯雷对他自己所明确陈述的“生理学还是心理学？”这个问题，他的回答则完全倾向于生理学。[①] 在他看来，任何一种离开生理学的基础而发展心理学的企图注定从一开始就会失败。

茂德斯雷在攻击穆勒的过程中谈到，生理学方法之于心理学的构建已经硕果累累，他还表明穆勒正是由于没有运用这些方法才没能成功地认识其他生命，所以当我打开这本书的时候，便期望从中得到有关心理学问题的丰富教益。可我不久就开始发现，茂德斯雷实际上只是反复地攻击旧方法，而对新方法的成就却不置一词。事实上，当茂德斯雷试图用生理学方法来考察问题时，他的勇气便丧失殆尽。茂德斯雷称自己乃至整个时代对此都无可奈何。他公开承认：“在现阶段的生理科学中，通过观察和实验是不可能确定器官活动的本性的，而这种活动又是心理现象的身体条件”（第 7 页）。他又附加道：“生理学目前能做的只是，剔除一些错误的心理学材料”（第 28 页）。他认为我们对生理学相关领域的忽视是如此巨大，以至于我们自然怀疑生理学是否能为心理学提供一种坚实的基础。为了安慰我们，茂德斯雷回顾了其它科学领域的情况，它们在后来达到了几个世纪前自然地认为看上去不可能的成果。不过他又附加道：“目前要期待一种积极的心理科学确实缺乏基础。”

从生理学方法的观点看，这无疑是正确的，这甚至与霍维兹认识到的情形相差无几。我们在阅读茂德斯雷的过程中，如果比较

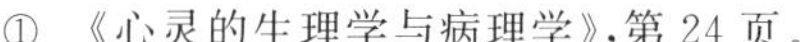

① 《心灵的生理学与病理学》，第 24 页。

56 他无畏的批评与他在心理学构建方面的谨小慎微的话，我们会感到，这两种根本点的对立几乎不能复苏我们灰暗的希望。因而我们看到，至少目前的关键问题是："究竟这种心理科学存不存在?"而非"究竟是心理学方法还是生理学方法?"因而，就没必要劳心费神地去澄清从一开始就不可能的问题。

我们已经知道茂德斯雷是如何解决这个问题的。那么现在让我们来看看他结论背后所隐含的动机，因为在其《心灵的生理学与病理学》中，茂德斯雷已经对将心理学在方法论上奠基于生理学做出了比霍维兹更多的论证。

这些论证从根本上看是下述几个。首先，根据茂德斯雷，**物质条件是意识的基础**，这种条件随个体变化而变化，并且在同一个体中也会变化，而其属性也决定心理生活的属性。生理学自身便能够提供给我们关于上述内容的描述；内意识显然不能揭示任何与物质条件有关的东西。[①]



更有甚者，根据茂德斯雷，大脑也具有一种**植物性生命**，而所有意识只不过是大脑的一种功能。大脑当然也服从于器官的新陈代谢，而且通常它会健康地运行，但我们对其却毫无意识。不过，如果大脑压迫意识的话，通常就成为反常现象的原因。无意的情感看来被诸观念的无序混乱性所伴随。因而例如饮酒或其它一些血液中的有害行为会导致观念大大超出其日常联结的范围。除了运用生理学方法之外，我们又能如何获得关于这些现象的信息呢?除了通过这种方式，我们又如何能解释依赖于大脑这种器官的生

① 《心灵的生理学与病理学》，第13页。

命的正常心理活动呢？而这种器官的生命由通过神经细胞吸收了血液中可资利用的物质的可同化物所构成。这个过程在每次能量消耗后——其中包括由思想活动产生的神经能量消耗——都使器官的生命恢复到统计平衡。“统计函项的潜在性因而通过神经吸引的中介落脚到通过函项排异而对活跃观念的消耗上，因而神经细胞的要素或回路成长为它发挥能量的形式。”内意识对所有这些都是保持沉默的。①

根据茂德斯雷，更进一步的证据是，**心理生活并不必然包含心
理活动**。当然，笛卡尔认为心灵通常是思维的，而不思维就意味着 57
不实存。然而，其反面才是正确的。在意识中曾经以某种完整的形式呈现的东西，当它从意识中消失的时候，会留下一种痕迹、一种潜在和潜伏的观念。因而，与恒常的活动相反，事实是，在每一瞬间，大部分的心理生活是不活动的。

“心理能力既存在于统计平衡中，也表现于动态中；……没谁能同时将其全部知识唤入心中。让意识给出心灵的所有统计条件描述是多么无望呀！不过统计的心灵是现实中决定其展现的器官诸要素的统计条件，显然，如果我们要知道某些非活动心灵中的东西，我们就必须到生理学的进展中寻找所需要的信息。”②

更有甚者！不仅心理生活不必然包含心理活动，而且**心理活动也不必然包含意识**。这里茂德斯雷诉诸于莱布尼兹以及自己的同乡汉密尔顿，后者追随着莱布尼兹而为关于无意识思想的学说

① 《心灵的生理学与病理学》，第22页以下。

② 同上书，第17页。

辩护。茂德斯雷相信同样能够表明，心理的机能时常被无意识的环境所影响，也即通过感官的一种完全无注意状态而被影响。虽然这些印象随后并不能产生确定的观念，不过它们还是持留着并影响着心灵的本性。[①] 作为中心器官的大脑以同样的方式回应不同的内在刺激，这些刺激通过其它器官被无意识地接受，并且反过来也对大脑做出回应。性器官对心理的影响就是其中显而易见的一个例子。[②] 另外，大脑无意识地吸取材料，并且也不会意识到唤醒了潜伏的残余。茂德斯雷说："在写作中，作者的意识主要集中于他的笔触及他所形成的句子上，而心理无意识工作的结果由不可感的酝酿累积而成，这种结果由不可知的层次进入到意识，并且借助于意识而体现于恰当的文字中。"[③]他引用歌德的表述："我永不会思维到思维"，这促使他认为人类在其最高级的发展阶段中达到了一种像儿童的自我无意识那样的自我无意识，并且带着孩童
58 那样的无意识继续其器官上的进化。[④] 因而他达到以下的断定：不仅心理生活不必然包含心理活动、心理活动不必然包含意识，而且"**心理活动的最主要部分**，即思维所依赖的根本过程也是**无意识的心理**……**活动**。"于是他又重复了下述问题："自身意识如何能够成为真正心理科学的事实？"[⑤]对于所有这些问题而言，茂德斯雷——如果我理解正确的话——最终引入了一种从这一代到下一



---

① 《心灵的生理学与病理学》，第 15 页。

② 同上书，第 21 页。

③ 同上书，第 18 页。

④ 同上书，第 34 页。

⑤ 同上书，第 20 页。

代的**遗传原则**。[①] 先行心理生活的剩余正如在个体中留存那样，它们在种上也保存下来。天才与有朽的庸众不同，正如飞翔的蝴蝶不同于蜷缩在叶子上的毛虫。然而蜷缩的毛虫却是飞翔蝴蝶的前身；相似地，日常辛勤劳作的意识活动却是富足心灵的无意识创造的前提。这再次清楚地表明，遗传的影响与意识领域相去甚远。

从根本上看，这就是下述情形的根据，即，茂德斯雷认为已经证明了，没有任何心理学努力对于这项任务是充分的，除非从生理学观点来看待心理现象。

甚至在听到他的论据之前我就认为这在某种意义上是正确的。不过是否正确到他所相信的程度则必须探讨。抱着这种心态，我们来更为切近地讨论他的论据。



首先，值得注意的是，茂德斯雷在论述心理学的不充分性与生理学方法的必然性时，大多是基于心理学考察所达到的大量事实；而且他所依据的其它事实完全不是通过生理学分析得到的，因为这些事实在科学家获得有关脑的生理学观念之前已为人所知了。正是心理学方法导致人们认为存在着内在知识，对此天才可以通过直接直观轻易地捕捉到，而其他人只有通过长期探讨才会艰辛地达到。同样，首先使莱布尼兹相信无意识观念存在的是心理现象，后来使汉密尔顿与其他人也同意这种理论的仍然是心理现象。而且，正是基于内经验，甚至古代的亚里士多德也谈到无意识的习性与倾向，而茂德斯雷将这种习性当作心理生活的统计条件。营
养过程的影响以及伴随着对美味饮料的品味过程的心理活动，还 59

① 《心灵的生理学与病理学》，第 32 页以下。

有在身体与心理属性间的一般联结等等与这些事实有关的知识都回退到昏暗的过去。因而，甚至认为心理学方法是不充分的这一点，茂德斯雷也并非受惠于生理学的方法，而主要是受惠于心理学自身的方法。

其二，应当指出茂德斯雷的批评所依据的某些基本点并非像他自己相信的那样是充分坚实的。这对于比如遗传——他如果真的以此来意指*知识的遗传*的话——来说是真的。我们在讨论内在观念时还会回到这个问题上来。另一方面，如果茂德斯雷只是想断定某种特殊的自然倾向的遗传，而这种倾向又是不同个体之间巨大的心理学差异的基础，那么从这一概念出发的心理学研究就不会再有困难，不过这个概念尚未包含在前面所指出的内容中，其中的困难也就不会伴随着前述内容而得以解决。

*无意识观念的存在*也远远不能成为一种已被证明的事实。多数心理学家也否认无意识观念的存在。就我的考察而言，不仅其依据的理由是非决定性的，而且随后我将证明，如果拨开迷雾的话，其反面却是正确的。[①] 茂德斯雷诉诸于一个著名的故事："柯勒律治(Coleridge)引述过一个女仆的事情，她发烧的时候重复了一大段希伯莱语，可她对之并不理解，而且在正常的时候也不能重复，这段话是在她同一个教士生活在一起时，听他朗读过的。"茂德斯雷也诉诸于在某些智障者和类似情形下所发现的强大记忆力来证实他的观点。他相信，这些现象提供了存在着无意识心理活动的显而易见的证据。

① 参见第二卷，第二章，那里我会返回到茂德斯雷在第4、5节的论证上来。

我看不出其根据何在。就像这个女佣从教士那里听朗读时意识到了听那样，她也意识到下述现象，即，当她想象她当时听朗读的情形时，她也会意识到当时所听到的内容。而且，尽管歌德说他从不会思维思维，但在这种过程中思维必定不会缺席，那么，他所说的只是：在他进行思维的时候，思维不能观察自身。而根据我们先前的讨论，这并不意味着他的思维过程是无意识的。否则我就会问他，他是如何得出他所说的“思维”这个概念的。

因而，上述茂德斯雷所讲的这些内容既不确定、也不正确。另 60
一方面，无疑存在着从先前行为获得的**习性倾向**。这些倾向存在的事实是不可否认的也就表明心理学方法并非像茂德斯雷所认为的那样完全无用。正如我们所言，事实上这些倾向只能通过心理学方法被我们获知。当然，另一方面这也表明确实存在着一种心理学方法所不能越过的界限。因为如果我们试图一般地承认这种获得的倾向或习性是与实在事物相关联的（我毫不犹豫地如此认为，而其他形而上学家，比如穆勒就对此持保留态度），我们也就会同意它们并非心理现象，否则它们就是有意识的，就像我们所表明的那样。心理学的反思只是告诉我们这些倾向是原因，其自身并不被知晓，它们影响了随后心理现象的出现，而且这些倾向自身也是先前心理现象的无法知晓的后果。心理学反思在孤立的事例中都可证明这些倾向的存在；但这无法给予它们究竟是**什么**的知识。

我们关于“统计心理状态”的知识，即，我们通过心理学方法这种有限的方式得到的东西，能因此而被看作是毫无价值的吗？果真如此的话，那么我们会赋予早已面对这种界限的自然科学什么样的价值呢？因为，正如我们已经讲过的，颜色、声音和温热这些自然现象，以及空间定位这种现象并不能给予我们诸实在的观念——这些实在影响我们所经验的现象。我们会说存在着这种实在，并将一些相关的属性归之于它们。可诸实在自在自为的状态对我们而言是完全不可知的。因而，即使脑生理学充分发展，与单纯的心理学反思相比，它也不会给予我们更多关于实在之真正本性的信息，而这些实在又是与所获得的倾向相关联的。这种科学所能告诉我们的只是由相同而未知的X所引起的某些物理现象。

不过，至少从另一方面看，生理学能够提供给我们更多的东西。如果一种心理现象造成了一种倾向，而另一种与其原因相似的现象会随后而出现，那么内经验就向我们揭示先前的和随后的心理状态，并给予我们有关二者关联的规律性知识，但内经验并不
61 会显示两种现象的中间阶段。如果我们能够知道在这种中间阶段在既定条件下发生在大脑中的物理现象序列，那么情形就会完全不同。我们就会拥有一系列记号，而这些记号又与一幕幕未知的现实是相应的，结果是，通过运用这些记号，我们便可以在两种间接所知现象的中间插入一些步骤。这样我们就可以通过心理学途径来解释一个规律，就像在其它领域当我们发现了间接的因果关系链条时对自然科学规律进行解释那样。由于这种居间的物理现象通常会以同样的方式发生，并且它们所展现的差异也与随后心理现象的差异有关，因而这对我们知识的增长就会有更大的意义。如果在每种情形下，联结两种心理现象的经验规律被生理学发现所解释并得到充分确证，这时这种规律就会获得更大的精确性。对于进行纯粹心理学分析的观察者来说，这些肯定是对严格的规律性的偏离，可他如果不想运用削弱其规律的“通常”、“大概”等这

些用语,他就没有办法考虑这些偏离。另一方面,被生理学支撑的心理学不仅能够解释规律,而且对其例外与变型也能给出更为精确的辨别。

因而,就此而言,当茂德斯雷指出离开生理学的心理学的薄弱之处时,他无疑是对的。但他认为离开生理学的心理学所做的工作不是仅仅具备有限价值而是毫无价值则是错误的。我们认可通过心理学途径发现的持续律是经验的和需要进一步解释的。可是难道不可以赋予自然科学——它同样包含着经验规律及需要进一步解释的规律——以更高的价值吗?或者说开普勒发现的规律在牛顿解释之前就是没有价值的吗?我们进一步也认可通过心理学方法发现的持续律也并非完全精确。可自然科学的规律就是完全精确的吗?就上述显著的例子而言,难道开普勒的规律不是缺乏精确性吗?难道哥白尼认为支配星球过程的规律不是更不精确的吗?可他有关地球围绕太阳旋转的非精确理论却是重要而划时代的。正如我们所言,从前述的考察中我们可以得到,建基于心理学方法上的研究肯定有其局限,但并非毫无价值。

与上面论述的内容相似的情形也是如此。当茂德斯雷说,**心理活动依赖于器官性的脑生命**时,他并没有错。这也是我们可能坚持的观点,没谁会否认在连续的物理现象中所进行的大脑过程会对心理现象产生根本的影响,且构成其条件。因而显而易见的 62
是,尽管大脑过程的营养序列——除了心理现象自身的影响导致的差异外——通常以相同的方式发生,纯粹心理学分析给予的仍然是需要进一步解释的经验规律,因为它并没有说明这种重要联结的原因。从另一方面看,至少心理学规律的普遍有效性在这种

情形下是不受限制的。可是如果大脑的器官生命会随着不同的物理影响而变化，而且如果强烈的非正常干扰又会产生反常的心理现象的话，那么其情形就不同了。由于这正是实际的情形，所以通过心理学方法发现的经验规律显然只在特定限度内才有效。因而，如果我们面对这些界限之一的话，那么心理现象在可信标示的基础上被决定就是必然的。然而，在这方面已经获得可观的成功。例如醉酒的心理表现甚至会向非心理学家暴露出自身，这也不会被轻易误解。只有在这些界限之内，我们才会相信所讨论的规律，而且也只有在这些界限之内，我们相信这些规律也才是正确的。

可以进一步指出，即使心理学如此发现了特定经验规律应用的一种限制，这种限制也并不必然同时是对心理学研究的限制。心理学能够给出非正常状态的特征，并且能够确定其持续的特殊规律，正如它能够找出正常状态的规律一样。初一看，下面这一点就并非不可能，并且经验也清楚地证实了这一点：这些特殊规律是非常复杂的，而日常规律就包含在其复杂性之中。或许对精神病人的医学治疗的最重要部分——也即所说的对精神病的道德治疗——建基于下述事实，即，在一定程度上我们也知道控制非正常状态的心理过程之联结的规律。

对这种反对——即心理现象所伴随条件是不可通达的——的考察结果，因而也相似于对前一种反对的分析结果，前一种反对强调，对心理学研究而言，心理现象的先行条件是无法达到的。

现在我们都可以看到对第一个论断——唯一仍然要求回应的论断——的回答是什么了。当茂德斯雷断定心理生活依赖于物质条件时，这一论断证明的只是，通过心理学方法所发现的持续律自

身其实并非最终的基本规律。这些规律需要进一步解释，而这种解释只能通过生理学研究获得。可这并未证明任何其它东西。并 63
且如果物理条件的变化在不同人那里产生了不同的心理生活，这只是证明，所确立的规律就其是普遍的而言，它们相应地又是不精确的。为了弥补这一缺陷，可以为普遍心理学补充一种特殊心理学（例如一方面是女性心理学，另一方面是男性心理学），当然更可以补充一种例如培根所设想的个体心理学，而我们不少人也在我们一些熟悉的范围内实践着某种心理学。此外，动物学家与植物学家——他们处理的也是没有一个个体完全相似于另一个个体的物种——的一般描述表明，即使在这种情况下，一般的与平均的公理也不是没有很高的价值。因而，也就不能否认通过纯粹心理学手段所发现的规律之价值。

7. 我们已经讨论了下述观点，即，有人说心理学只有奠基于生理学才能完成其任务，因而任何只依赖于对心理现象的分析的尝试必定是不成功的。通过将他们的断定还原到其正确的部分，我们就得出与先前的结论相一致的结论。这证明有人说通过心理学手段只能一无所获是错误的，不过，如果有人说并非所有东西都是通过这种手段获得的则是正确的。我们反驳了下述论断，即，没有什么规律能够建立于心理经验之上；不过我们也赞同下述论断，即，只有在生理学事实的基础上才可能真正发现心理现象持续的终极规律。建立在对心理现象的持续性进行独特分析基础上的最高普遍性只能是不充分和不完备的经验规律，这是通常所讲的具有独立性的第二种规律。

如果我们询问心理学是否应当为下述情形而努力，即，将其最高规律还原到以生理学素材为基础的真正的基本规律上，那么显然其答案就像贝恩[①]所给出的，即，一般而言要看生理学与心理学研究的进展。这种尝试在一种知识层次上是有用的，而在另一种层次上则是有害的。虽然我们现在迫切希望脑生理学有朝一日会发展到下述水平，即，它可用于对支配心理过程的持续的最高规律
64 进行解释，不过我们相信从热心赞同生理学的人士的表述来看，这一天显然尚未到来。因而，穆勒曾充分地论证道：

“拒斥心理学分析这种来源，而将心理理论只建立在诸如生理学提供的素材之上，在我看来在原则上是一个巨大错误，而且在实践上是一种更严重的错误。虽然心理科学尚未完善，不过我可以毫不犹豫地断言它比相应的生理学部分更优越；如果舍前者而取后者，显然就违反了范导性哲学的真正用意，这必定也会在关于人性科学的重要领域产生错误的结论。”[②]



我们甚至可以更进一步。不但心理学研究屈从于生理学研究是误入歧途的，而且后者与前者相混合的情形在重要的领域也是误入歧途的。目前只有很少的生理学事实能够用来解释心理现象。为了解释心理现象的持续律我们不得不诉诸于脆弱的假定。并且，如果一些有才智的心灵沿着这条道路行进，我们就会看到不少奇特结合的体系，并且也会看到分歧观念的对比，这种情形正如在目前的形而上学领域所看到的样子。心理学规律的确定性并没在任何方面得到提高，我们还是将其归之为可以质疑的假定。促

---

① 《逻辑学》，第二卷，第 276 页。

② 《逻辑学体系》，第六卷，第四章，第 2 节。

使我们尽量避开形而上学理论的原因,看来也使我们应避开为了进行生理学解释而提出的假定。正如穆勒在其《人类心理现象分析》的前言中所指出的:因为哈特雷(Hartley)没能如此做,以至于在很长时间内,他独到的尝试都没能得到应有的关注,可这一点却至关重要。

# 第四章　对心理学方法的进一步探讨：65 其最高规律的非精确特征、演绎及确证

1. 正如上文所看到的，我们由以得出心理持续现象的基本规律，在现在及未来很长时间内都仅仅是经验规律。进一步讲，这些规律具有某种非限定和不精确的特征。其原因部分是我们上面刚讲过的；而也有一部分源于其它因素。

康德在其时代，否认心理学能够成为说明性科学，如果科学这个词在其严格意义上使用的话。得出这个判断的基本理由在于下述事实：即，数学不能运用于心理现象，因为虽然这些现象具有时间维度，却无空间延展。①

冯特在其《生理学的心理学》中尽力消除这种反对意见。他说："内经验确实只有一种维度——时间。果真如此，那么数学描述就是不可能的，因为这种描述至少需要两种维度——即两种变量，而这两种变量是可以附属于数量概念之下的。不过我们形成时间序列的感觉、思维和情感在**强度上**都是具有数量值的。因而我们的内在生命至少在两个维度上包含着以数学形式来表述它们

---

① 《自然科学的形而上学基础》，"前言"。

的普遍可能性。”① 因而冯特在下述一点上同意康德：如果心理现象在时间维度之外不再有其它常量，那么心理学的科学特征就会 66
被大大削弱。看来以冯特的观点看，只有当我们在心理现象的强度中发现了第二种常量的时候，心理学才可能是精确的科学，他将这种常量不甚恰当地称为第二维度。

不幸的是，我认为恐怕相反的情形才是实情。康德的反对不会给我带来丝毫踌躇。**首先**，在我看来只有可被计量的东西才可能将数学用于其上。即使强度和程度是绝对没有差异的，数学仍不得不确定：当三个条件支持而两个条件反对时，一个观念是否可通过联想而被引发。其二，在我看来，数学之所以对于所有科学的精确处理是必要的，只是因为我们目前事实上在每一科学领域都发现了数量。如果我们在一个领域没碰到任何种类的数量，那么甚至不需要数学的精确描述也是可能的。如果心理现象领域是没有强度之别的，如果所有现象似乎具有同等的和恒定的强度，那么我们就可以完全正当地忽视这些强度。果真如此的话，显然心理学的描述不会比它们现在所是的样子缺少精确性，只是其任务会从根本上简便化。不过在表象和感受中确实存在强度差异。这意味着数学测量的必要性，如果心理学规律被认为达到了精确性和严格性的话，而如果其现象没有强度或至少没有强度的差异，那么精确性和严格性就会属于心理学规律。

2. 赫尔巴特首次强调了这种测量的必要性。他由此取得的成就与他尝试的彻底失败都同样被普遍地认识到了。他在试图发

① 《生理学的心理学原理》，第 6 页。

现实际的数量决定因素时，就陷入了彻底失败。赫尔巴特为其数学心理学奠基的最终原则的专断性，并不能被其在演绎结果中得出的严格数学规律的一贯性所补偿。因而显然通过这种方式对心理现象所做的说明并不如通过经验的揭示取得的进展大。以赫尔巴特的原则为基础并不能做出什么预测；事实上，其原则让我们期待的具有最大确定性的东西与我们实际观察所得到的东西恰恰相反。

以 E. H. 韦伯为榜样，费西纳后来在其《心理-物理学》中试图
67 重新给出心理现象之强度的测量。费西纳避免了赫尔巴特的错误。他的目标只是在经验研究的范围内发现测量的基本规律。正如科学家早已从物理现象（即各种有规律的空间变化）的角度对心理现象的持续进行了测量那样，费西纳也寻找心理现象强度的**物理**尺度。在他看来，导致一种感觉的外在印象的强度正是这种感觉之强度的物理尺度。这就是他所谓的“韦伯定律”或“基本的心理-物理规律”，这种规律断定，对于所有感觉而言——至少在某种限度内——外在印象的强度是相应感觉的强度的函项。

我已经（在第一章第 1 节中）提到，这种断定可能有严重的疏忽。有人已经发现，导致感觉强度有刚好可注意到的增加的物理刺激的增加，通常与它所增添的刺激量有一种恒常关系。下述情形由于被设定为自明的：每种可注意到的感觉的增加都被认为是相等的；所以规律就被表述为：当物理刺激增加了相同的量时，感觉强度也会增加相同的量。事实上，我们并无自明的办法获知可注意到的感觉的增加是**相等**的，而只能知道它们都是**同样可被注意到的**。另外，在感觉中相等的可注意到的增量之间的关系仍然

是有待测量的。这种研究导致下述结论：在感觉中的所有增加都是同样可注意到的——这种增加的感觉与它们增加于其上的感觉之强度具有同样关系。这个规律对于现象的其它变化也成立。因而，这就会出现注意的不相等性，例如，我以相等的量施加到一寸的地方就比施加到一尺的地方会引起更大的注意，如果我们不额外增加其中一方的量的话。如果我们这样做了，所增加的线段长度并不能带来差别，因为只有两种增加的内容是被注意的。不过，在其它情形中，例如通过记忆的比较：现象越相似，记忆越容易混淆它们。不过“越容易混淆”只是表明“更难辨别”，即，更不容易说出彼此间的差异。现在，给一尺加上特定的线段之后与原始一尺的相似程度比被加上同样线段的一寸与原来的一寸的相似程度更大。因而，给一尺和一寸分别加上相同的线段，会使它们与原来尺寸的相似程度不同，会使它们之间的差异同样是可被注意到的。68
同样的情形也会发生在持续现象的比较之间，这些现象在其它方面相似，而在强度方面各异。记忆在这种情况下肯定也会介入其中。只有当两种现象的差异程度相等时，其差异才会以同样的方式传递给我们。换言之，只有当先前给出的强度的增长是相等的，对其差异的注意才会是相等的。

因而，我们就得到以下两个定律：

1. 如果相关的物理刺激的增加是相等的，那么感觉便可增加相等的可注意的量。

2. 如果感觉被相等的可注意的量所增强，那么感觉的相关增强就是相等的。由此得出：

3. 如果相关的物理刺激的增加是相等的，那么感觉中相关的增加就是相等的。换言之,**如果物理刺激的强度以同样的倍数增加,那么感觉的强度也就以同样的倍数增加**。

这种结果不再与常识相冲突,就连赫尔巴特也首先设定:“在心理学的基础领域……人们也会直接说,两束光加起来其亮度是一束光的两倍;三根管粗的乐器发出的声音是一根管的三倍”等等(参见第358页)。不过这种断定到目前为止还没得到证实。我们的定律并不要求:当刺激以一定倍数增加时,感觉也会以**相同**的倍数增加。当刺激增加了二分之一,而感觉相应增加了三分之一的时候,我们便会满意。在我们的定律中,以及在韦伯的定律中,这只是特定限度内的有效性问题。韦伯与费西纳的下述诉求通常是
69 无法实现的,即,把常识对这种事情的判断当作一种偏见,而试图展示给我们一种更为确切的论证方法。如果我没弄错的话,他们还是太快地假定他们已经达到了目标,因而,在校正其原初设定的时候,他们只是以一个可能正确的定义替换了一个不正确的定义罢了。我对这种研究的贡献——即使被人们一致认可——并不会从根本上改变这两位伟大研究者独特的工作。当然,不消说,刺激的增加与感觉中恒常而相等的注意的增加之间关系的建立,本身便具有一种重要意义。

不过,不论你是以我提到的方式试图校正韦伯和费西纳的工作,还是认为这种规律是精确的和确定的,它都无法达到我们想达到的目标。

首先,测量强度的可能性根据其方法完全被限定在那些由感官的外在刺激而形成的现象中。因而,我们仍然缺乏对所有心理现象之强度的测量,而这些心理现象或是在器官的物理过程中有

其基础,或是被其它心理现象所引发。然而,最重要的心理现象类型中所包含的多数心理现象都属于如下这个范围:即,欲求与意欲行为的整个类别、所有类型的确信和信念,以及在想象中产生的大量表象。在所有这些心理现象中,只有感觉——而非全部心理现象——才是可测量的。

其次,甚至感觉也不仅依赖于外在刺激的强度,而且也依赖于心理学的条件,比如依赖于注意的水平。因而,消除注意的影响就是必要的,亦即,通过假定存在完全的注意而消除注意的影响。虽然这种程序未引起其它不便,不过这还是对我们的研究施加了新的和非常重要的约束。

最后,可以说,对费西纳的方法所测量的实际是什么这一问题的清晰理解会向我们表明,所测量的对象与其说是心理现象,不如说是物理现象。在我们的感觉中显示的物理现象如果不是颜色、声音、冷热,那还能是什么呢?因而当我们测量颜色、声音等的强度的时候,正如费西纳所做的那样,我们是在测量物理现象的强度。颜色不是看、声音不是听、温热不是感到热等等。对此的辩解可能会说,即使看不是颜色,然而看的强度也对应于被主体所看的
颜色的强度。与此相似,其它感觉的强度也必定对应着其所表象 70
的物理现象的强度。因而,心理现象的强度也就只能被物理现象的强度所决定。我并不想否认这是实情,不过我们随后会看到,有的心理学家区分了被表象的对象的强度和表象自身的强度。就我而言,我承认,在费西纳方法的基础上,如果能够在物理现象中发现一种量度,那么在表象物理现象的心理现象中也会找到这种量度。不过,在我看来有必要加上一种新的限定,即,心理现象中只

有一个方面可以按照这种强度进行测量，这个方面是它指向其一阶对象的方面，因为我们可以看到心理现象依然有不可被这个方面的指涉所穷尽的其它方面。

出于这些原因，在我看来费西纳测量心理学强度的可敬的尝试不能弥补我们所讨论的缺陷，或是只能弥补其中很小的一部分。

我们现在可以看到我下述说法的正确性，即，与冯特相反，我不认为存在着所谓的心理现象的第二个维度，不认为以此为条件，心理学有可能成为严格的科学。相反，我认为这对于心理学是一个巨大的障碍，并且会使之在目前变得完全不可能。因为在费西纳方法使我们失败的地方，至少现在绝对不可能确定心理现象的比较强度，除非通过“多”或“少”这种模糊的词汇。



这些就是阻止我们获得心理持续的最高规律之精确概念的两个因素：其一，它们只是依赖于未经勘察的受生理学过程之各种影响的经验规律；其二，心理现象的强度——即真正的决定性因素之一——尚不能被精确测量。当然存在着运用数学的空间；统计学也可以提供一些数据，并且统计学方法可随着规律的精确程度的降低而扩展，且随着一个只能以统计标准来确定的原因之恒常活动的程度而扩展。因而数学证明了它是所有科学都不可缺少的附属性的东西，这体现在所有确定的层次以及各种不同的情境中。

71 3. 虽然我们的心理学归纳不能发现真正的基本规律，但它还是能够达到非常综括性的普遍规律。因而，从中得出更为特殊的规律还是可能的。相应地，我们可以通过效仿自然科学家，特别是效仿生理学家的方法最恰当地确立复杂心理现象的规律，从而在心理学研究领域探究更为复杂的现象。生理学家不会满足于从更高的规律那里得出更为复杂现象的规律；他是通过从经验的直接归纳而艰辛地证明这些规律的。同样，心理学家也必须为他演绎地发现的规律进行归纳性证明。这种证明在此种情形下确实尤为可取，因为——正如我们看到的——构成其演绎前提的更高的规律经常在精确性方面有待补充。在这种情形下，甚至能指向个体的特别情形都是受欢迎的证据，特别是在没有显得是矛盾的其它事例的情况下。如果没什么矛盾，那么统计的证实将给出所需要的证据。因而心理学在例证方面就是丰富的，这些例证对在经验领域中所运用的演绎方法进行了一种很好的说明，逻辑学家已把这种说明过程区分为三个阶段：即，对普遍规律的归纳、对特殊规律的演绎，以及通过经验事实的方法而对这些规律的确证。

这种分析清楚地表明，一方面，如果心理学不能忽视其确立复杂现象之规律的努力中所用的直接经验演证，那么另一方面，它也不能认为这种演证是足够的。这不仅是出于尽量将多重事实向统一性——这种统一性可以解释为是向最高原则的上升——归纳的科学兴趣；这也不仅是为了给予我们更为彻底的明察，并由此提供给我们更大的确定性。因为与其它领域一样，这里最普遍的规律也是更可信赖的规律。如果普遍规律缺少绝对精确性和严格性，那么特殊规律就更加如此了。如果我们只能通过指出通常所发生的事情而形成普遍规律，并对例外留有余地，那么对于特殊规律而言，就会有更多的例外。这是很自然的，因为在普遍规律中对确切性之缺失负有首要责任的因素，在特殊规律的情形中其范围则会大为扩展。那么这些特殊规律就更不能被看作是基本规律。正如最高的基本规律的发现能说明我们现在最高的心理学规律及其例外和限定那样，从它们中推出的更为特殊的规律，通常也能解释这些规律自身及其例外，并且同时也总能更确切地确定落入这些例外之中的事例。

72 不过至少有一件事情是能够被认可的：即，我们能够颠转派生与确证性归纳的关系。因为不论是以明察还是以我们获得的确定性来看，显然下述情形是没有差别的：即，不论我们是在演绎之后用归纳来确证一个规律，还是通过归纳发现某个规律之后再通过更为普遍的规律来解释它。在这一过程中，我们把自然科学家所谓的归纳方法转换成反向演绎的方法——人们通常这么称呼。这种方法也被称为历史的方法，[①]因为这适合于发现历史规律。孔德正是以这种方法发现了一种可以作为其历史哲学的著名尝试之基础的规律。

这种所谓的历史方法除了运用于历史领域之外，还可以运用于心理学领域，它比通常的演绎方法更具优势。预备性的直接归纳表明心理规律的来源并定向于此。而日常经验常常被提升至低层次的经验规律，这种规律以谚语的形式表达出来。例如“枝随树摆”、“万事开头难”、“新帚扫得净”、“生命在于运动”等等就是这种经验概括的表达形式。对心理学家而言，剩下的唯一事情就是把经验规律归属于一般人完全不知道的更简单的和更普遍的规律，从而寻求对这些规律的解释、对它们的确证以及它们更确定的界限。众所周知，帕斯卡在其《思想录》中进行了某种相应的尝试。

4. 在对不朽的研究中也会运用到演绎的方法，而且演绎建立

① 参见穆勒：《逻辑学体系》，第六卷，第十章。

在对事实的概括之上——这种概括是在其先前的讨论中归纳性地建立起来的。这种对已经唤起众多兴趣的难题的研究,显然不得不在许多方面都具有一种新的特征。一方面,我们不可避免地要比现象主义心理学通常会做的那样更多地考虑形而上规律;另一方面,我们不得不比我们前面的研究更多地利用生理学的成果。事实上,心理生活在肉体消亡后是否可能继续存在的问题确实是一种心理-物理学问题。这个问题是这样一些问题中的一个——根据我们原来的解释——这些问题属于心理学而不属于生理学,因为这里心理学的考察更多一些。然而,我们可能通过归纳而得到对心理领域中的事实的概括(这种概括又可以充当解决不朽问 73
题的演绎前提)吗?我们难道没被如此深入地推向形而上学,并由此失去了确定性的道路且陷入昏暗无根的梦幻吗?在当前的科学状态下,我们从生理学中借来的关于本性的东西能增强我们脆弱的信心吗?提出这些问题并非不正当的。不过,这里并不是回答这些问题的地方。在这里我们也不希望展开探讨这些问题所应遵循的方法。正如每种科学的早先发展在方法上都为其随后的发展提供参照那样,对于同一种科学而言,其早先的部分也为后来的部分在方法上提供信息资料。另外,根据其本性,与不朽相关的研究最好被放在心理学研究序列的最后阶段。

让我们只是附带地说,显然从一开始就不存在关于不朽问题的直接经验。于是这里看来就出现了一个危险的鸿沟。然而,我们也许可以用间接经验代替直接经验,只要我们接受不朽的假设而非否认它,不少经验现象就会变得易于理解。与此相似,自由落体现象也只是给予了我们地球围绕其轴心转动的间接证据。

在我们讨论心理学方法的结语处，让我们对方法论程序给予最后的也是更为一般性的考察，这些程序并不特别限于心理学领域，而是通常也有利于其它领域的研究。我心中想到的这种程序其实就是亚里士多德乐于称为“辩难”(aporiai)的方法。这种方法展示各种值得考虑的假定，指出其中每一种假定所具有的显著困难，特别是给出所有互相反对的观点之间对话与批评的过程，而不论它们是被名人做出还是被大众持有的。穆勒在其最近的论文“论格鲁特(Grote)的《亚里士多德》”中对这种方法也给出了富有洞见而积极的评价，这篇论文在穆勒去世前几个月发表于《隔周评论》上。我相信下面这点具有明证性：心理学家会比其它领域的研究者从他人观点之间的争论中获益更多。因为即便是某些基于真、基于经验基础的观点，都会被片面地看待或被错误地解释。再者，当我们处理心理现象时，每个个体都有其特殊的知觉，而他的这种知觉又是其他任何人都不能以同样的方式进入的。

# 第　二　卷

# 心理现象概论

# 第一章　心理现象与物理现象的区别 77

1. 我们的整个现象世界分为两大类，即，物理现象与心理现象。我们早在定义心理学概念的过程中就讲到这个区别，而且在探究心理学方法时再次提到了它。但是，我们所讲的东西仍然不够；现在必须更牢固、更确切地确定我们当时只是一带而过的内容。

迄今为止关于这两类现象的界分既不统一也不完全清晰，这看来使我们的工作愈发必要。我们已经看到，呈现在想象中的物理现象如何被误认作是心理现象。而且，还存在其它混淆情况。甚至一些重要的心理学家或许在这个问题上也难以免于自相矛盾[①]的指责。例如，我们时常碰到下述主张：感觉是作为物理现象 78

---

① 就此而言，至少在我看来，贝恩在他新近出版的一本心理学著作中所提出的不同定义都不能协调一致（《心理科学》，伦敦，第三版，1872 年）。在第 120 页上他写道："心理科学（关于心灵的科学，他也称之为主观科学）以自身意识或内省注意为基础；而眼、耳和触觉器官则只是我们观察物理世界（用他的话来说，是'客观世界'）的媒介。"但在另一处（第 198 页）他又说："与被动的感受相反，对物质的感知或客观意识则与肌肉能量的释放相关。"他接着解释说："如同其它不唤起肌肉能量的感觉一样，在纯粹的被动感受中，我们并不感知物质，而是处于一种主观意识的状态中。"他以下述事例来演明这点，即，人在洗热水澡时对热的感觉，以及那些不需肌肉活动而进行轻柔接触的情形；他声称，在同样条件下，声音，甚至光线与色彩也可能成为"纯粹的主观经验"。他这样将来自眼、耳以及触觉器官的感觉当作基本的主观意识的例证，而他在前面已经将这些感觉标示为与"主观意识"相反的"客观意识"的显示。

的结果而出现的，想象则是根据联想律而由心理现象引起的，正是这一事实把感觉和想象区别开来。可是，持这种主张的心理学家同时又承认，在感觉中呈现的并不符合于其有效原因。于是结果就是，所谓的物理现象并不如其所是地呈现给我们，我们实际上无论如何都不具有物理现象的表象；这确实是对“现象”一词奇怪的误用！在这种情况下，我们不禁要更为仔细地考察一下这个问题。

2. 我们所要寻求的说明并非一种依据传统的逻辑规则而给出的定义。这些规则最近已经受到各种公允的批评，可这些批评还远远不够。我们的目的是澄清物理现象与心理现象这两个术语的意义，排除与此相关的所有误解与混淆。只要能够真正有利于澄清这两个术语，那么对究竟用何种方法我们是不会太在意的。

为了达到这个目的，仅仅给出特定的较普遍、较综括的定义是不够的。正如我们谈及证明的类型时发现演绎与归纳是相反的一样，在这个事例中，通过把术语放进一个更为普遍的术语下进行说明与通过事例这种殊相进行说明也是相反的。只要特殊术语比普遍术语更清楚明白，通过殊相进行说明则更为恰切。因而，很有可能通过说“颜色”意指一个包含红、黄、绿、蓝等的类来说明“颜色”术语，比通过说“红色”是颜色的一个特殊类来说明“红色”术语更为有效。此外，通过殊相定义来进行的说明还有一种更重要的作用，那就是它特别适合于用来处理这样一些术语(我们要说明的术语便属此类)：这些术语本身在日常生活中并不常见，但包括在它们属下的一些特殊现象却是人们所熟知的。因此，不妨让我们首先借助于事例来澄清上述模糊不清的概念术语。

我们通过感觉与想象获得的每个表象(Vorstellung)都是心理

现象的一个例示。这里的表象不是指被表象的，而是指表象行为。79
如此，听一个声音、看一个有色的东西、感受暖或冷以及相似的想象状态，都是我以心理现象这个术语所意指东西的例示；我也以这个术语意指对一个普遍概念的思维，假如这种思维确实发生了的话。此外，每个判断、每个回忆、每个期待、每个推理、每个信念或观点、每个怀疑，也都是一种心理现象。而且，下述每一种情感也会被包含在这一术语之内：喜悦、悲痛、害怕、希望、勇敢、失望、愤怒、爱、恨、欲求、意欲行为、意图、吃惊、钦佩、轻蔑等等。

另一方面，物理现象的例示则有：我所看到的一种颜色、一个
形状和一幅景观；我所听到的一声弦乐；我所感觉到的热、冷和气 80
味；以及在我的想象中呈现的相似图景。

这些例示也许足以表明这两类现象的差异。

3. 不过，我们仍想找到一种不同的且更为统一的说明心理现象的方式。为了达到这个目的，我们要利用一下前面已经做出的定义，即，“心理现象”这个术语不仅适用于表象，而且也适用于奠基于表象之上的所有现象。几乎不必再次提示：这里的“表象”并非意指被表象的，而是指表象行为。这种表象行为不仅构成判断行为的基础，而且构成欲求以及每种其它心理行为的基础。只有一个东西被表象之后，这个东西才能被判断、被欲求、被希望或被害怕。因此，我们所给出的定义包括了上面列出的所有心理现象的例示，并且通常包括所有属于这一领域的现象。

在心理学中，几乎每一关于心理现象的话语都会引起不少争论，而这正是心理学不够成熟的标志。不过，对于我们关于表象乃

是其它心理现象的基础的主张，绝大多数心理学家都持赞成态度。例如，赫尔巴特就曾非常正确地指出："每当人具有某种感受时，总有某种这样或那样的东西（不论其多么复杂多变）呈现于意识中，因而这种特定的表象便被包含在这种特定的感受中。
81 相似地，每当我们欲求时……在我们心中就会出现我们所欲求的东西。"[①]

不过，赫尔巴特走得却更远。他把其它所有现象都看作从表象本身得出的表象的某种状态。这一观点已经一再受到沉重打击，尤其受到洛采的打击。最近，迈耶尔在其讨论康德心理学的著述中对这一观点也提出了一个较长批评。不过迈耶尔并不满足于否认感受与欲求能够从表象中生发出来。他还声称感受与欲求这些现象[②]能够离开表象而存在。迈耶尔确实相信：最低等的动物生命形式只有感受和欲求，而没有表象；甚而高等生命和人类在一开始也只有感受和欲求，只是随着进一步的成长才出现了表象。[③]这样，迈耶尔与我们的观点同样发生了冲突。

尽管如此，如果我没有弄错的话，迈耶尔与我们之间的对立更多是表面的而非实质性的。从他提出的不少表述看，他对表象这一概念的使用远比我们狭隘，但他却相应地扩展了感受概念的范围。他指出，"仅当我们在自己的状态中经验到的变式能被理解为外在刺激的结果时，表象才出现，甚至这种表象也是在无意识地环



① 《作为科学的心理学》，第二部分，第一卷，第一章，第 103 页。亦可参见德罗毕希（Drobisch）的《经验心理学》第 38 页。还可参阅赫尔巴特学派中其他人的著述。

② 《康德的心理学》（柏林，1870 年）第 92 页。

③ 同上书，第 94 页。

顾或感受引起它的外在对象时才开始展现自身。”要是迈耶尔的表象概念和我们的一致，那么他决不可能讲这番话。他会看到在他所描述的表象得以产生的条件中，已经包含了丰富多样的表象，例如时间连续的表象、空间接近的表象以及因果表象等。上述表象如果要在心灵中成为迈耶尔意义上的表象，就必须都已经呈现于心灵中，那么显而易见，他意指的这种东西就绝对不能成为其它心理现象的基础。甚至可以说，上面所提到东西中任何一个的呈现状态(Gegenwartig-sein)，都是我们意义上的被表象状态(Vorges-telltsein)。只要某种东西呈现于意识中——不管它是被恨的、被爱的、被漠视的，也不管它是被肯定的还是被否定的，或者干脆是被悬置判断的和被表象的(对此我想象不出还有什么其它更好的说法)——这种情形就都会发生。就我们对于动词“表象”一词的用法而言，“被表象”与“显现”(erscheinen)是同义的。

迈耶尔本人也承认：这种意义上的表象已被每种快乐或痛苦 82
的感受所预设，甚至被最低级的感受所预设；不过，由于与我们的术语不同，他把上述内容称为感受而非表象。这至少可以从他下述一段话中看出来，他说：“在感觉与非感觉之间是没有居间状态的……最简单的感觉形式只需要拥有自己身体或其一部分的对变化的感觉，这些变化是因某种刺激引起的。拥有这种感觉只是意味着对其自身状态的一种感受。心灵对这些(对其有利或是有害的)变化的感觉正好能够直接相关于对某人自己体肤下所发生状况的活的感受，即便这种新的感觉不能简单地从那种感受中得出：这个心灵会与感觉一道具有快乐与痛苦的感受……而在这种情况

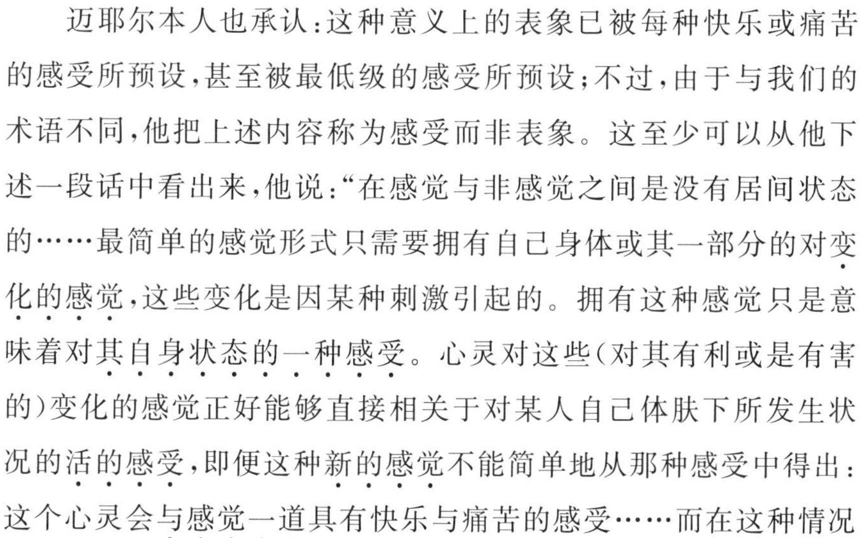

下，心灵还不具有表象。”[1]显然，以我们的观点看唯一能称为“感受”的东西，按照迈耶尔的观点，也是作为二阶要素出现的。这种感受是以另一种要素为前提的，后者便落入我们所理解的表象这个概念中，而这种表象恰恰构成感受这种二阶现象的不可或缺的前提。因而，如果用我们的术语来翻译迈耶尔的观点的话，这种对立看起来会自行消失。

其他与迈耶尔观点近似的人或许也属于这种情况。不过，我们肯定可以发现，其中有人仍然会主张：在诸如感性的快乐和痛苦这种感受中根本不包含任何表象，即便是我们意义上的表象。我们至少不能否认这种看法具有某种诱惑力。例如，当一个人被刀割或火烧时，出现的感受便是如此。当一个人被割伤时，他并没有碰触的感觉，当一个人在烧伤时，他不会有热感，而在这两种情况下，他只有疼感。

然而，毋庸置疑，甚至在这种情况下，感受也是基于一种表象的。在诸如此类的情况下，我们总有一个特定的空间定位表象，对
83 此我们一般以与我们身体的某些可视或可触部分的关联来标示。例如，我们总是说脚或手受了伤，身体的这一部位或那一部位疼痛等等。那些把空间定位表象看作是由神经刺激自身给出的人，不会否认表象是感受的基础。而其他人也无法避免这一前提。因

[1] 《康德的心理学》，第 92 页。迈耶尔对感觉的理解与俞波维希在其《逻辑学》一书中所提出的观点近似（参见该书第 36 页，第二版的第 64 页）：“感知（Wahrnehmung）与纯粹感觉（Empfindung）不一样。……在感觉中，意识只与主观状态发生联系；而在感知中，意识指向被感知的东西，后者作为外在于主体的客观事物而与感知活动相对立”，即使俞波维希关于感觉与感知之区别的说法是正确的，感觉中仍然要纳入我们意义上的某种表象，不过，我们并不接受他的这种区分，其理由将在后面给出。

为，我们不仅有对特定空间位置的表象，还有对某种特定感觉性质（它们相似于色彩、声音和其它所谓的感觉性质）的表象，这类感觉性质属于物理现象，它们与所伴随的感受截然不同。如果我们听到一种轻柔悦耳的声音或者尖锐刺耳的声音、听到一种和谐动听的音乐或纷乱走调的乐声，我们决不会把声音本身与伴随的愉快或不快的感受混为一谈。同样，当刀割、火烧或搔痒令我们身上产生痛苦或愉快的感受时，我们同样必须区分两种东西：其一是作为外感知对象而呈现的物理现象，其二是作为伴随这种现象呈现的心理现象——感受。当然，敷衍潦草的观察者甚至更倾向于混淆二者。

之所以产生这种错误，可能主要在于如下情形。众所周知，我们的感觉是被所谓的传入神经传递的。人们早就相信，不同的感觉性质（颜色、声音等等）有不同的特殊传导神经，但最近，生理学却越来越倾向于相反的观点。[①] 下列说法几乎已成为普遍的教本：当触觉神经被以某种方式刺激时，我们身上便会产生热和冷的感觉；而当它被以另一种方式刺激时，则会产生所谓的痛苦和愉快的感觉。然而，实际上，就刚才提到的这些感觉可以由每一种神经产生而言，所有这些神经都具有相似性。如果所有的神经都受到非常强烈的刺激，那么它们也都会引起痛苦的现象，而这些痛苦的现象彼此之间并不能相互区别开来。[②] 当一种神经充当着不同感觉类型的媒介时，它通常便会同时充当多种感觉的媒介。例如，直

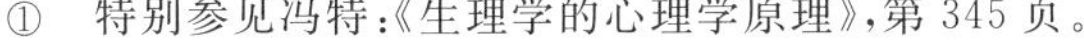

① 特别参见冯特：《生理学的心理学原理》，第 345 页。

② 参见后面，第三章，第 6 节。

视一盏电灯既能产生一种“美丽”（即愉快）的颜色现象，也能产生一种令人痛苦的颜色现象。触觉神经常常同时传递所谓的触感、热感或冷感以及痛感或快感。现在我们注意到，当几种感觉现象同时呈现时，它们往往被认作**一种**现象。这在味觉和嗅觉方面表
84 现得特别明显。确实，几乎所有我们习惯看作是味觉上的差异实际上只是同时出现的嗅觉上的差异。当我们吃冷食或热食时类似的情形也会发生；有些我们常常认为是味觉的差异，实际上只是温热感觉的差异。所以，毫不奇怪，我们一般并不严格地区分温热感觉现象与触觉现象。要不是这两种现象时常各自独立地出现，说不定我们根本就不会去区分它们。如果我们现在来看感受性感觉（Gefühlsempfindungen）的话，我们就会发现相反的情况，即，它们的现象通常都与另一类感觉相关联，而当兴奋非常强烈时，那些其它种类的感觉便微不足道了。这就很容易解释，为什么在某一类感觉性质出现时我们常常会弄错它们，即，在存在两种感觉时却认为它们是一种。因为居间的表象被一种相对而言非常强的感受所伴随，而这种感受不知比它所跟随的第一阶的性质强出多少倍，所以人们就会认为这种心理现象（即感受）是他所经验到的唯一的新东西。再者，一旦那种第一阶的性质完全消失，他便会相信他所拥有的只不过是一种感受，而这种感受并不需任何物理现象的表象为之奠基。

产生这种幻觉的更深层基础乃是如下事实：先于这种感受的性质与该感受本身具有相同的名称。例如，我们把伴随疼痛感受的物理现象也称为疼痛。我们确实不会说我们在脚上感觉到伴随着疼痛的这种或那种现象；我们只是说我们感觉到脚痛。确实，这

是一种含混不清，可每当不同的东西密切关联时，这种含混不清便难以避免。我们会说身体健康，而参照着这种表达，我们也会说健康的空气、健康的食品、健康的脸色等等，不过，这里的“健康”显然是在另一种意义上讲的。在我们提到的上述情形中，快乐感或痛苦感总是伴随着相应物理现象的呈现而出现的，而我们把这种物理现象本身也称作快乐或痛苦，显然，后种“快乐”与“痛苦”是在改变了的意义上来用的。同样，当我们听到一段和谐的音调而经验到某种快乐时，我们就会称这音调本身是快乐的；因失去朋友而带来的痛苦亦然。经验表明，含混不清是识别差异的主要障碍之一。而在事物本身就易被混淆的情况下（或许同一词语之词义扩展本身就是这一混淆的结果），这种含混不清必定会成为最大的障碍。难怪许多心理学家都被这种含混不清所骗，而这种错误又孕育出
进一步的错误。有些人得出下述错误结论：感觉主体必定会呈现 85
在肢体受伤的地方，在感知中，一种充满疼痛的现象便处于这个地方。由于他们把这种现象等同于伴随着的痛苦感，结果他们便把这种现象也当成了心理现象而非物理现象。正因为如此，他们就认为肢体中的这种感知是内在的，因而也就成为明证而不谬的感知。[①] 然而，他们的看法恰与下述事实相矛盾：当这部分肢体被截掉时，同样的现象经常会以相同的方式呈现。鉴于此，也有一些人以相当怀疑的方式来反对内知觉的自身明证性。如果我们区分开两种疼痛：一种描述我们身体部位的呈现条件，另一种描述伴随着

① 这是耶稣会教士腾乔尔吉（Tongiorgi）的观点，参见他那本流传甚广的哲学教科书。

感觉的疼痛感受，那么这个难题就会自行消失。只要明白了这点，我们就不再会说：当一个人受伤时，他所经验的感觉疼痛这种感受不以任何表象为基础。

如此，则下述关于心理现象的定义是无可置疑的：在上述意义上，心理现象不是表象便是基于表象。于是我们便提供了对心理现象的第二个界定，这也是对这个概念的更为简洁的说明。当然，这种说明并非完全统一的，因为它把心理现象划分为两组。

4. 有人已尝试通过否定的方法给出一个完全统一的界定，这一界定会把所有心理现象与物理现象区别开来。按照他们的看法，一切物理现象都有广延和空间位置，不论它们是视觉现象还是其它感觉现象，抑或是——将相似的对象呈现给我们的——想象的产物。而对于心理现象来说，情况则恰好相反：思维、意欲等等都没有广延，而且也没有空间位置。

根据这一观点，由于物理现象乃是具有广延和空间位置的东西，因此我们可以把物理现象与心理现象相对照而轻而易举地精确刻划它们。反过来，我们也可以精确地界定心理现象，即，它们是不具广延和空间位置的。这种划分可追溯到笛卡尔和斯宾诺莎。不过这种观点的首要支持者是康德，他主张空间乃是外感知的直观形式。

86 贝恩最近也给出了同样的界定。他说：“我们可以用一种性质来严格地界定客观领域或客观世界，那就是广延。而主观经验世界恰好缺少这种性质。一棵树或一条河都有延展的量；但快乐却没有长、宽、高，它根本不具广延。我们可以有关于广延的想法或观念，但这些想法本身却不能说具有广延。同样，我们也不能说某种意欲行为、某一欲求或信念具有空间维度。所以，可以说所有隶属于主观领域的东西都是非广延的。

因而，如果人们一般都把心灵看作是主观经验的总和，那么我们就可以通过缺乏广延这一否定性的事实来界定它。”[①]

这样，我们似乎便为全部心理现象找到了一种至少是否定性的统一界定。

不过，在这一点上，心理学家们的意见并不一致。许多人都拒绝承认可以用是否具备广延来划分物理现象和心理现象，尽管他们所持的理由相互矛盾。

不少人主张：这种界定之所以是错误的，是因为缺乏广延的不仅有心理现象，许多物理现象也是如此。例如，很多并非不重要的心理学家都告诉我们，某些感官现象，甚至可以说所有的感官现象原本都不具备广延，也没有特定的空间位置。尤其是，几乎没有人相信声音和气味现象具有这种性质。贝克莱否定了颜色具有广延；普兰特纳(Platner)认为触觉现象也是如此；赫尔巴特、洛采、哈特雷、布朗(Brown)、穆勒父子、斯宾塞和其他人甚而主张所有的外感觉现象也都是如此。当然，看起来外感觉(特别是视觉和触觉)所揭示的现象确实是空间地延展的。据说，这是因为我们把这些现象与我们根据过去的经验逐渐形成的空间表象联系在一起。这些外感觉现象原本并不具备特定的空间位置，是我们随后把它们空间化。倘若物理现象真的只是以这种方式来获得其空间位置的，则我们显然就不能再依据这种性质来划分这两大领域。事实

① 参见《心理科学》，导言，第1章。

87 上，我们也正是以同样方式来给心理现象定位的，例如，我们把愤怒现象定位在一只张牙舞爪的狮子身上，而把思想定位在我们自己所占据的空间中。

这就是不少杰出的心理学家（其中包括贝恩）对上述界定所提出的一种批评。乍看上去，贝恩捍卫这种界定，但实际上，他对于这个问题的解答却因袭了哈特雷的思路。贝恩之所以能这样做，乃是因为他实际上并不认为外感觉现象自在自为地属于物理现象（虽然他并非总是前后一致）。

另一些人则依据相反的理由拒绝这一界定。引起他们反感的并非是认为所有物理现象都具有广延的说法，相反，他们要反对的是认为一切心理现象都缺乏广延的主张。在他们看来，某些心理现象本身也具备广延。亚里士多德似乎就持这种看法，他在论感觉及感觉对象一书的第一章中提出：感官感知乃是身体器官的行为，这一点是直接明证而无需前提的。[①] 现代心理学家和生理学家在分析某些感触时也表达了相同的看法。他们谈到了呈现在外部器官中的苦乐感，这些感受甚至在截肢后依然存在，它们像知觉那样同属于心理现象。此外，有些作者甚至坚持感觉欲望是被定位的。在诗人的笔下，心灵及身体的所有部分时常充溢着狂喜和渴慕（或许不包括思想），这也可算是上述观点的佐证。

我们已经看到，我们所讨论的这种区分标准受到来自物理现

① 参见亚里士多德：《论感觉》，436b7；并参阅他在《灵魂论》（第一卷，第一章）中关于感触状态、特别是关于恐惧的论述（403a16）。

象和心理现象两方面观点的质疑。或许这两方面的反对都难以成立。[1] 不过，这至少表明需要我们为心理现象提供新的统一性界定。由于物理现象及心理现象是否具有广延乃是一个争论不休的问题，这种争论表明是否具有广延并不能提供足够明确的划分标准。况且，这个标准只是给出对心理现象的一种否定性界定。 88

5. 我们能提出什么样的肯定性划分标准呢？抑或是，也许根本不存在可普遍适用于所有心理现象的肯定性界定？贝恩就认为事实上不存在这种界定。[2] 不过，早期的心理学家已经指出所有心理现象都具有一种特殊的类同性，而这正是物理现象所不具备的。

每一心理现象都被一种东西所标识，中世纪经院哲学家称这种东西为关于一个对象的意向的（即心理的）[3]内存在，我们也可以将之称为——虽然还有些模棱两可——关涉一种内容、指涉一个对象（这里不应被理解为一种实物），或将之称为一种内在对象性（immanent Gegenstandlichkeit）。每一心理现象自身都包含作为对象的某物，尽管其方式不尽相同。在表象中总有某物被表象，在判断中总有某物被肯定或否定，在爱中总有某物被爱，在恨中总

① 显然，这种认为心理现象也具有广延的主张建立在将物理现象与心理现象相混淆的基础上。这与我们在前面所讨论的那种混淆类似，在那里我们已经指出，甚至感官感受也必须以表象为基础。

② 《感觉与理智》，导言。

③ 他们也用“作为一个对象（对象性地）存在于某物之中”来表达这个意思，可是，我们要考虑到，这个表述意味着那个“对象”是心灵之外实存的东西。至少在相似的表述“作为一个对象内在地存在”所意味的东西中，“内在地”一词可以排除我们所担心的那种误解。

有某物被恨，在欲求中总有某物被欲求，如此等等。[①]

89 这种意向的内存在是心理现象所专有的特性。没有任何物理现象能表现出类似的性质。所以，我们完全能够为心理现象做出如下界定：它们是在自身中意向地包含一个对象的现象。

不过在这里，我们也会遇到争论与反驳。汉密尔顿尤其否认这种特性被所有心理现象所具有，在他看来，他所标示的所有感受以及各式各样的快乐和痛苦都不属此列。他只同意思维现象和欲求现象具有这种特点。显然，离开思维对象便不会有思维行为、离开欲求对象便不会有欲求行为。“相反，在感受现象，即在快乐与痛苦现象中，意识不会把一种心理的变形或状态置于它自己前面；它不会将这种现象与自身分开来而沉思它，因为它与这种现象本来就是融为一体的。因而，感受的特别之处在于：它只是属于主观地主观的东西（subjectively subjective）；这里根本不存在与自身

① 亚里士多德早已谈及心灵的这种内居性（Einwohnung）。在其关于灵魂的著述中，他指出：被感知的对象，就其被感知而言，乃是存在于感知者之中的；感知包含着被感知的对象，只是排除了其质料；思维的对象存在于思维着的理智中。在斐洛（Philo）那里也提出了心灵的存在与内存在的学说。不过，由于他把这种存在与严格意义上的存在混为一谈，他便得出了有关逻各斯（logos）和理念的充满矛盾的理论。新柏拉图主义者也是如此。圣·奥古斯丁在他关于精神话语（Verbum mentis）及其内在来源的理论中碰触到了同样的事实；而安瑟尔谟在其著名的本体论证明中也是如此，不少人都认为其荒谬在于把心理的存在当成了实在的存在（参见俞波维希：《哲学史》，第二部分）。托马斯·阿奎那指出：被思考的对象意向地存在于思维者中，被爱的对象意向地存在于爱者中，被欲求的对象意向地存在于欲求者中，当然他是为了神学的目的而提出这种思想的。当《圣经》谈到圣灵的内居时，阿奎那对此做出了这样的解释：通过爱而意向性地内居。另外，阿奎那也试图通过与思和爱的行为中意向的内存在的类比，来表明三位一体及道（Wortes）与灵（Geistes）之内在化的神秘性。

不同的对象——不存在自身样式的任何对象化。”[①]根据汉密尔顿的术语，在一种情形下会存在某种“客观的”东西，而在另一种情形 90 下，会存在“客观地主观的”东西，比如在自身知觉中——汉密尔顿后来将自身知觉的对象称之为“主观-对象”。通过否认感受具有上述两种情形，汉密尔顿毫不含糊地拒绝了所有感受现象是具有意向的内存在。

事实上，汉密尔顿所说的东西并不完全正确，因为某些感受无疑指向对象。我们的语言本身也通过其使用的表达显示了这一点。我们说，某人为某物或者对某物感到高兴、某人对某物感到哀伤或者感到悲痛等。同样，我们也说，这令我高兴，这伤害了我，这使我感到遗憾等等。就像肯定和否定、爱和恨、欲求和厌恶一样，喜悦与悲伤显然也建立在表象的基础上，并且也相关于所表象的东西。

正如我们在前面已经看到的，在这些情形中人们大多会倾向赞同汉密尔顿的看法，而在这种情形中人们很容易会陷入感受并非基于表象这种错误中——例如在刀割或火烧所导致的疼痛情形中。可正如我们所看到的，陷入错误的原因其实正是这个错误的假定。甚至汉密尔顿本人也和我们一样认识到下述事实，即，在这种情况下表象会毫无例外地发生，并因而会构成感受的基础。因而他对感受具有一种对象的拒绝看来更为令人惊讶。

当然，我们确实不得不承认下述事实：感受所指向的对象并不总是一个外在对象。甚至当我倾听一段和谐的乐曲时，我所感受

① 《形而上学讲演集》，第一部分，第432页。

到的快乐其实并不是在声音里，而是在倾听中。确实，你可以说（虽然这并不正确），在某些情况下感受会指向它自身，这就或多或少会导向汉密尔顿所说的东西，即，感受与对象是“融为一体”的。而这对于思维及知识现象也并非不正确，我们在后面讨论内意识时会看到这一点。可在这些情况下它们仍然保持为一种心理的内存在，或者用汉密尔顿的话来说，它们仍然是一种“主观-对象”，这对于感受也是成立的。汉密尔顿的错误在于，他认为所有感受都是“主观地主观的”。这一说法本身就是自相矛盾的，因为在不能谈论一个“客观的”地方，也不能谈论一个“主观的”。再者，当他谈到感受与相应的心理印象融为一体时，如果仔细考究的话，他实际上恰好为自己的论断提供了否定的证据。任何融合都意味着几种东西的联结统一；因而，尽管他使用“融为一体”这一形象化措辞的本意是想让我们具体地把握感受的显著特征，但这一说法本身仍然指向这种统一中的二元性。



因而，我们可以把一个对象的意向的内存在看作是心理现象的一个普遍特征，而这种特征把这类现象与物理现象区分开来。

6. 所有心理现象所共同具有的另一个特性乃是：它们只在内意识中被知觉，而物理现象只有通过外感知才能通达。这一区别性特征是汉密尔顿所强调的。[①]

有人可能会指出，这一界定并没有多大意义。因为，看来更为自然的乃是根据对象来界定行为，因而应当说，不同于其它感知种类，内知觉是对心理现象的知觉。然而，内知觉除了具有特殊对象

① 《形而上学讲演集》，第 432 页。

这种事实外，还具有另一种显著特征：即，它具有直接而不谬的明证性。对于与经验对象有关的所有知识种类而言，只有内知觉知识具有这种特点。因而，当我们说心理现象乃是由内知觉把握的现象时，我们是说对这些现象的知觉乃是直接明证的。

不仅如此，内知觉不但是唯一具有直接明证性的感知种类；而且在“知觉”（Wahrnehmung）这个词严格的意义上而言，内知觉实际上是唯一的知觉。正如我们已经看到的，所谓的外感知现象甚至通过间接的演证也不能被证明为真实的。因而，如果谁信赖外感知现象，将它们看作是看上去的样子，谁就会被这些现象关联的方式引入歧途。严格说来，所谓的外感知根本就不是知觉。[①] 所以，我们有理由把心理现象称作是唯一可能被知觉——就这个词的严格意义而言——的现象。

这一界定也是对心理现象的充分标示。这并不是说所有心理 92
现象都可被所有的人内在地知觉，而那些不能被某人知觉的东西则统统归于物理现象的行列。显然，正如我们前面提到的那样，虽然一个特定的心理现象只可能为一个特定的个体所知觉，不过同时我们也可以看到，每一类心理现象也都会呈现在每一位充分发展了的个体的心理生活中。因而，对构成内知觉领域的现象的援引令人满意地达到了我们的目的。



7. 我们已经说过，心理现象乃是唯一一种能被知觉——在这个词严格的意义上——的现象。据此我们还可以进一步说，心理

① 由此看来，布伦塔诺将同一个词“Wahrnehmung”用在“内”与“外”时其含义显然存在着根本差别。为显示这一差别，当“Wahrnehmung”意指“内知觉”时译为“知觉”，而当它意指“外感知”时译为“感知”。——译者注

现象也是唯一一种既具真实(wirkliche)存在又具意向存在的现象。知识、欢乐、欲求是真实存在;而诸如颜色、声音、温热则只具有现象的(phänomenal)与意向的存在。

有些哲学家走得如此之远,以至于认为下述情形是明证的:即,我们称为物理现象的那些现象不具有任何真实性。根据他们的看法,断定这些现象具有不同于心理存在的一种存在方式是自相矛盾的。例如,贝恩讲,有人试图通过设定一种物质世界——“它首先是独立于感知的,尔后又通过作用于心灵而进入到感知中”——来解释外感知现象。他认为,“这种看法包含着一种矛盾。这一流行的观点主张,一棵树就其自身而言是独立于一切感知的;通过其发光的流射,它便印在我们的心灵中,于是它便被感知了。感知是效果,而不可感知的树——即独立于感知而存在的树——是原因。可是,这棵树只能通过感知而被知晓;我们根本不能说它在被感知前或在独立于感知的情况下是什么;我们只能将其当作已被感知的而不能当作未被感知的东西来想到它。因而,在上述的设定中存在一种显而易见的矛盾;我们被要求同时感知而又不感知一个东西。我们知道对铁的触摸,但不能知道离开触摸之物的触摸。”①

93 必须承认,我不能被贝恩的论证说服。只有当我们对一种颜色拥有表象时,这种颜色才能呈现给我们,这一点确实毫无疑问。然而,我们绝不能从这一点推出被表象之物离开被表象就不能存在。除非当被表象状态作为颜色的诸要素之一(作为它所包含的

① 《心理科学》,第3版,第198页。

性质或强度）被包含在颜色中时，未被表象的颜色才包含着一种矛盾，因为不拥有其一个部分的整体实际上是一个矛盾。可是这里的情况显然并非如此。否则，下述情形是绝对不可想象的，即，为何对外在于我们表象的物理现象之真实存在的信念会如此广为流传、如此根深蒂固，甚至在相当长的时期里最杰出的思想家都深信不疑。贝恩说："当一棵树被感知时，我们才能思考它；当它不被感知时我们就不能思考它。在这个假定中存在着明显的矛盾。"如果他的这种说法是正确的，那么其进一步的结论就不能被反对。可恰好他的这种说法是不能被认同的。贝恩是这样来解释他的说法的："我们被要求同时感知又不感知一个东西。"然而，说这种要求也适用于我们则是不对的。因为，首先，并非每种思维行为都是一种感知；其次，即便如此，也只能得出，我们只能思考已被我们感知过的树；而不能得出，我们只能把树思考为被我们所感知的。品尝一块白糖并不意味着把这块糖品尝为白色的。在心理现象的情形中，这种错误便会昭然若揭。如果某人说："离开对一种心理现象的思考我便不能思考它；因而我只能把心理现象思考为我的思维；因而没有心理现象在我的思维之外存在。"那么这个人的推理方式与贝恩的就是相同的。然而，即使贝恩本人也不会否认，并非只有他个人的心理生活才具有真实存在。当贝恩附加说："我们知道对铁的触摸，但不能知道离开触摸之物的触摸"时，这里的"触摸"首先指被感知对象，其次指感知行为。尽管是同一个词，但它却有不同的概念含义。因而，只有那些甘心让自己被含混不清糊弄的人才会赞同贝恩所提出的假定的直接明证性。

所以，下述说法是不对的，即，在心灵之外存在着的物理现象

与在我们之中意向地发现的物理现象恰好是同样真实的这种假定
94 包含着矛盾。情况只是，当我们把其中一个与另一个进行比较时我们才会发现各种冲突，这些冲突清楚地表明，在这种情况下，没有真实的存在与意向的存在相对应。即使这只适用于我们自己的经验范围，我们仍可正确地说：一般而言，物理现象除了意向的存在之外不具任何其它存在形式。

8. 有人还指出了另一种区分物理现象和心理现象的情形。在他们看来，心理现象只是前后相继地呈现，而物理现象则同时出现。不过这些人所赋予这一断定的含义却不总是相同的，而且，其中许多解释恐怕都与事实不符。

斯宾塞近来就这个问题发表了他的看法。他说："我们可以凭借下列一点来大致区分生理学与心理学所包含的两大类生命活动，这就是：生理活动既包括同时性的变化又包括前后相继的变化，而心理活动却只包括前后相继的变化。生理学所研究的现象乃是由不同的连续序列联合组成的，反之，心理学所研究的现象却
95 只是一个单一的连续序列。有机体的生命由众多前后相接的活动构成，但只要粗略观察一下这些活动便可发现，它们不仅是连续的，而且也是共时性的；消化、循环、呼吸、排泄、分泌等各自包括众多亚系统的生理系统都是彼此相倚而同时存在的。另一方面，只要我们稍加反思便可发现，构成意识的那些活动却并不能同时存在，它们乃是前后相继的。"[①]斯宾塞是把生理现象与心理现象的比较限定在具有心理生活的同一个机体上。如果不是这样，那么

① 《心理学原理》，第一卷，第 177 节，第 395 页。

他就得承认:不同序列的心理现象也可以同时发生,因为在世界上拥有心理生活的生命有很多。不过,即使我们只是在他所规定的界限内来考虑这一问题,他的论点仍不能完全成立。就是他本人也不得不承认,在有些低等生物(如辐射性生物)中,在同一个身体上有多个心理生活同时进行。因此,他便认为——虽然别人并不会承认——心理生活与物理生活之间很少有什么区别。[①] 之后,他还做出了进一步的退让,宣称心理现象与生理现象之间所存在的差异仅是程度上的。更有甚者,如果我们追问他所说的与心理现象截然有别的生理现象(与心理现象的变化相反,这种变化被认为是同时发生的)到底指的是什么,我们就会发现这个术语并非指物理现象,它所指的其实是物理现象的原因,而这些原因就其自身而言是不可知的。事实上,就自身呈现于感觉中的物理现象而言,不可否认,如果感觉本身没有发生同时性的变化,那么这些物理现象也不能发生同时性的变化。因而,我们几乎不能用这种方式达到对两类现象的标志性区分。

还有一些人力图通过下列事实来确定心理生活的特性:在一给定时刻,意识只能同时把握一个对象,而不可能同时把握多个对象。他们举出在确定时间方面发生的著名误差例证。一个被观察的星座进入天文望远镜的叉线与钟摆的某一次摆动是同时发生的,但是,天文学家不可能在这同一瞬间既观察到该星座又观察到钟摆的这次摆动;所以,他所记录下来的该星座出现的时刻必定要

① 《心理学原理》,第一卷,第177节,第397页。

96 么稍早于要么稍迟于它实际出现的那一瞬间。[①] 他们由此推出，心理现象只可能在单一连续序列中交替呈现，而在同一个时间只能出现一种心理现象。但是，我们不能不看到，这是一个牵涉到注意力需要高度集中的极端例子，因此，除非能得到进一步的证据，否则，其结论肯定是有问题的。就连斯宾塞也指出："我们有时可发现自己身上同时呈现出多达五种的神经活动变化，而且，由于它们中没有哪一种可被说成是绝对无意识的，因而可以说它们都进入了意识，只是程度有所不同罢了。例如，当我们行走时，就会有运动序列；在某些情况下会有触觉序列；至少对我而言，会有听觉序列，例如某一段旋律不时回荡在我的耳际；还有视觉序列。它们全都附属于由一些反思序列构成的主导意识上，这些内容在意识中持续地相互穿插、交织。"[②]汉密尔顿、卡戴兰克(Cardaillac)以及其他一些心理学家都曾根据自己的经验报道过同样事实。然而，假定所有的感知情形都与上述那个天文学家的情况相同，难道我们通常不会承认在表象到某一事物的同时会对它进行判断或欲求它吗？因而，多种心理现象仍会同时存在。的确，我们甚至有理由提出一种恰好相反的主张：在许多情况下，意识中能同时呈现几种心理现象，而同时能呈现的物理现象却只有一种。

那么，在什么意义上我们才可以说心理现象只能单个地呈现，而多个物理现象却可以同时出现呢？在我看来，仅在下列意义上



① 参见贝塞尔(Bessel)：《天文观察》(Königsberg，1823 年)，导言，第八部分。也参见斯特卢威(Struve)：《测时考察》(Petersburg，1844 年)，第 29 页。

② 《心理学原理》，第 398 页。德罗毕希说这是个事实，即"不同的表象序列可以同时进入意识——只是在不同的层次上"。参见他的《经验心理学》，第 140 页。

我们方有理由坚持这种主张，那就是：内知觉所把握的多重心理现象总是以一个统一体的面目出现；反之，外感知所能同时把握的诸物理现象却并非如此。有些心理学家往往容易把整体事物错当成单一事物；结果他们便主张内意识中知觉到的心理现象不过是一种单一的东西。有些人有大量理由坚持心理现象的单一性，同时否认其统一体。这种看法也难以保持立场的一致，因为当他们描述自己的内在生活时，他们会发现自己将涉及大量不同的要素；而 97
这些不同要素又不能避免自身非其所愿地确证心理现象的统一体。他们又像其他人一样会说“我”而不说“我们”，而有时却把“我”描述为“一束”现象，并且有时又用其它名称来标示这种内在统一体的融合。当我们同时感知到颜色、声音、温热和气味时，没有什么可以阻止我们把它们当作是各不相同的特殊事物；另一方面，我们却不得不把下列多重行为都当作单一且统一的：首先是感觉行为（例如看、听以及对温热、味道的经验），其次是同时发生的意欲、感受及思考行为，最后还有我们借以把握所有这些相关知识的内知觉行为；这三重行为都作为一种单一现象的部分而被包含于单一现象之中。我们后面会详细讨论，究竟是什么构成了这种必然性的基础。到那时我也会讨论与此问题相关的其它要点。这里所涉及的正是所谓的意识统一体——心理学中最重要的事实之一（虽然它仍处于争论中）。

9. 现在，让我们来简略总结一下上面关于物理现象与心理现象之区别的讨论结果。首先，我们通过**例证**表明了这两个现象种类的特殊本性。随后我们又把心理现象界定为**表象**或**奠基于表象**的现象；而其它的现象均属物理现象。接着，我们又讨论了**广延**，按照心理学家通常的说法，广延乃是一切物理现象独具的特征，而所有心理现象则被认为都是非广延的；不过，这个断言会走向矛盾，而这种矛盾只能被随后的研究所澄清；眼下可以肯定的是，所有心理现象的确都表现为非广延的。我们进一步发现意向的内存在（即指涉作为对象的某物）是所有心理现象的区分性特征。物理现象没有表现出任何的相似性。继而，我们把心理现象界定为内知觉的专有对象；因此，仅有心理现象才是以直接明证性被知觉
98 的。确实，就“知觉”这个词的严格意义而言，只有心理现象可被知觉。以此为基础，我们得出了对心理现象的进一步界定：它是除了意向的存在之外还具有真实存在的唯一一类现象。最后，我们又强调了心理现象的另一个区分性特征，这就是：尽管我们知觉到的心理现象是多重的，但它们总是以一个统一体的形式呈现给我们；而我们同时感知到的诸物理现象却不能以同样的方式呈现为一种单一现象之诸部分。



能最好标示心理现象特征的无疑是它的意向的内存在。所以，我们可以凭借这个以及其它上述所列特征将心理现象与物理现象清晰地划分开来。

我们对心理现象与物理现象的说明不会有悖于前面对心理科学与自然科学的清晰界定。事实上，我们已经表明，其中一个是有关心理现象的科学，而另一个是有关物理现象的科学。现在很容易看到，两种界定都暗自包含着某种局限。

对自然科学的界定尤其如此。事实上，这些科学并不处理一切物理现象，而只是处理呈现于感觉之中的物理现象，不处理呈现于想象中的现象。即便是对于前者，自然科学也只是确定那些依

赖于感觉的物理刺激之现象的规律。我们可以这样来精确说明自然科学的任务：以如下的设定为基础，即具有空间三维性与时间一维性[①]的世界刺激我们的感官，从而产生出与正常而纯粹的感觉（即不受任何特定心理条件与进程影响的感觉）相关的物理现象，自然科学的任务正是试图解释这些纯粹的物理现象之间的相继关
系。自然科学不考虑世界的绝对本质是什么，而只是满足于承认 99
世界拥有产生诸感觉以及施加相互影响的种种“力”，并确定有关这些“力”的共存与持续的规律。通过这些规律，自然科学随后就会间接地确立感觉这种物理现象的持续性规律，如果——通过对伴随的心理条件进行科学抽象——我们承认这些规律会在一种纯粹的状态中展现自身以及会相关于一种恒常的感觉能力而发生的话。如果要使“关于物理现象的科学”与“自然科学”成为同义词，我们就必须对之进行这种多少有些复杂的解释。[②]

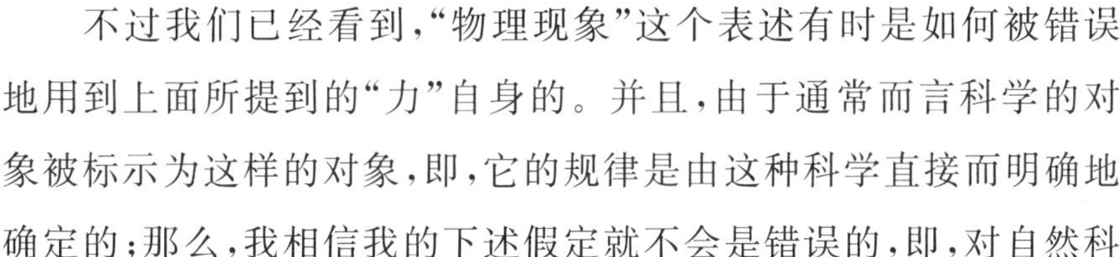

不过我们已经看到，“物理现象”这个表述有时是如何被错误地用到上面所提到的“力”自身的。并且，由于通常而言科学的对象被标示为这样的对象，即，它的规律是由这种科学直接而明确地确定的；那么，我相信我的下述假定就不会是错误的，即，对自然科

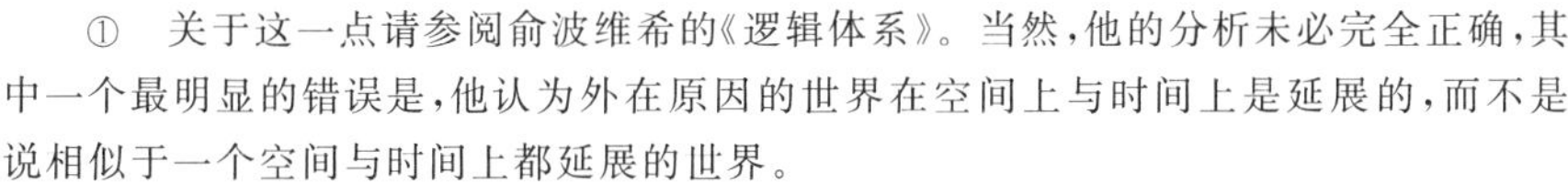

① 关于这一点请参阅俞波维希的《逻辑体系》。当然，他的分析未必完全正确，其中一个最明显的错误是，他认为外在原因的世界在空间上与时间上是延展的，而不是说相似于一个空间与时间上都延展的世界。

② 这种解释与康德可能做出的解释或许并不完全一致，但却十分接近。在某种意义上，这种解释和穆勒在其《对汉密尔顿哲学的探究》一书中（第十一章）所提出的观点更为相似，尽管两者在所有关键之处都不吻合；穆勒所说的“感觉的持续可能性”与我们所说的“力”密切相关。至于俞波维希的看法与我们的解释之间的关联和关键性分歧，可参见上面的注释。

学之为关于物理现象的科学这种界定时常会与力的概念关联，而力又属于一个类似于空间上延展、时间上流变的世界；力通过对感
100 官的影响而引发感觉以及感觉活动之间的相互影响，而自然科学所研究的正是这些关系的共存与持续的规律。如果这些“力”被认为是自然科学的对象，那么也会出现下述优势，即，这种科学的对象看来具有某种真实的存在性。当然，如果自然科学被界定为关于感觉的科学也会达到这点，不过这就暗自加上了我们刚刚提到的那种限定。的确，“关于物理现象”这种表述被选取大概在于下述事实，即，某些心理学家认为，感觉的外在原因对应于发生在我们之中的物理现象，这种对应要么是在所有方面（这是起初的看法），要么只是在三维延展方面（这是目前有些人的看法）。显然“外感知”这种不恰当的表述就从这个概念而来。然而，必须附加说，感觉行为表明，在物理现象的意向的内存在之外，自然科学家根本不会考虑其它特征，因为通过这些特征，感觉不会以同样方式给予我们关于不同关系（这些关系控制着外在世界）的信息。

现在让我们来考察心理学的界定，初看起来，心理现象的概念必须相应地扩展而非收缩，因为，除了那些我们在前面界定了的心理现象之外，现在的心理现象概念至少还需包括在想象中呈现出来的物理现象；此外，呈现于感觉中的现象也不能被感觉理论弃之不顾。不过，很明显，它们只是作为心理现象的内容而被纳入考虑范围的——亦即当我们描述心理现象的特定特征时而发生的。这对于所有心理现象（它们也具有单纯现象的存在）同样都是成立的。我们必须只把真实存在意义上的心理现象当作心理学的真正对象。并且我们只把指涉这些现象的心理学称为关于心理现象的科学。

# 第二章　内意识[①] 101

1. 对于一个术语应用到什么概念的争论通常并不是关于语词的无谓之争。有时这是塑造一个语词惯常含义的过程，而偏离这种含义通常则是少见的。然而，时常碰到的难题是，如何揭示一个同质性类别的自然界限。

如果关于“意识”一词意义的争论要想不成为空洞无聊的语词之争的话，我们就必须首先确定其含义。无疑，这个术语具有被普遍接受的独特含义。对这一术语之不同含义的研究在英国被贝恩[②]、在德国被霍维兹[③]做出，这些研究的结果是确定无疑的。有时我们将意识理解为对自己先前行为的记忆，特别是当这些行为具有道德本性时，例如当我说“我没意识到任何罪责”的时候。有时我们用它来指谓我们对自己心理行为的直接知识，特别是指伴随着当下心理行为的知觉。另外，我们还用这个词来指称外感知，例如我们说一个人从睡梦或昏迷中醒来，亦即，他又恢复了意识。我们不仅称知觉与认识为意识状态，而且称所有表象都是意识状

---

① 正如我们称实际呈现在我们之中的对心理行为的知觉为“内知觉”一样，我们这里也称指向意识的意识为“内意识”。

② 《心理科学与道德科学》，附录，第 93 页。

③ 《心理学分析》，第一卷，第 211 页以下。

态。如果某物出现在我们的想象中，我们就说它出现在意识中。有人将每种心理行为都标示为意识，不论它是表象、认识、错误的
102 观点、感受、意欲行为，还是其它类型的心理现象。当心理学家们（当然并非全部）谈到意识统一体——同时性存在的心理现象统一体——时，是把这个意义特别归给意识这个词的。

对于这个词的每一种用法，我们都不得不裁决其无益是否甚于其有益。如果我们试图强调这个词的源头，无疑我们会将其限制在某些或所有认知现象上。但是几乎没有任何理由这样做，因为一个词语与其原初意义相比常常有所变化，而且这并没什么不当。如果将这个词以下述方式运用则会更有帮助，即，用它表述一种重要的现象类别，特别是将一种它所缺乏的合适名称赋予它时，这个词内部的明显裂隙便随之被填平了。[①] 鉴于此，我宁愿将“意识”这个词当作与“心理现象”与“心理行为”同义的。因为首先，经常用一个复合词组是麻烦的；进而言之，由于“意识”一词也指涉一种意识所意识到的对象，这看来与心理现象的区别性特征——关于对象的意向的内存在特征——更为相符，而对于这个特征我们正好缺乏一个日常用语。

2. 我们已经看到，没有一种实存的心理现象能够在上述指出的意义上不是关于一个对象的意识。然而，另一个问题随之产生，即，是否有些心理现象不是意识的对象。所有心理现象都是意识的状态；那么是所有心理现象都是有意识的心理行为呢，还是其中

---

① 参见赫尔巴特的评论:《心理学教本》，第一卷，第二章，第 17 页；以及《作为科学的心理学》，第一卷，第二部分，第二章，第 48 页。

有些是无意识的心理行为?

有些人可能会对这个问题摇头否认。设定出一种无意识的意识对他们而言是荒谬的。甚至杰出的心理学家诸如洛克和穆勒都认为这是一个直接的悖谬。而任何留意到前述定义的人将不会这么想。他们会认为一个人提出是否存在无意识的意识这个问题并不像他问有没有非红的红那样荒谬。说一种无意识的意识并不比说没看见的看更为矛盾。[1]

然而,心理学中的门外汉会立即拒绝无意识的意识这种假定, 103
他们甚至不受与这个表述相关的错误类比的影响。事实上,有哲学家出来教导这个主题的时候,两千多年已经过去了。哲学家们自然会熟悉下述事实,即,我们可以拥有一些已获得的知识而不去思维它们。不过他们正确地认为这种知识是作为一种朝向某种思维行为的倾向,而非认识与意识,正如他们认为获得的品性是朝向某种情感与意欲的倾向一样。最早教导存在着无意识的意识之学说的人物之一是托马斯·阿奎那。[2] 后来莱布尼兹谈到“作为缺乏知觉自身的感知之意识”(perceptiones sine apperceptione seu conscientia)与“不可感的感知”(perceptions insensibiles)[3],而康德也采用了他的例证。最近,有关心理现象的无意识理论甚至在下述作者中也碰到不少支持者,这些人在其它方面会主张一种与

① 我们以两种方式使用“无意识”一词。首先是在一种主动意义上,即,当说一个人没有意识到某物的时候;其次是在一种被动意义上,即,当谈到一个东西没被意识到的时候。在第一种意义上“无意识的意识”就是一个悖谬,而第二种意义上则不是。这里所说的是后种意义上的“无意识”。

② 参见下文第 7 节。

③ 参见《单子论》。

上述理论不一致的理论。例如老穆勒认为存在着我们没意识到的感觉，因为我们习惯上没注意它们。汉密尔顿教导说我们的观念之链通常只是由我们未意识到的中间环节所联结的。与此相似，刘易斯也相信，不少心理行为的发生是不具意识的。茂德斯雷认为无意识心理行为的存在已经是个被证明了的事实，因而他将之作为有利于其生理学方法的主要考虑之一。赫尔巴特谈到我们没有意识到的观念，而贝耐克相信只有那些具有相对较高强度的观念才会伴有意识。费西纳也说心理学不会忽视无意识的感觉与表象。冯特①、霍姆海兹、佐纳以及其他人认为存在着无意识的推断。乌尔瑞斯提出一套论证来支持他的下述论断：不仅感觉，而且其它心理行为，诸如爱与欲求通常都是无意识地进行的。冯·哈特曼干脆提出一套完整的"无意识哲学"。

104 然而，虽然出现了不少赞同存在着无意识心理现象的作者，可距离对这一理论的普遍承认还相去甚远。不论是洛采采纳了它，还是英国的著名心理学家贝恩与斯宾塞为其保驾护航，情况依旧如此。甚至对其父观点赞赏有加的约翰·穆勒在这方面也没能抑制住自己，他起而反对其父。不过，即使在那些断言存在着无意识观念的作者中间，仍有不少仅是由于赋予了这个词以不同的意义而坚持这种理论的。例如费西纳便是如此，当他谈到无意识的"感觉"和"观念"时，他显然给予这两个词与我们所给予的意义不同的意义；这种不同是如此巨大，以至于他根本不会将它们理解为心理

---

① 至少在其早期著作《人类心灵与动物灵魂讲义》中如此。在其《生理学的心理学》的一些段落中，正如我们看到的，他已经从对无意识心理行为的接受中退身而出。

现象。费西纳认为所有心理现象都是有意识的，因而，就此而言，他是这种新观念的反对者。[①] 通过在不同意义上使用“意识”一词，乌尔里希(Ulrici)也否认存在我们所说的无意识的心理现象。[②] 我们也可以说哈特曼也是以与我们不同的方式而使用“意识”一词的。他将意识界定为“从意欲中释放出的观念……而意欲与这种释放又是相反的”，并且界定为“意欲对于观念的实存的混杂，这种实存是意欲不想要的，但却可感地呈现出来的实存。”这种定义如果不是恰好指涉某种纯粹的想象之物，它至少是与我们称作为意识的东西是不同的。[③] 不过哈特曼所提出的理由至少表明，他是我们所谈及意义上的存在着无意识心理行为 105
的拥护者。

心理学家们在这个问题上缺乏普遍认同不必大惊小怪，因为在我们研究的每一步都会遭遇这种观点上的分歧。不过在这种情形下并不能合理地得出结论说：真理不能被确定地知晓。另一方面，就这个问题的本性而言，有些人会认为对其回答是不可能的；

① 这在他的《心理物理学》第二部分第483页的一段有清楚的显示：“心理学既不能从无意识的感觉与观念中抽取出来，也不能从无意识的感觉与观念的结果中抽取出来。那么一个不存在的东西又能以什么方式产生一种结果呢？或者说一种无意识的感觉与观念又以一种什么样的方式而与我们根本不具有的感觉与观念区分开来呢？”针对第一个问题，费西纳回答到，事实上并不存在感觉，而只有与感觉发生函项关系的某物。“只要我们认为感觉、观念已经脱离了其基础，它们在无意识状态下当然事实上就停止存在了。然而尚有某种东西在我们之中持存，即，作为一种功能的心理物理活动——它使感觉等情形的再现成为可能。”

② 在《神与人》第一部分第283页，他说：“总之，我们对我们的内在状态、过程、驱动及行为具有直接感受”，并且无疑“这些感受伴随着所有感觉印象(感知)，甚至伴随着那些最为平常的感觉印象”，正是以这种方式“我们也感受到我们看、听、尝等等”。

③ 《无意识哲学》，第二版，第366页。

这当然属肤廓之论，因而，当一个问题成为精巧的智力游戏的对象时，它就不会再成为严肃科学探究的对象。明证而必然的情形是，在我们经验领域中不会存在无意识的观念——即便这些观念应当存在于我们之中；如果这种观念存在于我们的经验中，那它们就不会是无意识的。因而，看来人们不能通过经验的证据来反对它。然而，出于同样理由，人们也不能诉诸于经验来证明它的存在。可如果离开经验，我们又如何来决断这个问题呢？

为了回应这一指控，无意识意识的捍卫者已正确指出，那些不能被直接经验的东西可以从经验事实中间接地推演出。[①] 他们毫不犹豫地搜集了这些事实，并且提供了大量论证来证明其论点。

3. 一个人如果有望在这方面成功的话，则有四条不同的路可走。



首先，我们可以设法证明经验中所给出的某些事实需要预设一种无意识的心理现象作为其原因。

其次，我们可以设法证明经验中所给出的一个事实必定产生了一种无意识的心理现象作为其结果，尽管这种结果在意识中根本没有出现。

再次，我们可以设法表明在有意识的心理现象中，伴随意识的强度是它所伴随的心理现象自身的强度，而且在某些情形下，由于这种伴随关系，所伴随的心理现象具有一种积极性的值，而伴随意识必定缺乏这种值。

最后，我们可以尝试证明每种心理现象都是另一种心理现象

① 参见康德的《人类学》，第5页。

的对象的假定会导致心理状态的**无限复杂性**，这既是内在不可能的又是与经验相悖的。

4. 人们最经常尝试的，而且至今仍在尝试的是第一条道路。106
然而，人们通常没有对这种道路能够导向其结果的特定条件给予足够的注意。为了得出任何下述结论，即，从一种被假定为其结果的事实中能够得出一种作为其原因的无意识的心理现象，首先必要的是，这种事实本身已被充分确立了。这是首要条件。因此建基于所谓的预测、预感、前兆等现象上面的证据**只有**可疑的价值；例举了这些证据的哈特曼[①]也充分意识到下述事实，即，这些证据的起点并不能产生足够的确定性。因而，我们可以完全绕过这些论证。另外，茂德斯雷告诉我们的有关天才的成就的事情——天才的成就并非有意识思维的产物——并不足以作为决定性论证的基础。天才比精神病人更少见。而且，例如牛顿在报告其最杰出的发现时，清楚地表明这些发现都不是无意识思维的结果。我们跟随天才的研究，理解他们的成功，并且对他们的尊敬没有减少。如果其他天才没有对其工作提供类似的说明，那么假定他们是忘记了其发现的意识步骤，比假定是无意识思维过程架起了其间的桥梁难道更会是一种专断吗？歌德虽然对存在着天才这件事情毫不怀疑，但他还是在其《威廉姆·敏斯特》(*Wilhelm Meister*)中说，超常的才气“只是对庸常的些许偏离”。因而，如果存在着无意识的心理过程，那么就会在更多情形下发现它们。

还有进一步的条件，即，按照无意识心理现象的假定，经验事

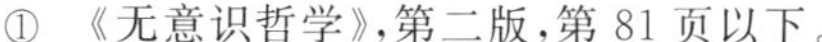

① 《无意识哲学》，第二版，第 81 页以下。

实确实能被解释为由一种相应原因产生的结果。为达到这种目的，首先需通过经验表明，有意识的心理现象通常已经包含了相似的结果。进而言之，必定要假设它们同时不会包含其它结果（它们在目前情况下是缺席的），尽管没理由怀疑它们是与这些情况中缺失的伴随意识相关联的。最后，这个假定所诉诸的无意识心理现象——以其连续性或其它特性——必然不会与被认识到的有意识心理现象的规律相冲突，因而任何可能的特殊之物都可在缺乏伴随意识的基础上得以理解。无意识心理现象拥有的连续性以及其它特性自然不会被直接感知，但它们会在其结果中出现，正如外在世界的规律、惯性定律及重力定律等是在作为其结果的感觉中展现自身一样。因而下述情形尤其是必然的，即，心理现象的源头即使在下述情形下也被认为是存在的，这种情形是：意识的缺乏并不被认为是某种自身完全不可设想的事情。



正如经常发生的那样，如果被假定的无意识心理行为与有意识的心理行为是同类的，那么这些条件就会变得尤为迫切。我们大致也可以说，那些根据经验事实而将无意识心理行为推断为有意识心理行为之原因的人，通常不会公开违背这些条件。这只有在个别思想家那里例外，特别是在哈特曼那里。然而，哈特曼与大多数无意识心理行为拥护者的差别在于：他认为这些行为与意识行为是异质性的，这些行为在最本质的方面实际上偏离了意识行为。显然，坚持这种观点的人从一开始就削弱了这种无意识心理行为的假设。许多在逻辑学方面赞同穆勒[①]的观点的科学家，会

① 《逻辑学体系》，第三卷。

以这种形式拒绝这个假设而不会引起非科学的混乱，因为这个假设没有将真实原因（vera causa）当作一种解释的原则。类比推理无疑随着所假定的原因与观察到的原因之间的相似性的减少而丧失了其力量。因而，从这方面看，第一个分歧的界定已经代表了一种劣势，而且每一种并非出于必然结论的新分歧——由于复杂性的增长——更加影响了假定的可能性。然而，我相信不需将我们所讨论的假定看作不必要的和任意的想象，只要它在某种程度上满足了上述提到的它们保持有效的条件或其它相同条件的话。即使当我们从我们的感觉现象出发来论证存在着某种引起感觉现象 108
的在空间上广延的世界时，我们也设定有些永不会作为一种直接经验事实而被发现的东西，而且这种推断或许也不是不可辩护的。为什么不是这样的呢？这只是因为，通过把关于这个世界的假定与关于统治这个世界的普遍规律的假定联结起来，我们能够在其相互关系中理解甚至预测我们感觉现象的非理智过程。因而这里就有必要给出这些无意识现象的规律，并且通过对总体的经验事实进行统一解释而证明它们，否则这些经验事实就是不可解释的；也可以通过对其它事实的预测而证明它们，虽然这些事实是无人预料的。进而，由于被断定存在的无意识现象被认为即使与有意识现象不是同类，也至少在某种程度上是与后者相似的（否则它们就会被错误地归为心理行为），这就有必要证明它们与意识事实所共同拥有的东西并没有被破坏，并且，一般讲来，上述的假定并不包含相互矛盾的断定。

哈特曼并没有比满足前面的要求更多地满足这些要求。相

反，在这些情况下我们会期待发现无意识心理现象的规律[①]，可已然明证的是，这些现象根本就不是心理现象。这些现象都融入了一种永恒的无意识中，融入了一种唯一的[②]、无所不在的、无所不知的[③]及全智的存在中。神为了完全配得上其称号，只需要一种意识，哪怕他在其它方面受一些严重的矛盾所影响。他在自身之中[④]，并且知道在自身之中，但他并不知道自己。他首先是时间，虽然他不仅行动，而且在时间中行动。[⑤] 他总是乐此不疲，可同时又疏于尽心尽力。当然他用以达到目的的手段通常是不完满的，因而他别无选择，只能诉诸于某处与某时的干预。然而他不会每时每刻都这样做。事实上，与他的通常行为相反，他甚至允许下述情形发生，即，他通过其直接的“全智”行为无疑要达到的目标被错
109 误的执行所打断，而且他为了保存而创造的机械论也导致毁灭。总之，他最终所扮演的是机械之神(deus ex machina)，这是柏拉图与亚里士多德过去在阿那克萨哥拉的努斯(Nous)中所发现的拙劣之物，当机械论的解释失败之后，后者总是作为替代处在手头。[⑥] 只要是个严格的思想者，即使他不接受穆勒对科学假定所做的界定，他也会把上述假定中的非存在作为不可接受的而予以拒绝。因而，显然哈特曼用以支持无意识心理现象的所有证据都不能



---

① 《无意识哲学》，第二版，第 334 页以下。

② 同上书，第 473 页以下。

③ 同上书，第 552 页以下。

④ 同上书，第 480 页。无意识之外无物存在(第 720 页)。

⑤ 同上书，第 472 页。例如在这里哈特曼谈到一种“有机个体的某些物质部分与无意识的相互作用”。

⑥ 例如为了寻找对这种联结的强有力说明，这章处理地球上有机生命的进化。

满足第二个条件，而他正是以这种形式提供了它们。哈特曼并没有证明无意识心理行为由以得出的经验事实真会被这种假定所解释。

最后，无意识的心理现象为某种经验事实的原因这一结论的有效性的第三个条件在于下述条件，即，所讨论的这种现象不能在其它假定下被理解，至少它最有可能不被理解。即便下面这一点是确定的：在某些情形下，有意识的心理现象涉及相似的作为结果的现象，这种事实自身也并不能证明这些结果永远不能从其它原因中产生。相似的结果通常具有相似的原因这种说法是不正确的。不同种类的物理对象通常并不能以颜色为基础被区分开来。在这种情况下结果是一样的，可它们的原因却各自不同。培根主要因为在其归纳经验中忽视了这种可能性，因而很少取得成功。然而，在物理世界中可能的东西，在心理世界中也是可能的。事实上，从不同前提出发，我们往往可以达到同样的结论。亚里士多德本人就认识到并强调了这一点。这位大思想家时常指出，判断最初是按照判断一词的本义推论出的，尔后或直接以经验为基础，或——为了避免任何误解而用另一个表述——依靠于习惯的力量。正是习惯的力量使某些原则——它们被经常运用却远不能成为明证的——在我们看来成为直接明证的，因为这些原则以一种不可抗拒的力量令我们信赖它们。正是由于这些习惯自身，使动物在相似的情形下也预期相似的结果。然而，这种习得的倾向在其它情况下也会成为做出直接判断[1]的天然倾向。在这种过程中，110
我们说无意识推论——从无意识的前提中推论——则是不妥的。

① 所谓的“本能”判断。

这些试图证明无意识心理现象存在的不同尝试在什么程度上与第三种条件相符呢？我可以毫不犹豫地说没有哪个人很好地描述了它，我将在最重要的人物那里详尽证明这一点。

就像汉密尔顿[①]一样，有些哲学家从下述事实得出无意识观念的假定，即，当先前的一串观念被回忆的时候，有时一种整体系列的中间环节就被跳过了。这种事实与联想律无疑是一致的，如果我们假定所考察的环节在这种情况下插入进来却没有在意识中呈现的话。然而，无论是汉密尔顿还是其他人，都没有表明或没有试图表明这是唯一可能的解释方式。事实上，情况绝非如此。在批评汉密尔顿的时候，[②]穆勒能够毫不困难地提供出其它两种解释。另外，在我们讨论观念的联结的时候，我们会看到这种可能假定的数量可被增加，其中有些有时看来比另一些更为可能。

对于盲点现象——我们后面还会谈到——朗格[③]说，眼睛所推断的颜色看起来填充了这个点，可是通过进一步的经验验证却发现这是个骗局。因而，在这种情况下，存在着一种无意识的思维
111 行为，因为我们无法意识到间接的推断过程。[④] 我将下述问题保

① 《形而上学讲座》，第一卷，第 244 页。

② 《对汉密尔顿哲学的探究》，第十五章；以及詹姆斯·穆勒的《人类心理现象分析》，第二版，注释 34（第一卷，第 352 页以下，及第 106 页以下）。

③ 《唯物主义史》，第一版，第 494 页以下。也可参见 E. 韦伯的《论皮肤与眼部的空间感与感觉圈》（在萨克森皇家科学学会的报告，1852 年，第 158 页）。

④ 朗格是否真正想承认一种相似于有意识推理的间接过程，这一点仍不是很清楚。在第 220 页他说："眼睛做出的是概然推断；出于经验的推断是一种不完满归纳。"在第 222 页，他说："眼睛获得了下述意识，即，在这个点上什么都看不到，这就校正了其原初的错误推理。"但在同一页他又将无意识当作纯粹感觉领域中的过程而谈到它，而纯粹感觉领域是与"理性推理本质上相关的"。

持为未决状态，即，不论朗格给出的解释是否可以满足第一个条件，它在每一方面看来都是可能的，即使有些地方我们可以怀疑它。无论如何，朗格并没有成功地排除其它假定的可能性。如果他注意了联想律，他将会发现——就像我们后面指出的那样——这些规律将成功解释这种现象的发生而不需无意识这种错误推断，同时这种现象的消失也不需无意识的校正。

在霍姆海兹①与佐尔纳（Zollner）②那里存在着同样的遗漏。其他研究者也毫无例外都是如此，不论他们多么富有才气，他们都把无意识推演到空间观念，而这种空间观念在已有经验的基础上是与被感觉到的颜色相关联的，同时这种空间观念也是与其它视觉现象的整体系列相关联的。他们从来没有将心理学已经提供的手段考虑进来，这种手段可以离开这种无意识的间接词汇而很好地处理这些事实。不过这个时候讨论这些手段的细节并不合适。随后的讨论会使我们熟悉它们。目前，只需表明从无意识推理中得出的结论并不能给出无意识心理行为之存在的证据，只要其它概念的不可能性或极端不可能性还未确立；只需表明到目前为止还没有一个概念满足了这个条件。这对上面提到的视觉现象是成立的，对于下述观点也是成立的，即，认为在幼年已经形成的外部世界存在的信念有赖于无意识的归纳。③ 相似地，这对于下述情形也是成立的，即，认为每种思维的再现是无意识过程的结果，而这些思维不过是当我们或是回忆、或是从一种思维过渡到另一种

① 《视觉心理学》，第430、449页以及其它段落。

② 《论彗星的本性》，第378页以下。

③ 参见哈特曼，第286页以下。

思维、或是回退到先前的经验的时候而凸显出的复杂状况。哈特
112 曼[①]已经这样做过了，茂德斯雷[②]看来也赞同这种观点。茂德斯雷认为出现在我们之中的每种思维都不是有意识探究的结果，而是无意识心理行为的产物。正是仅仅基于这种概念，他得出上面提到的结论："思维所依赖的心理行为的最重要部分、最本质过程就是无意识的心理行为。"[③]

另外，刘易斯、茂德斯雷及乌尔利兹为了支持无意识心理现象而诉诸于其它一组事实。乌尔利兹——正如我们前面所言——直接给予"无意识"这个词以另外的意义，而刘易斯与茂德斯雷是在与我们相同的意义上理解这个词的。不过，基于这些事实，人们会倾向于假定这种无意识心理行为的存在。尽管在我们对心理学方法研究的过程中已经谈到这些现象，我们在此仍然想再次返回这个问题。

经常发生的情况是：当我们被一些思想吸引时，我们就不会去注意我们的环境。在这些情形下，即使环境看来对我们不会产生什么感觉，结果也会表明我们对环境具有感觉。茂德斯雷说：

"令某人留心其梦境，他会发现许多占据其心灵的看上去不熟悉的事物，以及其中产生的稀奇古怪的新鲜事物，它们都可被追溯到这一天的无意识情形。还有柯勒律治引用过众所周知的一个女仆的故事，她在发高烧的时候大段地重复着希伯莱语，她对这些并不理解，而在病好了之后她又不能重复这段话，这段话是她与一个

① 参见哈特曼，第 25 页。

② 《生理学与心理方法论》，第 16、29 页以下。

③ 同上书，第 34 页。

牧师在一起生活时听他朗读过的。那些受到过打击或智力赤贫的智障者也具有惊人的记忆力，他们会精确地重复很长的故事，这也证明了无意识大脑的行为；巨大的悲痛或其它原因，例如离世生命的一闪而过所引发的刺激，有时会在智障者的心灵中展现出看似不可能的东西，这使下述一点成为确定的：他们大多是无意识地接受他们不能说出但在心灵中留下了痕迹的东西的。”①

乌尔利兹针对相关现象给出了其它一些著名的例证：

“下述情形是经常发生的，即，在某人对我们说话时，我们心不 113
在焉，因而那时我们并不知道他在讲什么。然而，过了一会儿，当我们自己回忆时，我们听到的东西就进入了意识。当我们经过街道的时候，我们并没有留心我们所看到的标牌，并没看到它们上面写的名称和广告，并且在随后也不能记起这些名称。可或许几天之后，如果我们在其它地方看到这个名字，我们会记起曾在一块标牌上看到过它。因而，在视觉感知中我们也像在其它一些情况下一样必定拥有直接的意识；否则，我们显然就不能记住它。同样，我们常常会在几天之后记起在讲话或写作过程中的一个错误，而在当时我们对此并无意识。甚至在这些情况下，我们必定也看到了写错的单词；我们对其必定拥有一种完全的视觉感知。然而，由于在我写作的时候，我所注意的是写下来的思想，以及表达它们的语词联结，所以我并没注意到笔误——即错误单词的书写。不过，感官感觉是构成我之整体的部分，当随后我不再思考所写的思想而是思考实际书写的文字时，我就会意识到由错误拼写单词所产

① 《生理学与心理方法论》，第 25 页。

生的感性上的变化。”[①]

很容易认识到以上这些论证以及相似的论证不可能建立起我们意义上的无意识心理行为之存在。无意识心理现象的假定不仅是这样一个假定，即这些现象可以在这个假定的基础上得到解释。在乌尔利兹所举的第一个与第三个例子的情形中，足以认定，一种在其发生的时候就伴随着意识的感觉在随后的记忆中再现了；也足以认定，当这种情况出现时，存在着与这种现象相关联的联想以及其它心理行为，一些特殊情境从一开始就禁止了这些行为的存
114 在。在其中一个例子里，我们不能把恰当的意义与我们听到的词联系起来；而在另一个例子中，我们看到错写的词语，但却在它是否符合正字法的规则方面未经反思。[②] 标牌的例子更为简单。它只是基于下述事实，即，不仅记忆中的印象相同，而且它实际的再现也与某些条件关联，而这些条件在此时消失了，可在彼时却出现了。随后的相似现象根据众所周知的观念联想律唤起以前的现象，如果前面的条件缺乏了，那么这种规律显然就不能起作用了。

茂德斯雷提出的第一个例子与此也十分相似。他与之说话的女仆一个时候不能记起的话语，在另一个时候却回到她的记忆之中，而这明显是处于这样的情形下，这种情形包含了第一种情形所没有的一些关联的先前条件。即便我们的分析不能把握这些情

---

① 《神与人》，第一卷，第 286 页。

② 在没有注意“错误”与没有注意“错误字母”之间具有差别。乌尔利兹错误地等同了二者。

形，我们也必须假定它们非常有利于所涉及的联系，以至于它们可以克服相对准备不足的缺点。从女仆不理解她所听到的话的意义并不能得出她听的时候没有意识到听。同样，下述情形也是明证的，即，精神病人所表现出的反常记忆现象——不论是在其发病之中或之后——都不允许我们得出关于无意识心理现象存在的结论。①

当谈到情感与爱时，我们有时说在培养了一段时间后，我们突 115
然开始意识到它们。② 真相其实是当我们在做每个行为时，我们已经意识到这个行为，但我们并没有以下述一种方式来反思它，即，意识到所关注心理现象的相似性，以及它们可被一种相同的名字来称呼。

① 在同一部书的第35页以下，茂德斯雷谈到某种内在刺激的无意识影响，即，无意识心理行为来自于内在器官的影响，例如性器官对大脑的影响。这种情况可用一种类似于我们前面所说的外在刺激的无意识影响之存在的方式来解释。这些器官的影响产生了有意识的感觉，而这些感觉在所讨论的特殊情况下会与活跃的情感相关联，这种情感随后又会给予整个精神生活以强烈影响。

刘易斯所举的例子也不罕见，即，某人在布道时睡着了，而在醒来时布道已经结束了。根据刘易斯，这会证明他具有听觉而不具有意识，否则他将知道布道者说的是什么。我们对于乌尔利兹及茂德斯雷所提例子的解答也适用于这些情形。这些例子证明感觉出现了，但并未证明它们是无意识地出现的。刘易斯也举出其它例子。有一天他发现一个餐厅服务员在一片吵闹声中睡着了。他以那个服务员的姓氏和名字来喊他，结果发现都是徒劳的。然而，当以“服务员”这个词来喊他的时候，他立即就醒了。这可以使我们得出结论，即，服务员也听到第一声叫喊，只是这声叫喊对他而言是无意识的。一个称呼可以叫醒他而另一个称呼叫不醒他的原因是，这种叫喊不仅与观念相关，而且与情感相关，它深深根植于习惯之中。尽管在睡眠情形下有诸多障碍，这还是导向对心理行为强烈的刺激。这个解释同样适用于考德瑞顿（Codrington）将军的情况，当他是个海军上将的时候，只有听到“信号”一词，他才能从沉睡中醒来（见刘易斯：《日常生活生理学》，第二卷）。

② 参见乌尔利兹，前揭，第288页。

我们通常也说某人并不知道他自己想要的，因为在长时间欲求某物之后，当得到的时候他却觉得比较厌烦。[①] 然而，我们忽视了下述情形，即，当他欲求的时候，他只看到欲求对象光明的一面而非黑暗的一面，以至于现实与他的期望不符。难道不正是这种对改变的欲求使他想望遥远之物而拒斥眼前之物吗？同样，无疑也有其它假定能够充分解释这种事实。

下述情形也时常发生，即，纯粹的观念与情感会导致身体的运动，而观念和情感并不包含有意识的意欲行为。有人认为我们可以从这种事实推断出指向这些运动的无意识意欲行为的存在，因为正是意欲产生了向外的结果。[②] 然而，这种结果也与其它现象相关联并不是不可能。[③]

116 再堆砌更多例证则会令人厌烦。让我们只增加一个评论。即便我们不得不承认，在某些情形下如果不假定存在着无意识心理现象的影响，我们便不能理解一种现象，然而，只要我们能很容易地通过我们对于相关领域的知识的不足来解释这一“不能”，这一论证就是无力的。哈特曼在做出以下断定时，他实际上已经走得很远了。他断定意欲与服从意欲的运动之间的关联不可能是机械的，因而他设定了一种间接的无意识心理现象，尤其设定了对应于大脑中的神经末梢的无意识观念。没有哪个审慎的生理学家会支持这种断言。我们也可以证明其联结部分地是机械的。这种证明



---

① 参见哈特曼：《无意识哲学》，第 216 页。

② 同上书，第 143 页。

③ 相反，哈特曼的论证（第 93 页）是武断地先天推测的一个恰当例证，他的论证极其明显地违背了他在导论中所说的遵循科学方法的诺言。

的可能性最终落在至今无法企及的脑生理学的开创上。因而，我们不得不再次承认，心理学自身仍然处于一种落后的阶段。因而，完全可以设想，如果有了更充分的关于心理学规律的知识，我们就有可能追溯至作为其充分原因的意识现象，而这种现象被认为是无意识心理行为的结果。

5. 正如我们所言，我们试图证明无意识心理行为存在的第二种方法是：通过从原因推断出结果来。如果一种给定的事实包含一种心理现象作为其必然结果，由于这时缺乏一种有意识的现象，我们也就有权设定一种无意识现象的存在。

不过这里也不能忽视一些条件。首先，我们必须排除下述可能性，即，所考察的心理现象在意识中实际上已经呈现过了，随后立即被忘掉了。进而，我们必须证明，这种情形下的原因与其它情形下的原因相似。最后——尽管这一点隐含在前述情形中——建立下述证明尤为重要，即，在这种情形下阻碍伴随意识的原因明显没有出现在其它情形中，也没有阻碍心理现象。这种心理现象的存在是可被推断的，并且，一般讲来，在通往这种现象的道路上并没有特殊障碍。

如果将这个标准运用于对我们所讨论主题提出的证据上，我们会发现没有一个是成功的。我们将详细论证这点。

当一个巨浪拍打海岸时，我们会听到咆哮声，并且意识到听。117
但是当只有一滴水在运动时，我想我们不会听到声音。然而，据说在这种情况下我们也得设定我们具有听觉，因为巨浪的运动与其中每一水滴的运动是同时的，而且关于咆哮巨浪的感觉只能由水滴所产生的听觉所构成。我们听了，但我们是在无意识地听。[1]

这个论证的错误是明显的。它违反了我们已列出的第二个条件。力的总体效果与其个体构成部分的效果之差异不仅是量上的，而且也是质上的。如果温度降到刚好零度之上，水则既不会部分地也不会浅层地结为冰；水加热到低于一百摄氏度也不会变为在质上不同于日常水蒸气的气态。因而，即使一种强烈的物理刺激导致了一种听觉，一种弱的刺激也并不必然导致一种听觉现象，这一种听觉仅仅是程度低了一点。

下述的尝试是相似的，例如乌尔利兹说："我们不能感知非常小的对象，比如其尺寸达不到最小单位的二十分之一的对象……然而，这种对象必定会给视觉神经以刺激，因而会产生一种感觉印象。实际上，更大的对象是可见的只是因为有色之物的表面微粒（其自身不可见）发出一种光谱到眼中，它们触发了分布在视网膜上的神经。因而，更强的、可被注意到的及有意识的视觉是由一些微弱的及可感的感性印象所构成的。"[2]以上述前提为基础对无意识感觉之存在的推断是无效的。然而，这种推断会以某种不同的方式形成。我们可以说，在一些相似的情形下，刺激的强度明显地大到了足以产生一种感觉的程度。如果通过显微镜观察，不可见的东西通常就变为可见的。然而，通过分散性的棱镜，光的刺激就不再被加强；相反，它是被弱化了。另外，如果考虑到把刺激散射

---

① 这个论证可以回溯到莱布尼兹。实际上我们甚至可以说爱利亚的芝诺已经接触到这个问题，虽然他是在一种不同的意义上使用这个论证的（参见亚里士多德《物理学》第七卷第5章对单一物的评论）。

② 《神与人》，第294页。

在一个更大的表面上，那么来自每个个别之点的刺激就必定被减 118
弱了。于是这就确定地支持了下述说法，即，甚至不需要显微镜的帮助，我们也能经验到一种实际上更为活跃、更为微小的颜色现象，只是它不能成为意识的对象。

即使以这种形式，这个论证也不会满足第二个条件。甚至显微镜也不能增加效果因的强度，它只是以某种方式改变后者。因而相似的原因并不能真正呈现。我们无权说，由于刺激的强度在一种情况中不小于另一种情况，感觉就必定会发生。我们也可以设定视网膜更大部分的区域充斥了感觉发生的先行必要条件，而这种条件在先前是缺乏的。如果我们考虑到第三个条件，或许这个论证之中的展示性力量就会变得更为清晰。为何这种感觉不会进入我们的意识呢？正如我们谈到的，这种感觉虽然空间上更为狭小、有限，可实际上却更为强烈。我们无法提出任何的理由，而且看来理解下述问题是更为困难的，即，如果假定这里存在一种感觉的话，那么视网膜上的有限刺激怎么会阻碍意识的形成而不会阻碍感觉自身的形成呢？

下述事实看来尤为重要。霍姆海兹[①]报告说，在所谓的“后意象”中，他经常观察到这样的特征，即，当他观看对象时他并没有感知到对象。同样的情形也经常发生在我身上，每个人都可以用他自己的经验来确证这一事实。在这种情形下刺激显然是非常强烈的，否则它就不会产生一种后意象。同样，我们也不能说视网膜表面没有受到足够广泛的刺激，因为这也已经妨碍后意象的显现了。

① 《生理学光学》，第337页。

因而，看来我们对所讨论的这种特殊特性必定具有一种感觉。不过，这种特性如果还是未被注意到，我们就不得不设定一种无意识的表象已经发生了。

这个论证离绝对确定性尚相去甚远。它甚至还没有满足我们已经提到的三个条件的第一个。事实上，谁能够保证所讨论的现象实际上不是伴随着意识而只是被直接遗忘了呢？随后对于注意在联想形成中的作用的讨论将表明这种假定完全是或然的。进一
119 步讲，它也未满足第二个与第三个条件。当然，外在刺激自身是足够强大的，并且强大到足以产生一种感觉。可是前述的心理条件也会必然呈现吗？假设这是肯定的，怎么一种**有意识**的感觉就不会发生呢？因为我们被告知注意完全集中到了其它方面。然而，这种被其它对象完全吸收会妨碍感觉自身——就像轻易地妨碍我们意识到感觉那样——的情况难道是不可能的吗？对此，乌尔利兹回应说，这种后意象只是“特定原初意象的后意象，它不可能包含比原初意象——即原初感觉印象——中已有的东西更多的或不同的东西。因而，我们在后意象中观察到的特性已经在原初意象中存在了，只是它比后意象更为强烈、更为清晰而已。”①然而，所有人都会看到他在这里实际上只是抓住了一根稻草。霍姆海兹整个的论证都建立在“后意象”的用语之上。这个用语实际上不能被假定为意味着对前存在模型的简单的相似模仿；②它仅是被选来用作显示时间的连续性。后意象的显现显然晚于刺激视网膜的光

① 《神与人》，第 304 页；参见同上，第 285 页。

② 当观看一个红色的表面之后，我看到一块绿色，我们不能说这是一种真正的复制。

束。事实是，所谓的后意象的实际原因并非是前感觉，而是在先的物理刺激或跟随它的另一个物理过程的持续存在。[①] 如果我们假定由于一种心理障碍，原初的物理刺激没有产生任何感觉，原初的物理刺激也许会持续同样长久，其结果也许会同样强烈。因而，不是没有这样的可能：尽管在光束刺激视网膜时，我们没有感觉，可我们仍会感觉到后意象或其部分。

6. 我们来看第三类可能尝试的证据。我们说过，如果能够证明有意识心理行为的意识是行为自身强度的函项，而且，如果正是由于这种关系，在后者是肯定的值的情况下，前者必定没有肯定的值，那么我们就可以将无意识心理现象看作是确实存在的。

例如在贝耐克[②]那里，我们发现了下述假定，即，心理现象之意识的强度是心理现象强度的一个函项。根据他的观点，表象达 120
到特定水平的强度时，意识才能发生。然而，没有谁会断定贝耐克或其他人为下述情形提供了一种说得过去的充分证据，即，这两种强度之间存在着一种独立的比例关系。[③] 我们同样可以假定我们的心理学测量是不精确的，这一点我们在研究心理学方法[④]时曾经谈到过，这种不精确构成了精确地确定这种函项关系不可克服的障碍。然而，多数人都倾向于简单地将有意识表象的强度与意



① 所有生理学家都同意这点，即便他们对这一主题的其它方面的看法存在分歧。

② 《心理学手册》，第二版，第 57 节。

③ 为防止任何可能的误解，我将再次提醒下述事实，即，费西纳称为无意识表象的东西正是趋向一个表象的不充分**倾向**，这后一表象是与某种物理过程相关联着的，只要这种过程通过增加自己的强度，从而伴随本义上的表象。费西纳将感觉的意识之否定值归于其下的阈限也是真正心理行为的感觉自身之阈限。

④ 参见第一卷，第四章，第 66 页以下。

指这些表象的表象之强度等同起来。

然而，在这种情况下，一种特殊的情境看来真的有可能给出这一强度关系的精确而确定的证据。

表象行为的强度通常总是与对象显现给我们的强度相等；换言之，它与构成表象内容的现象的强度相等。这可被看作自身明证的，并且因而心理学家与生理学家几乎毫无例外地或是明确地断定它或是隐含地假定它。因而我们在上节看到韦伯与费西纳认定感觉的强度与呈现在感觉中的物理现象的强度是相同的。只有以这种条件为基础，他们建立起的规律才是一种心理学规律。

如果这是真的，如果表象的强度总是与构成其内容的现象的强度相等，那么显然，对一个表象进行表象的强度必定与前一个表象以之显示自身的强度相等。因而，问题就仅仅是，我们自己所意识到的表象的强度与它们实际的强度是如何关联起来的。

而这是毫无疑问的：即如果内知觉确实是不谬的，那么这两种强度就必定相等。正如内知觉不会混淆看和听那样，它既不会把
121 一个强的听觉知觉为弱的，也不会把一个弱的听觉知觉为强的。因而我们可以得出下述结论，即，对每种有意识的表象进行表象的强度与前一个表象的强度是相等的。

从这里我们实际能够建立一种这两种强度的数学关系，即，完全相等的简单关系。然而，如果这一所有可能的函项关系中最简单的关系向我们表明，伴随表象强度的变化是它所伴随心理现象的强度增减变化的必然结果，那么这就远不能证明无意识心理现象的存在。实际上，从中我们可以得出相反的结论。不存在无意

识的心理行为，因为只要存在着一种或强或弱的心理行为，那么就必须赋予伴随这一行为的表象，以及赋予这一行为是其对象的表象以同等的强度。这看来是多数心理学家的观点，甚至是从其用语上看持有相反观点的心理学家的看法，不过如果我们把他们的术语翻译为我们的术语的话，分歧就会消失。

然而，尚有第四种情形，即，根据有些人的主张，要证明所有心理现象都是有意识的不仅是错误的，而且是荒谬的。在得出最终结论之前，我们来看看这最后一种论证。

7. 听作为对一个声音的表象是一种心理现象，当然也是心理现象中最简单的例证之一。然而，如果所有心理现象都是有意识的，那么如果没有各种心理状态的无限复杂化，一个简单的听的行为就是不可能的。

首先，如果没有相关的意识，就没什么心理现象是可能的；伴随着对一个声音的表象，我们同时拥有对这个声音之表象的表象。我们因而就有**两个**表象，而两者是非常不同的类型。如果我们把对一个声音的表象称为“听”，那么除了这个声音的表象，我们还有对听的表象，它是与听不同的，正如听不同于声音一样。

但这并非表象的终点。如果每种心理现象必定被意识所伴随，那么听的表象也就必定被意识所伴随，正如声音的表象被意识所伴随一样。因而，必定存在着对听的表象之表象。于是在听者这里，就有三个表象：对声音的表象，对听的行为的表象，以及对这种行为表象的表象。这第三种表象不能是最终的。因为它也是有意识的，它呈现在心灵中，因而其表象也是被表象的。简言之，这个系列要么是无限的，要么终止于无意识表象。随之那些否认无 122

意识心理现象存在的人必须承认，在最简单的听的行为中有无限多的心理行为。

同样看来具有明证性的是，声音通过表象必定不仅包含在听的行为中，而且也包含在伴随听的表象中。另外，这个声音将在对听的行为之表象的表象中第三次被表象，而听的行为则只是两次被表象。诚如是，只要无限的现象系列不由相同的简单现象构成，而是由一系列现象构成，其中每个构成部分会越来越复杂从而趋于无限的话，那么这里就存在着无限复杂性的一种新基础。

这个假定看起来非常可疑，而且事实上它明显是荒谬[①]的，没谁会想坚持它。那么我们如何才可能坚持对无意识心理行为的拒绝呢？



如果我们不设定一种无意识的意识存在的话，那么看来就只有一个假定可以使我们避免下述结论：心理生活是无限复杂化的。这个假定设定听的行为与其对象是同一种现象，只要前者被认为是指向作为自己对象的自身的话。那么无论是“声音”还是“听”都是仅仅对同种现象的不同称呼，或是其意义的差别仅在于“声音”这个词是用来指示外部原因的——这种外部原因原先通常被认为相似于进行听的人们中的现象，因而据说它是在听的行为中展示自身的，事实上却是在逃避我们的表象。

不少英国心理学家提倡这种观点。在前章，我们讨论了贝恩

---

① 最近，赫尔巴特接触到这些困难（《作为科学的心理学》，第二卷，第二部分，第5章，第127页；参见同上，第一卷，第一部分，第2章，第27页）。在古代，亚里士多德（《灵魂论》，第三卷，第二章）强调了这些要点，但不认为它们是不可克服的。

的一个段落，在其中这位哲学家完全把触觉的行为与对象等同，并且显示，行为与对象的等同关系也适用于其它所有感觉印象。约翰·穆勒的一些评论也表现出同样的观点。[①] 不过这种观点在我看来是不正确的，即使是正确的，它也不能完全消除困难。我之所以认为它是不正确的，是因为内知觉以一种直接明证性向我们展示：听具有一种与它自身不同的内容，而且，这种内容不同于听，它 123
没有分有任何心理现象的特性。这也是为何没人将“声音”一词理解为在我们之外可发现的另一种听的行为，这种行为通过作用于耳朵，产生出作为这种行为的复本的我们的听。同样，没谁将声音理解为一种产生听的能力——这种能力不能呈现在我们的心灵中——否则我们就不能谈论呈现在想象中的声音了。相反，“声音”一词指涉的是构成我们听的内在对象的现象，这个对象是与听的行为不同的。而且我们是根据我们是否相信声音在我们之外有对应的原因，来相信声音在外部世界是否存在的。

之所以出现这种显然与内经验及每个不怀偏见的人的判断相左的意见，看来在于下述事实，即，人们通常相信，当他们意识到听的时候，不仅在听的表象之外具有声音的表象，而且在听之实存的直接知识之外具有声音之实存的直接知识。这种看法认为我们以与知觉听同样的明证性来感知声音。这种信念随后被认识到是错误的，因为声音作为一种通过听而被感知到的外在对象，它是没办法与听进行比较的。可人们已经习惯于认为听是一种认识行为，

① 不仅在他有关汉密尔顿哲学的著作中，而且还在对詹姆斯·穆勒《对人类心理现象的分析》的注释中。

并将听的内容当作一种实在对象；而且因为听是唯一被证明为实在的事物，他们也就把听当作自己的对象。上述情形在相反的方向上是一个错误。甚至在听的行为中，除了本义上的听自身之外，并没有其它东西被知觉，这也不会使下述情况更缺少真实性，即，听自身之外的东西作为被表象的或构成听的内容而呈现在听之中。

进一步讲，即便这种解释是正确的，我们也能很容易证明它不能完全消除我们所面临的困难。甚至认同听的行为只是将其自身当作内容，也没谁会认为这种情形在其它心理行为中也会出现；例如对于记忆与期待等行为而言，即，对过去的听觉经验的回忆或对

124 未来的听觉经验的期待而言，上述情形无疑会带来明显的荒谬。穆勒自己也在下述一段话中讲出了我们所反对的关于感觉的观点："一种感觉只包含自身；而对一种感觉的记忆(它只是复本与再现)却包含着对这种感觉在过去实际存在着的设定与信念；一种期待包含着一种多少有点肯定的信念，即，一种感觉或它所直接指涉的其它感受在将来也会存在。"[①]如果这是真的和不可否认的，那么在听的情形中被克服了的同样反对意见(即听与所听到的东西是相同的)，将会在对听的记忆与期待之联结的所有原初强度中再次出现。如果不存在无意识心理现象，那么，当我回忆起我曾听过某物时，在听的表象之外，我还有一种对听的回忆之显现的表象，这与前者是不同的。然而，这后一种表象必定也是有意识的，可如果离开第三种表象的设定这又如何是可设想的呢？这第三种表象



① 《对汉密尔顿哲学的探究》，第十二章。

与所表象之物的关系正如前面记忆的表象与所表象之物的关系。而这第三种表象又需要第四种,如此以至于无穷。因此,如果我们认为每种心理现象都是有意识的,看来在大量简单情形中想避免心理现象的无限复杂化之假定是不可能的。在穆勒论孔德的著作中,当反对孔德所持的理智不能知觉其自身的行为的观点时,穆勒说心灵可以同时把握多于**一种**印象,事实上甚至可以把握数量相当多的印象(根据汉密尔顿,不超过六个就是可能的)。然而,心灵并没有把握无限个表象的能力。事实上,把这样一种能力归于心灵是荒谬的。因而,存在着无意识心理现象这种假定是不可避免的。

然而,还有一件事情立即让我们怀疑这个难题或许没有完全解决。在不同时代,大思想家们都碰到这一难题,可只有少数人因此而假定了无意识心理行为的存在。最先注意到这个难题的亚里士多德就没这么假定。最近,赫尔巴特从无意识心理行为中推论出无意识表象存在的必然性,[①]不过他只是通过其它论证而确立
出无意识心理现象的存在之后才这么做的。而且,他只是发现了 125
一个显而易见却无法解决的矛盾。就我所知,以相似途径假定无意识心理行为存在的唯一重要哲学家是托马斯·阿奎那。对于阿奎那的理论,我们可以怀疑:他对这一问题所给出的是否是其成熟

① “在诸多观念之中——其每一连续的观念都是对前一个的统握,或者其第三个观念将第一个与第二个观念的联结或对立作为其对象——必定会存在最后一个观念。**这种最后的统觉自身便不再被进一步统握**”(《作为科学的心理学》,第二卷,第二部分,第五章,第 199 页)。

的考量。①

① 根据托马斯·阿奎那，我们意识到对所谓的五种感官的感觉。他相信这五种感官自身当然不能感知其自身的行为。感知自身隐含着对其自身行为的一种反射，即器官作用于其自身的行为，因为托马斯把感觉看作这些器官的功能。不过他认为这种反射行为是不可能的，因为一个有形事物从不通过作用于自身而改变自身。因而，根据阿奎那，对外感觉的感知是一种不同于它们的内感觉能力，即共同感觉（sensus communis）（《神学大全》，P. I，Q. 78，A. 4，ad. 2；Q87，a. 3，obj. 3，ad. 3）。而这种内感觉，就像其对应的对象一样，是有形的。因而，它不能感知自己的行为。因为阿奎那尚未设定另外新的感觉与感官——由此我们可以感知内感觉的行为——因而，根据这种理论，对外感觉的感觉行为的感知将不会被知觉，因而，在我们的感觉领域，我们直接遇到无意识的心理行为。无疑，他可以轻易加上第二种及第三种内感觉，但通过这些他要获得什么呢？如果离开下述假定，即，一个有限的物体中不可能存在无限的感觉与感官，他就不会以他的原则为基础而支持有关所有感觉行为的意识之普遍性。

阿奎那有关理智思维之意识的理论是完全不同的。他所认为的理智（intellectus）是无质料的，因而是可以反思自身的。因而，从这方面看，没什么能阻止理智对自身行为的知晓。然而，这又出现了另一个困难，即，阿奎那认为理智不能在同一时刻思考多于一种的思维。一种能力不会包含多于一种行为。托马斯通过下述方式从这种尴尬中解脱，即，跟随思维的是对一种思维的意识，而非与思维自身并存的意识。根据他的看法，在这种情况下，如果没有思维行为能够保持为无意识的，那么我们得到的就将是一系列连续的行为（而非同时性行为），其中每个行为与前面的行为都是关联的。因而，根据托马斯，我们可以毫不荒谬地说这些级数因素是趋于无限的（《神学大全》，P. I，Q. 87，A. 3，2，ad. 2）。实际上，这永不会成为事实。因而，这种级数中最后一个项也是保留着无意识状况的思维行为。



我将简要地指出这个理论的一些根本困难。首先，托马斯给出的对感觉行为的意识与对理智行为的意识的彻底区隔是难以自洽的，因为根据内经验的报道，两种现象看来是完全相似的。另外，这两种理论的每一种都会引起严重的怀疑。我们从不会假定我们意识到我们对听、看等的意识。这甚至看起来就是个困难的假定。而且其它一些情形甚至更为清楚地证明了这一概念的不可能性。根据阿奎那，内知觉与其对象的关系完全等同于外感觉与产生这一感觉的原因之关系。这与内知觉的不谬明证性是相矛盾的，而这种明证性在外感知中又是完全缺乏的。如果感觉具有的对象状态是异于它自身的，即，它的器官状态与它自身的器官状态不同，那么对感觉的内知觉就不可能是直接明证的。同样不令人满意的是关于理智行为之意识的理论。根据这种理论，我们只能意识到过去的思维行为，而无法意识到当前的思维行为，而这种断言与经验不符。如果这是真的，在内知觉这个词的严格意义上我们就不能谈论对我们自己思维

因而，看来仍有一条道路使我们避免下述结论：存在无意识的 126
意识。

8. 那么，让我们以最为确切的方式再来考察这一主题。

当一种心理现象呈现给我们时，其情形无疑是，我们意识到这种心理现象；例如，当我们具有一个声音的表象时，我们意识到拥有这个声音。那么问题来了，在这种情况下我们是具有多种相异
的表象呢，还是只有一种表象？在回答这个问题之前，我们必须清 127
楚，我们是想根据对象的数目与种类确定表象的数目与种类，还是想根据对象被表象的心理行为的数目确定表象的数目。在第一种替代方案中，对于我们所考虑的情形而言，必须说我们具有诸多表象，且它们属于不同种类；它们如此之多，以至于其中一个表象构成另一个表象的内容，而前者又将物理现象当作它自身的内容。诚如是，物理现象在一定程度上必定都属于下述两种表象的内容，其中对于一个表象而言是外显的对象，对于另一个表象则是内隐

的内知觉。而只能说它是某种记忆与刚刚过去的行为之关联。因而，这也会导致内知觉的直接不谬的明证性成为不可理解的。另外，我们如何知觉思维行为？作为现在或过去，还是作为时间上的无限定？并非作为现在，因为这样知觉便会出错。也不是作为时间上的无限定，否则这就不会是对一种个体行为的认识。因而是作为过去。这清楚表明对思维行为的把握不仅要被看作与记忆相似，而且要被看作单纯的记忆。如果我们对一个在其呈现时未被注意的东西进行回忆，那肯定是奇怪的。

最后，我们要注意，根据阿奎那有关一个人对其自身理智行为的认识理论，不仅存在着即使我们能意识到我们也不会意识到的行为，而且，正如在感觉情形下，感觉行为也是不可能被意识的，除非我们给予理智无限能量，使之能胜任无限复杂的思维过程。托马斯说："因而，理智理解一块石头的行为也就不同于理智理解理智理解一块石头的行为。"因而，理智行为就成为以算术级数增长的更为复杂的无穷序列。

的对象。因而，正如亚里士多德所注意到的，看起来物理现象必定会被表象两次。然而，这并非实情。内经验已毫无疑问地向我们证明，对声音的表象与对声音表象的表象以如此内在的方式关联，以至于前者的存在构成后者存在的先决条件。

这预设了内在表象对象与表象自身之间有一种特殊关联，即，两者都属于同一种心理行为。我们事实上必须假定这一点。回到上述声音表象那个例子中，如果我们根据其对象数目来确定表象的话，对于是否存在着多种表象这个问题我们就必须肯定地回答；然而，如果我们根据对象在其中被表象的心理行为的数目确定这些表象的话，我们能以同样的确定性对这个问题给予否定的回答。对声音的表象与对声音表象的表象构成一种心理现象；只有将这一心理现象放到它与两种不同对象的关系中去考虑——其中一个是物理现象而另一个是心理现象——我们才能在概念上将其区分为两种表象。在声音呈现于我们心灵的心理现象中，我们同时领会到心理现象自身。进而，我们是根据心理现象的这种双重本性来领会它的：表象以声音为其内容，同时这个表象以其自身为自己的内容。①

128 我们可以说声音是听这种行为的**一阶对象**，而听的行为自身是**二阶对象**。在时间上它们同时发生，而在本性上声音更为优先。

① 《灵魂论》，第三卷，第二章，425b12，“因为正是通过感知我们觉察到我们在看或在听，那么这种觉察到在看要么是通过看自身，要么是通过其它感觉。如果是前者，那么同一种感觉必定既能感知到看，也能感知到看的对象即色彩。因而要么是两种感觉感知相同对象，要么同一种感觉必定觉察它自身。”

对声音的表象离开对听自身的表象并非不可设想，这种关系至少是先天的，而对听的表象离开对声音的表象则是一种显然的矛盾。听的行为看来在其本义上指向声音，而正因为如此，它对自身的领会则是顺带性的和伴随性的。

9．如果这是正确的，那么我们就能够解释不少引人注目的现象，而且也能回应对“所有心理现象都是有意识的”这一假定的最后一个反对意见，以及回应上面提到的其它反对意见。

我们能知觉存在于我们自身中的心理现象吗？对这个问题我们必须以一个斩钉截铁的“能！”来回答，因为如果离开这种知觉，我们又从哪里获得表象与思维的概念呢？另一方面，显然我们又不能观察我们当下的心理现象。如果不由我们能知觉心理现象这个事实来解释，那我们怎么解释心理现象的获得呢？事实上，如前所述，没有其它解释是可能的，现在就让我们来清楚地看看其不可能的真正原因。伴随一种心理行为以及指向这种行为的表象是这个表象所指向的对象的一部分。如果一种内表象成为一种内观察，那么这种观察就会指向其自身。不过，甚至内观察的捍卫者也会认为这种情况是不可能的。在与孔德争论“在观察行为中观察我们自己是否可能的”时，穆勒诉诸于我们的下述能力，即，我们可以把注意同时集中在多于一种的事情上。[①]

一个观察被假定能够指向另一个观察，而非指向它自身。而真相是，只作为一个行为的二阶对象的东西无疑是在这种行为中

① 见其《孔德与实证主义》，第一部分。

的一种意识对象，而不能是在这种行为中的一个观察对象。观察要求一个人将其注意转向作为一阶对象的对象。结果是，存在于我们之中的行为只能通过同时性的二阶行为而被观察，这种二阶行为是将前一种行为当作一阶对象而指向它。然而，对于这种二阶行为而言，恰好没有这种内在表象伴随。因而我们看到，对于一个人自身的观察行为或其它心理行为而言，根本不可能存在同时
129 性的观察。我们可以观察听到的诸种声音，但我们并不能观察对声音的听，因为听自身正是在听声音的过程中被伴随性地把握到的。另一方面，当我们回忆一种先前的听的行为时，我们就将其作为一阶对象，于是有时我们便可以作为观察者朝向它。在这种情况下，我们的回忆行为就是只能被二阶地领会的心理现象。[1] 对心理现象的其它所有知觉莫不如此。

因而，对于我们上述[2]讨论的相互矛盾的观点而言，真理正如谚语所说："执两用中"——一方是孔德、茂德斯雷和朗格，另一方则是大多数的心理学家。

还有另外一个问题。当我们具有一个声音或具有其它物理现象的表象且意识到这种表象时，我们有没有也意识到这种意识？阿奎那在很大程度上否认这点。而任何无偏见的人最初会倾向于肯定这点。只有当向他们指出在这种情况下会出现三层意识时，

---

① 这种情形使阿奎那的下述错误更可理解，即，对伴随着思维的意识的思维是一种随附着思维的意识，且把对这种意识的意识作为反思行为环节的第三个成员，其中每个随后的成员都指向前面一个。

② 第一卷，第二章。

他们才会犹豫不决。这就像三个盒子一样，一个套着一个，在第一个表象与对这个表象的表象之外，还有对这个表象的表象的表象。这种假定看起来不仅繁琐，而且与经验相悖。我们的研究结果表明了人们是如何错误地得出这种结论的。这些研究结果表明，对声音表象的意识显然是与对这种意识的意识同时发生的，因为伴随声音表象的意识是这样一种意识，它不仅是对声音被表象于其中的整个心理行为的表象，而且在伴随声音表象的意识中自身也伴随性地存在。“听”这种心理现象除了表象声音这种物理现象之外，同时也作为一个整体而成为自身的对象与内容。

鉴于此，我们就能够轻易对付上面最后提到的尝试，即，试图证明无意识心理现象存在的尝试。如果每个心理现象都被指向它的表象所伴随的话，那么就要预设一种无限复杂的心理状态。乍 130
一看，这种无限复杂的情形是不可避免的。然而如果这种观点是完全荒谬的话，我们又如何解释几乎每个人都赞同的事实？而且，即使在那些接受无意识心理行为存在的哲学家中，也很少有人关注这种荒谬性。从一开始，我们就假定存在着走出这种绝境的通道。现在我们清楚看到了这种假定是正确的，即，这实际上没必要预设一种无限复杂化。我们所看到的并非是进入越来越多的无限表象级数，而是看到这种级数在第二层就结束了。

10. 正如我们所述，伴随性表象与其对象融合的特征实际上已被多数心理学家[①]认识到，即便他们很少以一种充分而确切的方式来讨论它。这无疑是有人并不对其感到困难，而有人并不对

① 伯格曼最近所著《意识理论原理》(柏林，1870 年)，第一、二章。

其感到不安的原因。

亚里士多德无疑属于后者。他几乎以与我们同样的方式指出心理状态的无限级数显而易见的必然性。但当他考虑这些时他并没有假定无意识心理状态的存在。相反，他直接得出下述结论，即，一个有意识的心理现象必须同时包含对其自身的意识。[①]

亚氏为用作感觉的概念提供了多种解释，但没有哪个是完全令人满意的。他说，十分确定的是，我们通过看、听等多种途径来感知事物。通过看，我们不仅感知到光明，而且感知到黑暗，通过听我们不仅听到声音，而且听到寂静；不仅听到吵闹，还听到静音，即吵闹的缺席——这只是以不同的方式在听。正如已表明的，在听、看等行为中包含了不同类型的感知。因而，下述情形就是可信的，即，通过看我们不仅感知到色彩，而且知觉到看的行为，在听中不仅感知到声音，而且知觉到听的行为，即便后一种知觉实际上不是一种听的行为。进而言之，声音不仅内在地呈现于听它的行为中，而且呈现在它的声响中。这两种行为作为主动与被动彼此关
131 联。因而，它们实际上通常是同时存在的。如果有一个主体实际地听到一个声音，那么我们就可以说有什么东西实际地发出了这个声音。否则，我们就只能谈及一个声音被产生的可能性。声响与听到一个声音就像通常所说的主动行为及与之相应的被动行为一样，它们实际上是同一种东西；作为概念上的相关物，它们只能

① 《灵魂论》，第三卷，第二章，425b16-17：“再者，如果觉察到看的感觉不同于看，那么要么必定陷入一种无穷后退，要么必定在某个地方假定存在一种能够觉察它自身的感觉。”

被思想为一起处于同一种行为之中。①

把对听这种行为的知觉与通过听发现寂静这种知觉进行比较并不得要领。而把听与声响这对概念作为主动与被动的例子则是 132
完全错误的。声音的概念不是一个关系性概念。如果是的话，听的行为就将不再是心理行为的二阶对象，而应成为与声音合在一起的一阶对象了。其它感官的情形亦然，这显然与亚里士多德自己的观点相悖。② 同样，除了与我们自身或我们的思维的某种关系，我们不能思想其它任何东西，这无疑是错误的。如果说亚里士多德在这个段落里表述得尚不够确切的话，那么在其它地方我们

① 《灵魂论》，第三卷，第二章，425b20-426a20，“因而，显然‘以视觉感知’就具有多种含义；因为甚至当我们没看的时候，通过视觉我们也能够区分明与暗，虽然这与区分不同颜色的方式有别。再者，进行看的东西在某种意义上是拥有颜色的；因为每种感官都能够离开其质料而接受可感对象。这就是为何当可感之物消失后，其感觉与表象仍继续在感官中留存。

可感对象的活动与相应的感觉活动是同一种活动，不过它们仍可以区分开来。现实的声音与现实的听也是如此：一个人可能在听却什么也没听到，一个东西拥有一种声响却常常不发声。而当能听之物现实地听的时候，能响之物现实地响的时候，现实的听与现实的响就会一起发生(我们分别称它们为听和响)。

如果运动——即活动与受动——发生在受动之物中，那么声音与听就其现实而言必定寓于具有听的潜能的东西中；因为运动或活动实现在受动之物上。这就是为何发动运动之物可不必运动。那么能响之物的现实就是响或声响，而能听之物的现实就是听或听闻；‘响’与‘听’都是多义的。同样情况也适用于其它感觉及其对象。由于活动与受动都寓于受动之物中，而非寓于主动之物中，那么可感之物的活动与感觉主体的活动就都寓于受动之物中。不过在一些情形下两者具有不同的名称，比如响与声响，而在有些情形下则是无名称的，比如视觉的现实称为看，而色彩的现实则无名；味觉的现实称为尝，而香味的现实则无名。由于可感之物与感觉潜能的实现是同一的(虽然其存在状态有别)，那么听与响的实现就会同时出现与消失，这也适用于味与闻的关系以及其它感觉类型；不过这并不适用于这些感觉的潜能。”

② 否则，他就会承认，我们不仅看颜色，而且看看的行为；就看的行为领会其自身而言，他也不会将视觉归于第二种感知(“不过不是以同种方式”)。

就发现他以最清晰的方式表达了正确的观点。在《形而上学》第十二卷，他说："知识、感觉、信念以及反思看来通常与其它某物关联，而与它们自身只是偶尔关联。"①这里他的观念显然与我们的完全一致，他在写我们前面引述的一段话时心中无疑具有这种观念，在其中他将心理行为的无限复杂化拒斥为一种不正当的推理。然而，由于他在此处试图将听的行为与对这种行为的清晰生动的知觉统一在一个行为中，并且由于没有找到做这件事情的适当类比形式，他就对这种统一进行了一种错误的解释。

说服我们自己认为心理学家几乎普遍地倾向于认同一种相似
133 的观点并非难事。我们曾遇到并试图拒斥的穆勒在感觉方面持有与我们相分歧的观点，可他在记忆与期待上面却保持了与我们相一致的信念。他一方面把感觉当作内容（不如此又能如何呢?），即，这种内容是不同于感觉的现象且迟早会被想到的；不过他相信这些感觉同时又是自己的对象，因为如此看来这些对象也就与感觉无别。他说，"就感觉对象自身而言，它们是当下的感受，即当下

① 《形而上学》，第十二卷，第9章，也可参见《形而上学》，第一卷，第7章，1072b20。亚里士多德在其它段落给人留下的印象是，他也像阿奎那那样承认一种对感觉的内知觉，并且以这种方式偏离了下述理论，即，感觉与伴随的内表象是融合在一个行为中的。实际上，看来他关于心灵能力的一般理论能够更容易地与这种观点调和。正因如此，在我的《亚里士多德的心理学》中，我跟随着多数后来的研究者，并将这种观点加在他本人身上。然而，由于《灵魂论》第三卷第二章这段如此清楚地反对这种观点，而由于关于这点他的不同表述之间不太可能存在矛盾，我们这里还是坚持他在文本中表述的观念。在黑尔曼·希尔的著作《从亚里士多德哲学原则发展出的灵魂生活的统一》（弗莱堡，1873年）中，他试图用其聪明才智调和这个段落中矛盾的陈述，并且也使亚里士多德关于潜能与实现的观点切合于它（参见第二卷以下，第三章，第五节）。

的意识状态，并且就此而言，它们与感觉无法区分。”[1]如果我们回想穆勒关于感觉的学说，特别是他所说的我们对感觉的意识方式，我们就会清楚地看到他不会不同意我们的看法。贝恩无疑持有同样的观点。洛采也相信存在于我们之中的对心理现象的意识是在现象自身中被给予的。事实上，我们可以说在所有否认无意识心理现象（即这个词在我们所用的意义上）存在的哲学家中，没有谁持一种不同的观点。其中乌尔利兹清楚表明：“我们所有的感觉同时都是灵魂对其自身的感觉。”[2]甚至那些认为并非所有心理现象都是有意识的人中，多数也是同意我们的，例如贝耐克不相信伴随着心理现象的相关意识是作为一种二阶的与不同的行为加于其上的；他宁愿相信这种意识作为一种与现象不同的样式和质，是与现象自身一同存在的。[3] 这种普遍性的确信显然是下述情形的原因，即，关于论证无意识心理现象存在的第四种方式很少有人采纳，以至于这以一种颇受欢迎的方式证明了我们的分析之正确性。

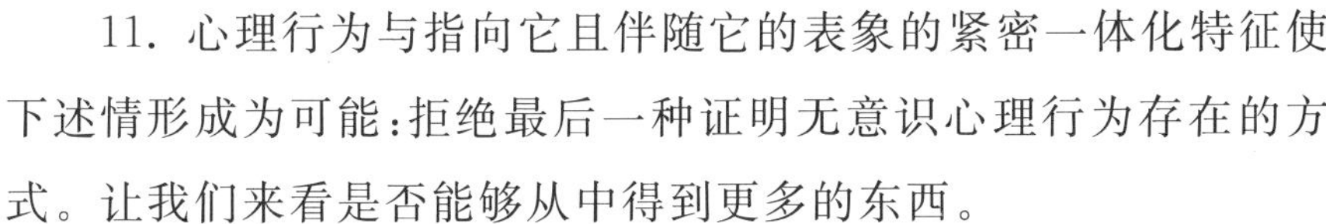

11. 心理行为与指向它且伴随它的表象的紧密一体化特征使下述情形成为可能：拒绝最后一种证明无意识心理行为存在的方式。让我们来看是否能够从中得到更多的东西。

我们已经讨论了下述问题，即，在有意识的心理现象的强度与指向它们的伴随性表象的强度之间存在一种函项关系。显然通常的观点都喜欢这种假定，因为无论什么时候伴随表象的表象与所伴随的表象都是同样强度的。进一步的考察会确证这个观点。即 134

① 《对汉密尔顿哲学的探究》，第十二章。

② 《神与人》，第 284 页。

③ 《心理学教程》，第二版，第 57 节。

使我们论证的线索不是非常复杂，我们仍然不能认为它代表了通常形成这种观点的方式。因而我们不处在能够解释这种观点的源头处。如果我没弄错的话，我们现在就提供一种错失了的解释。

如果我们看一种色彩，并且拥有一个对看这种行为的表象，那么看到的色彩也呈现于对看这个行为的表象中。这种色彩不仅是对看这种行为之表象的内容，它也是看的内容。[①] 因而，如果对看这种行为的表象或多或少强于看本身，那么色彩在心灵中的呈现强度与它在看中的呈现强度就是不同的。另一方面，如果色彩在看中的呈现与在对看的表象内容中的呈现强度是相同的，那么看的行为与对这种行为的表象在强度上也是相同的。这给予我们的断定以明显的线索。我们已经认识到，看的行为与对这种行为的表象是以下述方式关联的，即，作为看的行为内容的色彩同时也构成对这种行为表象之表象的内容。因而，色彩即使在看的行为与对看的表象中都呈现于心灵，它仍只呈现一次。[②] 因而，明证的是，它们不会存在强度上的差异。这非常简单地解释了现在看来已充分辩护了的共同信念的来源，即，看的行为与对这种行为的表象在强度上不会彼此不同。因而，有意识的感觉或其它有意识的表象的强度增加或减少了，指向它且伴随它的内表象也会以相同程度增加或减少，因而这两种表象通常具有相同的强度。

12. 仍然有一种反对意见。如果对听的行为之表象的强度通常是随着听的强度而增减的，这就意味着，当听的行为强度成为零

① 参见上文第 8 节。

② 同上。

的时候，所伴随的表象强度也将成为零。然而，看来相反的情况才是正确的。否则当我们不在听时又如何能感知到声音呢，例如当我们注意到音乐的停顿及延续的时候，以及当我们注意到完全沉默（即所有声响都停止了）的时候。对未听（到声音）的表象看来也 135 可能很强烈。因而下述情况就会发生，即，粉碎机的主人会在机器吵闹地工作时熟睡，而在机器突然停止时却会从沉睡中醒来。同样的现象发生在上面刘易斯所举的事例中，听众在布道中睡熟，而在结束时却醒来，甚至礼拜声的减弱也会使他醒来。

这个反对立即会引来一些质疑，因为它看来不仅危及我们上面所辩护的理论，而且看来证明了没有积极对象的感知的存在。听的缺席明显不是一种积极对象。然而，通过切近考察，我们会找到对这种反对的答复。如果我们对一段音乐的停止及停止的延续有一种表象，那么环绕这种停止的音符就是以其不同的时间确定而呈现给我们的。在如此呈现之后，每种声音都会作为“过去”在心中停留一段时间，而且是在或大或小的程度上作为过去。正是这种分差的量构成所谓的静止的长度。因而我们仍然有音符的表象，就像连续的音乐呈现于我们心中时我们有音符的表象那样。恰恰某些当下时间确定的标记是不呈现的。因为我们会有一种声音的表象，那么有一种指向它的同样强度的表象伴随着它就没有什么奇怪的。

对突然沉静的感知是一种相似而更为简单的现象。以前呈现为当前的一个声响，现在呈现为当下的过去，即使没有声响呈现为当前。根据我们先前的结论，呈现为过去的声响的表象就被相同强度的表象所伴随。

或许会有人回应说这种解释是不充分的。只要粉碎机还在不停地转，机主就具有呈现为当下过去的声音表象，即使机器停了以后仍然会有。这是因为他也具有一种呈现为当下的表象。因而，就我们的观点来看，当机器停止时这个人有唤醒自己的表象，此外还有另一个表象。因而，我们仍然没有可以解释他醒来的真正原因；直到我们决定承认一种特殊的对听的缺乏的知觉时，我们都没有这个原因。这种情况相似于一种颜色的情况，它有时填充一块
136 较大的空间，有时只填充这个空间的一部分。正如在后一种情形下颜色的呈现更多局限于空间一样，声响在停止时其呈现也局限于时间中。在这两种情形中，意象均被改变，轮廓均被打破。同样，就像小块颜色会吸引我们的注意力，当它延展开来后不会吸引我们那样，声响的情形也如此。这两种现象能够通过特殊方式联结在一起。当轮子停下来时，机主有义务去查看哪里出了问题，正如机器在正常运转时他可以对其置之不理一样。因而我们可以理解为何声音停止可以使机主醒来，也可以理解为何在刘易斯的事例中，当喊餐厅服务员“服务员”时而非其它名字时才容易叫醒他，这是因为他通常是被要求提供服务的。

我们会更详尽地讨论这个主题，我们特别会指涉下述事实，即，轮廓通常会将注意引向其自身。视觉领域的争执提供了关于这个事实的如此多的关键性例证。不过，最好还是把这一主题放在后面讨论。

13. 因而，我们前面的结论仍未改变。如果一个有意识表象的强度增加或减少，那么指向它的伴随表象的强度也会以同样程度增加或减少，并且这两种现象通常会有同样的强度。

这个结论如果正确的话，就不仅会否弃在所讨论的函项关系上证明无意识表象存在的可能性，而且，正如我们上面所指出的，这也可作为下述看法的一个证据，即，在我们所使用的意义上，实际上并不存在无意识表象这个词。这当然还没表明所有心理现象在其实存中是被意识所伴随的。在表象之外还有其它心理现象，例如判断与欲求。不过，我们已经向这个结论迈出了重要一步。

可我们如何补足缺失的步骤呢？类比可以引领我们假定：其它有意识的心理现象的强度与指向它的伴随意识的强度之间也存在着一种函项关系，实际上，这种关系与我们所展示的有意识表象的情形是一样的。可如果我们用判断的强度意指的是它所做出的 137
确信的程度，那么经验告诉我们，一种弱的观点能被一种强的——如果不是更强的话——完全确信之表象所伴随，只要这个观点所基于的表象非常强的话。根据进一步反思，我们不用费力就会认识到，在与一种确信的强度相比较时，我们无法谈论一个表象的相等、更强或更弱，我们这里所处理的是根本无法比较的差异性。

然而，即使判断的表象的强度真的不能与包含在判断中的接受或拒绝的程度相比较，判断具有使得比较成为可能的强度这一点仍是确定的。正如关于一个对象的表象的强度与这个对象在这个表象中呈现的强度相同一样，判断也参与到其内容的强度上。判断基于其上的表象的强度在相同意义上也是判断的强度。如果这时我们将这种强度与指向判断的伴随表象的强度相比的话，按照我们由之证明表象的强度等同于对表象的表象强度的双重方法，我们很容易表明，同样的关系出现在这种情形中。这首先是作为一种内知觉的不谬结果出现的，并进一步被下述事实所确证，即，对判断的表象与判断的关联同对表象的表象与表象的关联是一样的。判断的内容不仅属于判断自身，而且属于不承受其任何复本的表象。因而，在强度方面，就不可能为差异留下空间。不过，对判断而言正确的东西由于同样原因对于其它类型的有意识心理行为也成立。

我们所发现的有意识表象之间的函项关系——其强度与指向它的内在表象的强度之间的关系——因而会扩展到有意识心理现象的整个领域。伴随性现象以及它所伴随的现象始终都具有相同的强度，这证明了在我们之中永远不会存在一种不具有表象的心理现象。

在我们所阐述的意义上，对于“存在无意识的意识吗?”这个问题，应当斩钉截铁地回答:“不存在”!

# 第三章　对内意识的进一步考察 138

1. 上一章的研究揭示出，每一种心理行为都被指向它的一种意识所伴随。现在的问题是，这种伴随意识的复杂性与本性究竟如何。

或许最好简短地澄清一下这个问题。

正如我们前面解释的那样，我们用“意识”一词指任何心理现象，只要它具有一种内容。然而，存在着不同种类的心理现象；正如我们已经提到的，“具有某物为内容”的方式有多种。因而出现了下述问题，即，当心理现象是意识的对象时，它们是以一种方式还是以多种方式有意识地呈现于心灵中，如果是后者的话，它们又是以哪些方式呈现的。到目前为止，我们只表明了我们具有对心理现象的表象，如果心理现象是以某种方式而具有意识的，那么它们必定是以这种方式而具有意识的，因为表象是其它所有心理现象的基础。我们现在的难题是：心理现象是否只是表象的对象，或者它们是否能以其它方式存在于我们的意识之中。

可以确定的是，知识通常伴随着心理现象。我们思想、欲求某物，并且知道我们的思想和欲求。然而当我们做出判断时，我们就只具有知识。因而，毫无疑问，在不少情况下，随同心理行为在我们之中存在的不仅是一种指向它的表象，而且还有一种对它的判断。我们现在来探讨，是否存在着某些情形，在这些情形中判断不出现。

139 2. 能够记起我们对表象讨论的人都不会坚持下述假定，即，每种心理现象都是所伴随的认识的对象，而这种伴随的认识导致心理状态的无限复杂化，因而在其本性上就是不可能的。意识的对象与意识的融合特性在认识中就像在表象中那样具有明证性。当一种心理行为是所伴随的内认识的对象时，这种心理行为在指涉其一阶对象之外，便作为被呈现的和被知晓的而包含于认识整体性中。

这种心理行为自身就使内知觉的不谬性与直接明证性成为可能。如果伴随一种心理行为的认识自身是一种行为，即，是加在第一种行为上的第二种行为，如果它与其对象的关系只是结果与其原因的关系，即，和感觉与产生它的物理刺激的关系相似的关系，那么这种认识自身又如何确定呢？我们究竟如何确定它是不谬的？

常常听说如果我们能够把表象内容与真实对象进行比照的话，那么就可能完成对知觉的不谬性的核查。不过我们不能通过所谓的外感知来做这件事，因为在这种情况下只有对象的表象而无真实的对象存在于我们之中。因而，外感知通常是不可依靠的。另一方面，我们可以绝对确定内知觉的真实性，因为在这种情况下，不论是表象还是表象的真实对象都存在于我们之内。

很容易认识到上述说法所犯的错误。对一个表象内容与一个真实对象的比照是可能的并非由于这种对象存在于我们之中，而是由于真实对象是被我们知晓的。如果一个人没有关于一个事物的知识，那么他就不会认识到与他的表象相符的某物在他自身中。因而，这种比照预设了，我们确定地知道知识的确定性由以得出的那个对象。这自身就是矛盾的。

俞波维希对内知觉的充满自信的辩护是不能令人满意的，他说："关于心理行为或意象的内知觉或直接知识能够把握其对象，就像这些对象本身具有物质的真理那样。当个别心理意象作为我们心理意象总体的个别部分通过关联而被把握时，内知觉便形成结果……可个别意象之间的联结不会改变其内容与形式。个别意 140
象如其所是地进入其联结中。因而我们如其所是地意识到我们的表象、思维、情感、欲求等等我们心理生活中的所有要素以及这些要素之间的关联，它们实际上正是我们所意识到的那样，因为在这种心理行为中，被意识所知晓与它存在是同一的。"①

因而，显然俞波维希不会声称内知觉是由表象的内容与对象的真实本质之间的对照所确保的。他相信对一种心理行为的知觉包含在它与其它行为的联结中。作为这种联结的一个结果，真实行为成为紧密结合的总体之一部分，而这种总体由真实行为的整全性形成。正是这种被整体的同化构成了行为的被感知与被知晓。心理行为必然被如其所是地感知与知晓，因为它已被同化到其现实性中。

如果下面这一点是真实的：真实事物的连接将各种部分统合进一个紧密相关的整体，例如轮子、汽缸、底盘和刹闸装配在一个

① 《逻辑学体系》，第二版，第 67 页以下。

设制好的机械结构中，与关于这些真实事物的知识是一个东西，那再好不过了。在其哲学史中，俞波维希指责安瑟尔谟的本体论证明混淆了被思维与真实存在。可他自己却犯了同样错误，他使整体中之部分的真实存在偷偷摸摸地成为下述意义上的存在，即，我们说我们知道一个东西是存在的，那么这个东西就在知道它的人之中存在。

因而，这种建立内知觉不谬性的尝试是彻底失败的，用以替代的其它尝试同样是失败的。内知觉的真理性根本不能以任何方式被证明。然而它具有远胜于证明的东西：它是直接明证的。如果有人依靠一种怀疑论来攻击这种认识的最终基础，他将无法找到建构知识大厦的其它基础。因而，在内知觉中并不需要辩护我们的确信。显然，所需要的是关于这种知觉与其对象之间关系的理论，而这种关系与它的直接明证性是相容的。正如我们已经讲过的，如果知觉与对象被区分在两个不同的心理行为中，就是说其中一个只能是另一个的结果，那么上述理论就不再可能。笛卡尔众所周知的评论已使这一点一目了然；因为对于一个具有无限能力的存在而言，如果它存在，那么它就能够制造与对象相同的结果。因而如果那真实的统一体，即，我们已在
141 心理行为与行伴随的表象之间发现的特别紧密的联结，如果不存在于这个心理行为与内知觉之间，那么对这个心理行为的认识便不可能是明证的。

我们可以说这个论证的力量超出了内知觉的明证性，它甚至可用来确证内表象与其真实对象关联的方式，而我们已经以其它方式开始认识到这种关联。对真实对象的认识与对象的关联，并

不会比对象的表象与对象的关联更为紧密，因为正是表象为认识奠基。这种事情不仅对各种认识成立，而且成立的原因也是一样的。因而，下述情形就不值得惊讶，即，像我们这样的心理学家（现代的以及古代的如亚里士多德）认为，伴随心理行为的表象具有一种随附性的特征，这种特征就包含在行为自身中，而且同样认为伴随的认识也包含在行为中。

3. 即便我们不用害怕心理行为会成为无限复杂的纠缠，另一个困难看来也会成为"每种心理行为都被指向它的认识所伴随"这一假定的拦路虎。每一认识都是一种判断，而每一判断按日常的话来说都存在于谓词对主词的谓述或否定中。在通过内知觉的认识中，判断无疑是肯定形式的，而附加在主词上的述谓内容也必定是实存的，因为我们知觉到一种心理行为的实存。哲学家们对"实存"一词真正意味的东西尚未达成一致，尽管如此，普通人知道如何确定地用这个词。不过不难看出，这是个非常普遍而抽象的概念，即使它实际上源于经验，并且它不会在我们之中作为一个先于所有经验的先天概念而存在（这通常是一个笨拙的假定）。在我们所讲的基础上，下述情形是可设想的吗？即，婴儿的最初的感觉不仅伴随着对感觉行为的表象，而且伴随着对这种行为的知觉，伴随着确实存在的认识，伴随着联结作为谓词的实存概念与作为主词的心理现象的判断。我相信，每个人都会认识到这是多么不可靠，这种假定是多么不可能。

如果通常被接受的判断理论是正确的，那么这种论证便肯定是不可反驳的。根据这种理论，每一判断都联结了多个概念，特别是在存在命题中表达出的判断，这种判断为主词概念或其它概念

142 加上存在概念。随后我们会一般性地证明上述观念是错误的，[①]因为主词与谓词的联结对于判断的本性而言根本不是本质性的。这两种语法要素的差别不得不用语言表述的通常形式来处理。在通过内知觉的认识中，我们便具有一种特定的判断，而这种判断明显地与心理学家与逻辑学家的通常观点相悖。当一个人听或看且知觉其听或看的行为时，他在其自身中所注意到的东西不会导致他在下述情形中犯错误，即，这个内知觉判断不在于关联作为主词的心理行为与作为谓词的存在，而在于对呈现于内意识中的心理现象的单纯肯定。因而，这种通过内意识而反对心理行为之普遍认识的论证看来是站不住脚的。

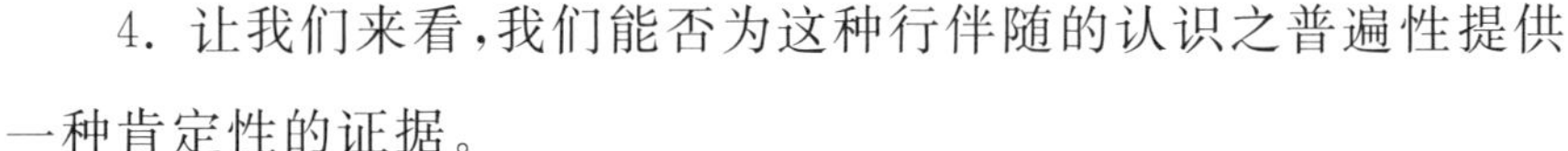

4. 让我们来看，我们能否为这种行伴随的认识之普遍性提供一种肯定性的证据。



让我们回想一下我们处理下述问题时所用的步骤，这一问题是：是否每种心理行为都被指向它的表象所伴随。我们以有意识的心理现象表明了，行伴随表象的强度的增减与它所伴随行为（或这一行为所基于的表象）的强度增减是相同的，并且通常是处在与之同一的水平上。因而只有在行为自身被消除的那些情况下行伴随的表象才是缺席的。考虑到行伴随的认识，这个证据看来就不那么简单。根据我们前面的讨论，这种认识作为判断具有两种强度：首先，我们在说表象具有一种强度的意义上的强度；其次，在判断之特征的意义上——即判断以之做出的确信之程度的意义上——的强度。如果其中一个或另一个趋于零，则不会有判断。

① 第二卷，第七章，第5节以下。

我们前面的研究已经为我们进行了充分准备。我们知道，就第一种强度而言，每一判断都分享了它所基于的表象的强度水平。只有当它所伴随的对象自身停止存在了，行伴随的表象才丧失其所有强度；因而，只要对象呈现，就绝不会有任何理由说伴随心理 143
行为的认识消失了。

因而我们仍不得不考察具有判断之特征的强度，即确信的程度。在这里我们没有发现它与上文讨论过的函项关系有任何相似之处。属于行伴随认识的确信的程度绝不是一种它所伴随的行为强度的一个函项。不论涉及的是一个表象、判断、欲求，还是一个其它类型的心理现象的主题，其强度的增减都不会影响我们以之知晓它的确信的强度。然而，这种关系是使我们得出一种不可否认的结论的关系。断定心理现象存在的行伴随判断的确信强度在每种情形下都是常量。而且这并非标示对微弱的意见的低的接受程度；毋宁说，它是可以设想的最高的确信程度。事实上，每种内知觉都被这种绝对确信所伴随，这种确信内在于所有类型的直接明证的认识之中。这种关系比其它内容更能支持行伴随认识之普遍性的假定。如果内知觉会在最高确信程度的情况下发生的话，而且出于这个原因，如果内知觉在所有情况下都永远不表现出消失倾向的话，我们就会肯定地确信，内知觉只会由于上面谈到的其它可变化强度的可能缺席而缺席。然而，这种强度只是作为这种规律的一个函项而变化，而且在这种关系中会随着内知觉所伴随的行为之强度而变化。只有这种行为自身完全消失，内知觉才会消减为零。因而，我们就可以断定，指向这种行为的认识只有在这种情况下才会缺席。因而任何心理行为都被双重的内意识所伴

随，即，被指向它的一种表象与指向它的一种判断所伴随。这种内意识就是所说的内知觉——一种对行为直接而明证的认识。

5. 经验表明在我们中不仅有表象和判断，而且时常存在第三类与心理行为有关的意识，即，指向这种行为的一种情感——也就是我们对这种行为所感受的快乐或不快。让我们返回前面的例
144 子：听一种声音的行为通常显然不仅伴随着对这种听的行为的表象与认识，而且也伴随着一种情感。这种情感或者是快乐的，比如当我们听一首柔美的音乐时；或者是不快的，例如当我们听小提琴的调音时。以前面的讨论[①]为基础，我们也可以说这种情感具有它所指涉的对象。这种对象并非声音这种物理现象，而是听这种心理现象，因为显然实际上并非声音而是对声音的听才是惬意的或折磨我们的。因而，这种情感也属于内意识。当我们看到美或丑的色彩时，以及在其它一些情况下，相似的情形也会发生。

当行伴随的情感在特定情况下出现时，它也会与它所伴随的现象形成一种整体与部分的关系，并且像行伴随的表象与知觉一样包含于行为整体中。如果它们的关系是不同的，行伴随的情感就会成为二阶的心理行为，而这种二阶的心理行为又会被意识所伴随。然而，指涉它的表象不仅必然包含这种情感自身，而且必然包含这种情感的内容，即情感所指涉的心理行为。所以，这种心理行为就会呈现两次：第一次是通过属于它自身且给予了自身的表象，第二次是通过对感受的表象，这种感受属于行伴随的情感行为。经验并未揭示这种情况。相反，下述假定却被认为是可能的，

① 第二卷，第一章，第5节。

即，像内表象与内知觉一样，伴随听、看等行为的内感受是以下述方式成为有意识的：它与它的对象融为一体，且包含在对象自身之中。我们先前类似的揭示可使我们通过更为细致的解释来澄清这些命题。

另外，或许需要指出其它一些线索，它们会指示我们观念的正确性。

让我们回想一下汉密尔顿特有的关于快乐与不快情感的观点。他相信在这种现象中正如在其它心理现象中那样，并不存在主体与客体的关系。主体与客体在这里如此紧密地结合，以至于我们不再能说一个客体。[①] 汉密尔顿当然不得不在经验中寻找东西来支持这种理论，即便他没有很精确地描述这种现象。确实，如果情感没有与它的对象融为一体（这与他对于情感的断言是直接矛盾的），甚至在已经由内知觉与内表象有所表明的意义上也是如 145
此，那么他的错误就是完全不可理解的。

进而言之，我们前面已经看到在某种感觉中，行伴随的快乐与不快的情感不仅与感觉自身相混淆，而且与感觉的内在对象相混淆，即，与感觉行为所指向的作为其一阶对象的物理现象相混淆。在与被称为感受性感觉的苦乐相关联时，这点尤其正确。我们可以说哲学家与非哲学家在这里陷入了同样错误。这种错误无疑也是一种警示，它提请我们注意情感与它所伴随的行为之间的紧密关联。

再者，古代与现代心理学家所共有的观点对我们所提出的关

① 参见上述第二卷，第一章，第 5 节以下。

系进行了直接辩护。英国最杰出的经验主义学派的心理学家认为伴随感觉行为的快乐或不快包含在行为自身之中。例如这种观点被詹姆斯·穆勒表述在其《对人类心理现象的分析》[①]一书中,并且也被贝恩所分享,他在感觉中只区分出两个部分或两个特征。正如贝恩所指出的,感觉具有理智特点与情感的特点,由此他断言快乐或不快是伴随着感觉的。小穆勒也支持这一观点。由于他认为在大多数情况下这种观点毫无疑问是正确的,所以,在提到其父上述的著作时,他仅仅提出了这样一个问题:在特定情况下,伴随一种感觉的快乐或不快是否能够构成一种独立的实在,“而非感觉的一种特定方面或性质”。在他所考察的这些特殊感觉的地方,他讨论了什么能够引起这种不同的观点之后,仍倾向于以原来的方式解释它们,并且试图消除在这一主题上的任何疑问。[②]

在德国情形同样如此。例如杜姆里希(Domrich)在一部通常被认为有价值的著作中,称伴随一种感觉的情感为“这种感觉的性质”,这一表达非常接近穆勒的表达。他以这种方式设想了被情感所伴随的诸表象之间的关系,而称这种情感为,“意识被知觉所引起的方式。”[③]纳罗维斯基(Nahlowsky)也相信与一种感觉相联结
146 的快乐或不快是在感觉自身中被给出的。他称它们为“感觉的情调”,但同时又拒绝称它们为“情感”,因为在他看来,它们与通常所

① 《对人类心理现象的分析》,第二版,第十七章,第 184 页以下。

② 同上,第 185 页,在那里他也讨论了贝恩的观点。

③ 《心理状态》,第 16 页以下。

说的情感是完全不同的。[①] 他显然是为了与赫尔巴特关于情感学说的普遍原则保持一致而采取这种立场的。因为,即便赫尔巴特及其学派将情感描述为表象状态,他们仍然断言情感只能源于多种表象之间的关系。由于纳罗维斯基在这个领域中已经趋向于摆脱赫尔巴特的立场,那么,如果他能够放弃这种原则而非做出一种显然经不住考验的,使他不仅与其他心理学家相对立,而且与赫尔巴特主义者的领袖诸如德罗毕希、兹莫曼(Zimmerman)以及其他人相对立的区分,那就更好。冯特也正确地指出,更为复杂的情感源于纳罗维斯基只认为是"感觉情调"的情感——"感觉情调"只是这些复杂情感的基本要素。[②] 因而,冯特同义地运用"感觉的情感色调"与"感官感受"这两个表达,不过,他同时又明确地说这种感官感受是感觉这种"整体的部分",是附在感觉的质与强度上的"第三种模式",就每种感觉都是"一种意识状态之整体的部分"而言。[③] 因而,冯特或许比上面所说的那些人更同意我们的观点。

当然,倾向于我们的观点的不仅仅是现代的心理学家。亚里士多德在古代就已经预示了这种观点。在其《尼各马可伦理学》中,当他谈到伴随特定心理行为的快乐时,他说这种快乐有助于行为的完善,而且它并非作为准备性的习性,而是作为一种形式的原因如此的;快乐以一种方式被附加到它所完善的行为中;快乐属于

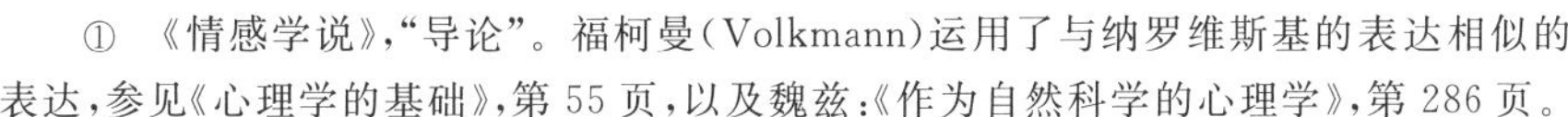

① 《情感学说》,"导论"。福柯曼(Volkmann)运用了与纳罗维斯基的表达相似的表达,参见《心理学的基础》,第 55 页,以及魏兹:《作为自然科学的心理学》,第 286 页。

② 《生理学的心理学》,第 428 页。

③ 同上书,第 436、427 页。

147 它所伴随的行为，就像成熟属于人的最好年华那样；快乐包含在行为[①]之中；快乐就像促进行为的完善那样，也依据行为的区分而得以区分。[②] 所有这些都无疑表明，这位睿智的心理观察者赞同我们的决定。[③]

6. 现在出现了下述问题：是否所有心理行为都具有这第三种行伴随的意识，就像具备前两种那样？

在这个问题上，心理学家们的主张又出现分歧。例如詹姆斯·穆勒认为存在着中性的感觉，可他同时又认识到在每类感觉中，我们都会发现感觉是被快乐与不快所伴随的。[④] 事实上，所有心理学家都同意这点。不过，其中有些人走得更远。例如贝恩[⑤]与约翰·穆勒就认为每种感觉都被一种情感所伴随。穆勒在其论汉密尔顿的著作中说，这些看上去不被情感所伴随的感觉："即便

① 《尼各马可伦理学》，第十卷，第 4 章。亚氏说在其它事情中，"快乐完善着活动。但是，它不是作为感觉者本身的品质，而是作为一种目的而完善着它，正如美丽完善着青春年华。所以，只要一方面思考或感觉的对象，另一方面思考或沉思的功能都处于合适的状态，其活动就必定包含着快乐。"

② 同上书，第 5 章。

③ 这无疑支持我们的下述主张，即，亚里士多德持有与"行伴随的内知觉"相似的观点。

④ 《对人类心理现象的分析》，第二版，第二卷，第十七章，第 185 页。亚里士多德似乎也持同样的观点。《尼各马可伦理学》（第十卷，第 4 章，1174b20）表明，他承认在每类感觉中都具有感受。事实上他对每种心理行为的所有其它范畴都持这一观点，例如对于思维（同上）及欲求（同上，第 5 章，2176a26）。《灵魂论》（第三卷，第七章，431a9）似乎表明，他承认中性的感觉，即便其含义并非绝对确定。

⑤ 贝恩相信所有感觉都可被称为感受，因为它们都具有某种情感特征。因而，下述情形就是奇怪的，即，在快乐与不快的情感之外，他承认有绝对中立的情感，诸如惊讶等（《心理科学》，第三版，第 215、217 页）。约翰·穆勒的概念无疑是更为正确的。

不是引人注目的快乐或痛苦，也不是完全冷漠的。"[①]

斯宾塞宣称，正如每种情感包含一种认识那样，每种认识也包含一种情感。[②] 虽然汉密尔顿属于不同的学派，但他也持这一观点。根据他的看法，每种心理状态都包含着一种感受。[③] 在德国，这种观点有许多重要的支持者。例如，杜姆里希说情感与感受不能与其它心理现象彻底分开。他的研究使他相信，每种感觉或表象都被一种随附性的感受所伴随，虽然这种感受的强度肯定会变化不定。[④] 洛采甚至更加明确。他在《小宇宙》中讲： 148

"我们首先必须戒除下述习惯，即，将感受看作我们连续的内在过程中有时发生的随附性事件，而这内在过程更多是由无苦无乐的冷漠变化构成的……不论什么样的刺激，心灵都会承受，从每一种承受我们必定期望一种苦乐的印象，而且更加精细地自我省察由于能够认识到这些印象的褪色形式，就会证实我们的设想，从而发现我们的心理行为一定被一些感受所伴随。与我们专注于特殊目的的个人努力的压倒性兴趣相比，印象的色调在成熟心灵中已经褪色，因而需要专门的注意探测它，正如需要用显微镜探测肉眼不能直接看到的对象那样。在每种简单的感觉中，每种色调、每种声音都原初地与一种特定的苦乐相对应；可我们习惯于只有在将其当作对象的标记时才注意到这些印象，这些对象的内容与观念对我们而言都是重要的，当我们投入地注意其内容时，我们才观

① 《对汉密尔顿哲学的探究》，第十三章。

② 参见《英国当代心理学》，第195页。

③ 《形而上学讲座》，第一卷，第188页以下；第二卷，第433页以下。

④ 《心理状态》，第163页。

察到这些简单对象的价值。每种多重的复合形式——伴随着一种知觉——都在我们之中产生了与我们自身的发展所用之物相符合的微弱印象，通常正是这些模糊的感受给予每个多重对象以多重性情复合……即使是最为单纯最为干瘪的观念也不是完全缺乏这种附属感受；如果不经验作为整体的部分内容的一种快乐的满足，或是不经历冲突立场之痛的对立状态，我们就不能抓住整体性的概念；我们无法在事物中观察，或是无法进入静止、运动和平衡等这些观念中——如果我们不全身心投入其中，并感受到它们或是对我们的帮助或是对我们的抗拒。我们人类高级文化中相当部分是这种感受持续呈现的结果。”①

正如我们所言，很多心理学家都分有这一确信，于是霍维兹的
149 下述言论至少接近了真理：“所有感觉都或多或少被情调，即快乐或不快所标示，其中没有一种是完全离开情调的，这如今已被所有心理学家所认可。”②



然而，即使是在这种关联中，也出现了困难。有人会反对下述假定：每种心理行为被苦乐所伴随必然会导致同时行为的无限复杂化，因为苦乐本身就是心理行为。不过我们前面的讨论已经回避了这种反对。另一方面，下面一种反对意见仍有待考察。

尽管冯特在很大程度上将快乐与不快归为感觉，他还是认为每种感觉都被一种感受所伴随是不可能的。其理由如下：“我们将感官感受标示为舒服的或不舒服的，标示为快乐或不快的感受。

① 《小宇宙》，第一卷，第 242 以下。

② 《心理学分析》，第一卷，第 239 页。

然而，快乐与不快是相反的状态，它们在一个中点上转化为对方。这意味着必定存在缺乏情调的感觉，亦即存在着一种不伴随感官感受的感觉。”如果我们认为这个前提是正确的，那么存在着不伴随感受的感觉肯定是可能的。然而，我们并不能得出结论：这种感觉真的存在过，尽管只存在了一霎那。接下来冯特自己也承认了这点：“一般而言，由于感觉与意识的关系是变动不居的，这一中点通常就对应着心灵的一种变化状态，而通过这种状态，快乐与不快感受的转化就会轻易出现。正因为如此，每种感觉就必定被认为与特定的感受程度相关联。”[①]我自己非常怀疑这种论证的前提能够建立起来，怀疑发生在确定的快乐感觉与确定的不快感觉之间的中性感觉能够被描述为一种包含快乐与不快的相混合的感觉（根据约翰·穆勒的看法），以至于其中一个并不能对另一个占上风。冯特提出的支持这种观念的主要证据是强度对行伴随感受的依赖。如果我们消除了我们的表象对伴随每种感觉的感受的关联性影响，那么根据冯特的想法，经验就会向我们表明，每种适中强度的感觉就会伴有一种快乐感受，而每种高强度的感觉则会伴有一种痛苦的感受。他附加说，在感觉非常弱的情况下，快乐是轻微 150
的，而其强度会随着感觉强度的增加而增加。最后它达到一个顶点与转折点。超出这点后，快乐的感受迅速下降，经过中点之后转变为不快。如果继续增加刺激，那么作为结果，与感觉相应的不快就会达到无限大。如果这个理论是正确的，我们就能够确定它，尤其是在更强烈的感觉的情况中，因为我们能够尽可能精确地研究

① 《生理学的心理学》，第 426 页。

这些感觉。不可否认快乐感受的某种消退是与光的消退感觉相关联的，当光的照射更为生动时，快乐的感受就会显著增加，然而，当光增加到一定程度，不快的感受会出现。当我们直接看太阳时，这种快乐便成为一种不可忍受的痛苦。因而，乍看起来，所有的证据都确证了冯特的解释。然而，如果仔细研究这些事实，这种印象就会马上消失。冯特所相信的——我们可以描述为无限的——极端痛苦真的与对光的感觉相关吗？冯特自己也不得不否认这一点。他说，这种感觉与其它感觉神经所导致的其它相似的痛苦感其实没什么质的不同。[1] 然而这如何可能呢？一种色彩能够通过感觉强度的逐渐增加而转化为一种绝对异质的东西吗？一种颜色逐渐彻底变为一种声音看来是不可想象的。真相是经验教给了我们完全不同的东西。当光的感觉增强到产生不快感受的时候，我们会发现视觉现象本身不再美丽。当阳光或手电筒照射我们时，与此相关的甚至是痛苦。我们喜欢避开痛苦，同时却还没把眼睛从美景移开，这就在我们之中出现了一种欲求上的冲突。因而，在这种
151 情况下，我们有一种混合的感受，或者说有两种不同的感受，它们与两种感觉关联，被相同的神经同时传导，然而由此，这两种感受之间就仍然是有区别的或是异质的。正是由于这个原因，不快看



---

① 《生理学的心理学》，第 433 页。冯特说极端不快的感受“不再展现任何质的差异”，他通过下述事实解释这一点，即，感觉已经被彻底融进了不快感受之中。这种评论很难理解，因为，就其整个情感理论而言（参见第 426、427 页），我们很难相信他想断定：“感觉由之而自在自为存在”的东西完全被消除了。然而，如果这是他的观点，他将犯我们前面批评的其他心理学家的同样错误——我们进行批评时表明了情感必定奠基于表象。这样，我们认为这个错误的原因的看法也就会得到确证（参见上文第二卷，第一章，第 3 节）。

来才相似于通常所说的由情感神经所导致的痛苦。这种不快与下述不快毫无共同之处,例如,通常变淡的灰色产生的不快,而这种灰色的变淡或是由其自身,或是由与其它现象的关联而导致的。只有快乐显现为一种增加了的欢欣,显现为看到令人愉快的颜色所允许的欢欣。随着刺激的增加,在我看来快乐与痛苦同时在增加,不过,显然是以不同的比例。起初,景色的美丽会使我们关注不到二阶感觉中的不快;然而,不久之后,痛苦开始变多,以至于美不再诱惑我们,我们只被摆脱痛苦的欲求所控制。在这种情况下,所发生的是,我们简单地把感觉看作是不快的,尽管只要仍然存在着任意一点颜色的痕迹,我们都不会称这个东西为丑的。因而,看来最能确证冯特理论的那些现象,如果切近考察的话,多数是否定他的理论的。我们对与视觉相联的感受所说的东西也可以用于和其它感觉相联的感受上。事实上,很难把一种感觉与其它感觉分离开来。例如,嗅觉严格讲来并非仅仅与我们称之为味道的东西相关联。另一些嗅觉结果源于感觉神经的刺激,而且还有一些嗅觉与肺和胃有关,例如我们在与如下现象的关联中经历的嗅觉——我们通常将之称作新鲜的或馊的、以及令人作呕的。因而,我们可以设定——这种设定看来是完全可能的——这些现象包含着快乐与不快的混合,而非处于快乐或不快感受之间的一种真正的中立感觉状态。

因而,下述说法是不对的,即,从一开始就必须假定,除了被感受所伴随的心理现象之外,还存在着中立的心理行为。然而,我们能够对下面这一点给出确定的证据吗?这第三种的内意识与前面考察过的那些同样地普遍。

我们当然需要回顾一下我们先前所遵循的步骤。我们基于行伴随表象的强度与它们所伴随现象的强度之间的函项关系解释了行伴随表象的普遍性。那么,我们可能以同样的方式解释行伴随情感的普遍性吗?其实发现这是不可能的并不困难。就像判断一样,感受也有两类强度:其中一类被行奠基的表象所共同具有,另
152 一类则仅被它们自身所具有。在内知觉中,我们发现当第一种强度随着被知觉行为的强度而变化时,确信的特定强度通常却保持不变。内感受中的情况则有所不同。可以确定的是,特定感受的强度——我们已在前面涉及过这点——即快乐与不快的强度,依赖于快乐与不快现象的强度。内知觉的强度通常等于被知觉行为的强度,而且内知觉的强度也等于内感受及其行奠基的表象共同具有的强度,但内知觉的强度不等于内感受的强度。事实上,甚至会出现同样的心理现象——例如同样的感觉——在完全不同的情况下唤起不同的感受;即,有时快乐多一些,有时快乐少一些;甚至同样的感觉,有时导致快乐,有时导致不快。当我们弹奏同样的曲调时,我们听到同样的音色,但却有不同的感受。进而言之,当我们变换了音符的顺序时,这种差异就更为巨大。当一个音符适合一种旋律的背景时,它听起来是令人愉快的;如果它不适合这种背景,它就会被一种不快的感受所伴随,不论这个音调是多么高昂。如果旋律是以其它键盘弹奏的,那么每个音符引发的感受与它所替代的音符引发的感受是同样的。然而,它所引发的感受却完全不同于它被初次弹奏时所引发的感受。同样的事情也发生在色彩的情形中。我们说有些颜色搭配得很好,而有些颜色搭配得较差。搭配得好的颜色不论是被同时看还是被连续看,都会产生一种快

乐的效果，而搭配得不好的颜色，必定会使我们的视觉感到不快。我们后面会谈到同时比照的现象，在其中一种颜色显现的样子尽管绝对未变，却被当作另外一种颜色。在这种情况下值得注意的还有伴随着色感变化的感受。当我们的旋律从一个键到另一个键进行变调时，每种音调都被一种感受所伴随，这种感受是与我们对先前占据相应位置音调的感受相关联的感受。相似地，我们发现与另一种颜色混合在一起的一种颜色伴随着与这种颜色通常唤起 153
的感受相关联的感受。例如，如果我们看到像红玫瑰或蓝玫瑰这样的淡色，那么这种颜色就会以极大改善的样子显现出来，并且获得了与所考察的颜色现象相区别的吸引人的特征。因而，下述说法就是相当明证的，即，即便不能否认行伴随情感的强度依赖它所伴随的心理现象的强度，这种心理现象也不是这种强度所依赖的唯一要素。其它一些条件也应当被纳入考虑；很可能其中一些条件是绝对未知的，而且其它要素施加的影响也还未被精确考察。因而，我们会看到行伴随情感的普遍性并不能以上述方式被证明。

结果是，我们看到自己转向了单纯经验，因为我们先前的讨论已经为我们铺就了这条道路，而这条道路在我们处理内表象与内知觉时是未向我们敞开的。只要尚未建立起每种心理现象都会被我们知觉这一原则，简单的归纳就难以保障下述一点：即这种或那种意识通常伴随着我们的心理行为。对下述情形进行研究显然是荒谬的，即，在我们的内知觉领域是否存在着脱离我们内知觉的行为。既然我们现在知道了所有心理现象都在我们的知觉范围之内，那么我们就有权提出下述问题：内知觉只是揭示与内情感相关的行为呢？还是也揭示这类行为之外的行为？

诸如洛采这样杰出的心理学家没发现在知觉之外的心理现象，而且正如我们所看到的，其他许多杰出的心理学家在这点上持同样的观点。如果我们检讨冯特的陈述，我们会清楚地看到，他并未发现未被感受伴随的心理行为。他是通过演绎论证，获得了必定存在着例外情况的确信。因而，如果我们表明这种演绎几乎不能基于合理的基础，我们就可以期待：甚至从这种来源看，反对行伴随的感受是普遍的假定的意见也会消失，而且这种假定会得到这种新的而且有价值的证明的支持。

7. 让我们回顾这章以及前章的研究，且对其结果进行简要概括。

每种心理行为都是有意识的；它在自身之中包含了一种对其自身的意识。因而，每种心理现象，不论多么简单，都有双重对象：一阶对象与二阶对象。例如听这种简单行为，它有一阶对象——
154 声音；以及二阶对象——听自身，即，在其中声音被听到的心理现象。关于这种二阶对象的意识是三重的：它包含着对听的表象、对听的认识，以及对听的感受。因而，每种心理行为，甚至最为简单的行为，也有可被考察的四个不同方面。它可被看作对其一阶对象的表象，就像我们在考察听的行为时对声音的感知那样；然而，它也可被看作是对其自身的表象、对其自身的认识，以及对其自身的感受。另外，在这四方面的统一中，二阶对象是其自身表象的对象，是其自身认识的对象，以及是其自身感受的对象（如果可以这么说的话）。因而，不需增加实体的复杂性与多重性，不仅自身表象被表象，而且自身认识也被认识与表象，此外自身感受也被感受、认识与表象。

对二阶对象的表象的强度通常等同于对一阶对象的表象的强度。同样的情形对于行伴随的判断与感受的强度也是成立的，只要它们是奠基于一种表象的。

对二阶对象的认识的强度特性——即对它所知觉之物的确信的强度——是不变的；这种强度通常具有最高的确信度。

相比较而言，行伴随的感受的强度，即，快乐与不快的程度则没表现出相似的规律。这种强度既不是一成不变的——像内知觉中的确信的强度那样；也不是随着表象强度的增加或减少而成比例地增加和减少的。行伴随的感受强度既依赖于它所伴随的表象的强度，同时也依赖于其它要素，这在我们后面探究其影响时会进行考察。下述诸方面使这个领域成为最为丰富而多变的研究领域：即，天资方面的原初差异、获得的性情方面的差异、在这里起作用的与其它现象相关联方面的差异、一阶对象的质与强度，以及指涉一阶对象的多重性等等。

155 # 第四章　关于意识的统一性

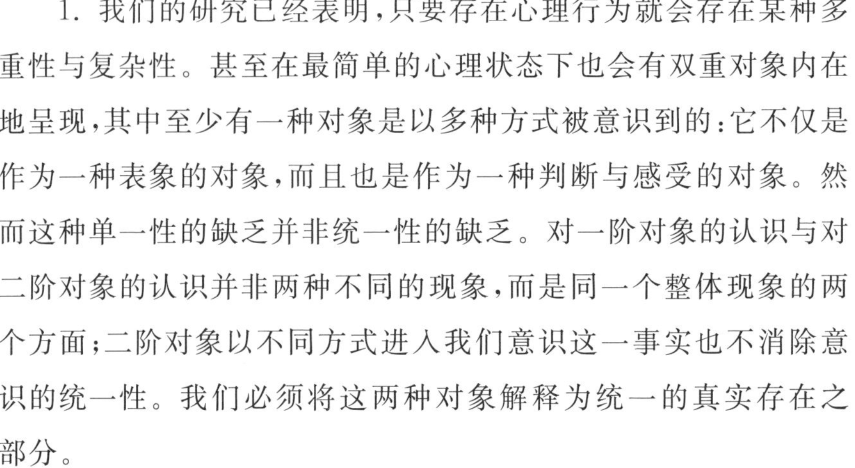

1. 我们的研究已经表明，只要存在心理行为就会存在某种多重性与复杂性。甚至在最简单的心理状态下也会有双重对象内在地呈现，其中至少有一种对象是以多种方式被意识到的：它不仅是作为一种表象的对象，而且也是作为一种判断与感受的对象。然而这种单一性的缺乏并非统一性的缺乏。对一阶对象的认识与对二阶对象的认识并非两种不同的现象，而是同一个整体现象的两个方面；二阶对象以不同方式进入我们意识这一事实也不消除意识的统一性。我们必须将这两种对象解释为统一的真实存在之部分。

在现实中，这种单一状态永不会发生。相反，经常发生的是，在我们的心灵中会同时出现很多对象，以此我们进入一些多重的意识关系中。下述问题依然存在，即，是否存在一种真正的统一体能将如此杂多的心理现象都包含进来？这些现象是真正的统一体的部分呢？还是我们这里所面对的就是多重的事物，因而心理状态的统一性必定被看作一种集合体的存在、被看作一个现象组？每种心理状态凭其自身就是一个事物还是它们都属于一个特定的事物？

156 我相信这个问题已经被清晰地阐述了。然而，由于在这一领域存在着非常普遍的误解，我会再提供一些简短的解释性观察。对某种东西而言，它不可能同时成为一个真实的事物和一组真实的事物。这已被亚里士多德[①]所断言，也被他一再地坚持。我们当然可以把一组对象放在一起而以**一个**名字来称呼这些对象的总体，就像我们说“兽群”或“植物界”时所做的那样。然而，这种被归在一起的并不因而就是**一个**事物。这个名字所指称的东西并非一个事物，而是我们称之为**一个集合**的东西。一个城市中的每所房子、每所房子的不同房间、由若干木板组成的房间地板等都是集合的例子。或许木板自身也是由很多要素构成的集合体，它或是由点、或是由看不到的原子或更大的单元构成。这不是我们这里要讨论的问题。然而，有一件事情是确定的：离开一些真实的统一体，就不会有复合体，离开诸事物，就不会有集合。[②]

然而，即便从一开始一个东西就显而易见地不会成为诸事物 157
的复合体，这也并不意味着在这个东西中不能区分出复合体。统一体与单一体是两个不可互换的概念——正如亚里士多德在这点上一再强调的那样。[③] 即便一个真实之物不能成为一些真实之物的复合体，它也仍然可能包含着一个由部分组成的复合体。这种情形明显的例子可以在前章讨论的那些相对不复杂的心理状态中找到。对这些心理状态而言，一阶意识与多重的二阶意识所归属的是同一个事物，但显然并非归属于一个最终的单一之物。自然



① 《形而上学》，Z，16。

② 显而易见，我们所说的“集合”的外延与语法学家所使用的意义是不同的，其原因是显而易见的。

③ 《形而上学》，A，7。

而然的是，正如我们可以用一个术语统括一组事物那样，我们也能够把一个事物的每一部分看作自在的某物，并以它自己的名字来称呼它。正如在第一种情形中术语所应用的对象并非一个事物而是一个集合那样，在后种情形下，对象也不是一个事物。因此，由于缺乏一个通用的无歧义的术语（因为当真实之物处在集合中时，“部分”一词也可以用在真实之物上面），我们将称真实之物为一个可分物。

我们现在以更为精确的形式重新提出问题：在更为复杂的心理状态的情形中，我们不得不设想一种事物的集合吗？抑或最复杂状态的心理现象（就像最简单的心理现象那样）的整体构成了一个事物，在其中我们能够把可分物区分为诸部分？

2. 与包含在一个声音或一种颜色表象中的相对简单状态相比较而言，下述两种复杂的情形是可能的。一种情形是，我们能够以不同的方式意识到同一个一阶对象，例如当我们不仅表象一个对象，而且也欲求它的时候便是如此。另一种情形是，甚至一种更大程度的复杂性也可以从下述事实中产生，即，我们的心理行为会指向多个一阶对象，例如，当我们同时看或听的时候。上述两种复杂的情形也可以同时发生，因而就会产生出一种更为复杂的心理状态。不过，显然我们对这种情形所做的断定依赖于我们在只有一种复合体的情形中所做的断定。如果这两种复杂情况的每一种都不对真正的统一体构成威胁，那么它们合起来也不会对之构成威胁，于是同时出现在我们意识中的心理现象通常就构成上述这种统一体。

这种假定尚有其困难。如果我们同时性的心理行为只是一个统一之物的可分物，那么它们之间又如何能独立呢？可它们彼此独立却是实情；不论它们出现时还是消失时看来都不是彼此关联 158
的。不论是看还是听，没有彼此它们也能够出现，并且它们如果同时发生，一个持续时，另一个可以停止。在这种复杂的情形中，心理行为是彼此独立的；在其它情形中，至少也有部分的独立性。只有当我表象了一个东西我才能欲求它，但我完全可以只表象而不欲求它。下述情形是可能的，即，在我开始欲求某个对象很久之前我就开始表象它，而随后我的欲求停止了，甚至转化为反感，可我的表象仍旧朝向着这个对象。

进而言之，如果我们对同时性的看与听的行为之间的关系与前面提到的内意识的各种不同形式之间的关系进行比较的话，我们会立刻明白无误地看到后者无与伦比地是一种更为内在的关系。看与听的关系没法与我们在内意识中发现的三种现象的内在相互关系相提并论，后种关系中每个现象都以其它两个现象为其对象。如果看和听就像三种内意识形式那样属于真实统一体的部分，那么我们就会期待关联的紧密性中的差异之不可能性。因为显然没有什么能比按其本性来说是一的东西更是一个统一体。因而一个复合心理事态的总体必定会被看作是一个集合。

然而，对下述观点亦有支持的意见：即使在上述情形中，真正的统一体也不能被复合体所取代。特别需要强调的是，看来不可能将我们以不同方式集合地意识到——例如同时既表象又喜欢某物——同一个一阶对象时出现的复合体看作是由多个东西加总而成的集合体。对我们而言下述情形直接是荒谬的，即，某物被爱，可它却不是一个表象的对象；我们将上述情况视为一个矛盾是正确的，因为正如我们前面所表明的，其它每种意识形式都奠基在一种表象上并且在其中包含着一种表象。[①] 如果表象与爱是两个分离的行为，其中每个行为都有其自身的权利，并且如果其中一个只是偶然地成为另一个的原因，那么前者就可能由此而被后者所取
159 代，以至于我们就会爱没有其表象的某物。因而在所有情形下，爱与对所爱之物的表象必定属于同一个真实的统一体。然而，如果我们假定，由于表象能够在爱停止后继续存在，表象凭借其自身必定就是一个东西，那么我们就不能不说当我们爱这个东西时，这个东西就呈现了两次，而这是错误的并与经验相反。

甚至当我们将注意力同时转向几个不同的一阶对象时，例如当我们同时看和听时，也有理由说，这两种现象属于同一个真实的统一体。我们可以比较看到的颜色与听到的声音；确实，每次我们都认识到它们是两种不同的现象。如果颜色与声音的表象属于不同实在的话，那么关于二者之差异的表象又如何可能呢？我们能将这种差异归之为或是颜色的表象或是声音的表象，或是二者结合的表象，亦或是第三种东西吗？显然，不论颜色的表象还是声音的表象都不能孤立地发生，因为它们中的每一个都排除了两个被比较对象中的另一个；出于同样原因，对于第三种实在而言，除非我们承认颜色与声音的表象重复及统一于这种实在中，要不然我们怎么能够将这种表象归于这二者的联合呢？不过任何人都会看到这是一个荒谬的假定。事实上，这像是在说，一个盲人或一个聋



① 第二卷，第一章，第3节。

人确实无法比较颜色和声音，不过，如果一个人能看而另一个人能听的话，这两个人合起来就会认识到这种比较关系。为何这看起来如此荒谬呢？因为进行比较的认识是一个真正的对象统一体，可当我们联结盲人的行为与聋人的行为时，我们通常得到的是一个集合体而非真正事物的统一体。显然，盲人与聋人离的远还是近，都于事无补。即使这两个人长期地在同一个房间长大成人，甚至他们是双胞胎在成长过程中形影不离，也一点也不会增加这个假定的可能性。只有当声音与颜色在同一个实在中一起呈现时，它们之间相互比较才是可能的。我们不仅可以比较不同的一阶对象，而且这些对象还可以通过许多其它关系而进入到我们的思想与欲求中。我们找出通向目的的手段并且发展出精致的计划；如果我们将思想中的个别构成因素区分为事物的杂多性，那么所有这些要素与联结就会分解为杂多或干脆分 160
解为无物。难道对手段的欲求不包含对目的的欲求吗？难道对手段的表象不包含对目的的表象吗？难道选择的整体行为不必然包含着对选择对象的表象、不必然包含支持这个或那个对象的动机的表象吗？所有这些都如此明证以至于在这上面过多纠缠亦属多余。

当我们考察意识的内在方面时，会出现同样的情形。当某人表象及欲求某物时，或当他同时表象多个一阶对象时，他不仅意识到这些不同的行为，而且也意识到它们的同时性。当某人听一首曲调时，他认识到这时有一个音符呈现，也认识到其它音符已经出现过了。当一个人觉察到看和听时，他也觉察到他在同时进行这两种行为。如果我们在一个东西中发现了看的感知，而在另一个东西中发现了听的感知，那我们在两个东西的哪个中来发现对二者同时性的感知呢？显然，在两个中的哪个里面也发现不了。因而，很清楚，对一个对象的内认识与对另一个对象的内认识必定属于同一个真正的统一体。并且从前面的研究我们知道，应用于对心理行为的内认识的东西也应用于这些行为本身。因而，看来经过辩护我们可以得出，没有哪种复合体可以阻止我们将心理行为的总体看作一个真正的统一体。

最后一个观点无疑是对的，并且我们所提出的有利于它的证据是不可反驳的。当我们澄清了这个问题的真正要害之后，反对它的论据便完全丧失了力量。



这并不是同时性的心理行为是否是真正同一的问题。与概念的同一性不同，如果一个东西是另一个东西，那么两个东西就具有真正的同一性。因而，每个人都真正地同一于他自己。相反，不同
161 的人在他们当然都是人这一点上是概念地同一的，但这并非真正的同一性。在这种非真正同一性的联结中，被称之为真正意义的同一的东西不论是一个事物、一个可分物、一个集合体、一个私密之物，或是其它什么，都无关紧要；例如，我们说“盲”是一种缺陷，“一群”是同种动物群体等。在所考察的情形中，正如我们所说，不存在真正同一性的问题。显然这种真正的同一性问题在我们当下的诸心理行为中永不会出现，它也永远不会在最简单的心理行为的不同方面（我们前面所划分的）之间出现。对听的感知不同一于我们对听的感受。它们是同种实在的可分物，但这并不能使它们真实地等同于这个实在，并彼此相等同。一个与其它东西构成一个集合的实在物，既不同一于这一集合，也不同一于集合中的其它

东西——没有人会说军队是一个战士或一个战士是其他战士。同样，我将之**区分为**一个真实之物的部分的可分物，也不能等同于这个真实之物，因而不能被等同于可从这个真实之物中区分出的其它部分。一个可分部分永不会真正同一于与它有区别的部分，因为如果同一了，它便不会成为其它部分而是同一个部分了。但这些部分都同属于**一个真正**的实体。并且正是**一个**真正实体中的共同成员才构成了我们所说的统一体。

如果通过这些考察我们已经摆脱了混淆的危险（这些源于经院哲学的术语很容易导致这一危险），那么对相反论证的回应就会马上出现。

可以说，没有什么能比真正是一的事物更是一个统一体。因而，如果我们同时性的行为整体是一个真正的统一体，那么下述情形就并非实情，即，一些同时性行为的关联的紧密度没有另一些同时性行为的关联的紧密度高，特别是没有内意识不同样态之间的
关联的紧密度高。我们眼下就有一个我们前面反对的混淆的例 162
子。不论实际呈现在哪里，真正的同一性关系必定是同一个；不论它是被称为一个事物、一个集合、一个可分物或是被称为与自身同一的东西。没有什么东西与其它东西的同一性比与它自己的同一性更为同一。然而，这对于属于真实统一体的诸部分之间的关系并不成立。如果真的有被称为原子的小的单元事物，那么这种原子的不同部分之间的关系就不同于不可见的微小体积仍然将之作为可分物包含的量的部分之间的关系。据说这种原子的量的部分不能从原子中被分离开来，并且原子的一些性质也不会丧失。但是存在着对之明显不成立的其它的性质，尽管这些性质自身也无

权被称为事物。例如一个原子从静止到运动。运动凭其自身并不是一个真正的事物；如果运动是一个事物，那么运动离开原子继续存在就是可设想的。我不想以任何方式假定原子理论的真理性已经建立起来了，我也不认为原子不同属性之间的关系是从实在中抽取出的样本。我只是想按照通常的假定去表明，当我们处理同一个实在的部分的时候，我们可以**设想**它们以多种方式联结，并且彼此之间具有或大或小的紧密度。因而，下述情形是可能的，即，在我们所区分出的我们心理状态整体的不同部分中，统合的方式是非常不同的，即使它们是同一整体事物的可分部分，结果仍旧如此。

163 听的行为与听的意识的关联必定比与听同时发生的看的行为的关联更紧密。由于听的表象与听的知觉的所有变化都不依赖于听的行为，而相伴的感受因其它因素也在变化，所以我们可以说，甚至在这统一体之中仍存在不同程度的紧密。我们还可以说，指向同一个一阶对象的两种行为之间的关联——例如欲求与欲求得以奠基的表象之间——比指向不同的一阶对象的行为之间的关联更为紧密。对于我刚听到的一句话的词语的同时的表象之间的关联比不同感官的同时的感觉之间的关联更为紧密；我们可以指出在同时发生的心理行为的整体中各要素关联的紧密度的其它差异。具有差异性这一事实本身就是值得注意的，而且它在许多方面或许是重要的，尤其是在与观念的联想律有关的方面。然而，我们显然不能从中得出任何**反对**下述断定的有效论据，即，所有观念都属于同一个真正统一体。



因而，反对更为复杂的心理状态是真正统一体的第二个论据就被化解了。

建基于表象独立性以及某些心理行为连续性之上的第一个论据也被暗中拒斥了。真正同一的东西是不允许被分离的，因为这将意味着某个东西与它自身分离。然而，那伴随其它部分的、属于真正整体的一个不同部分也许可以消失，而其它部分却可以毫无矛盾地继续存在。

3. 我们的研究导向下述结论：我们心理生活的总体作为一个复合体通常构成了一个真正的统一体。这就是众所周知的**意识统一体**的事实，这种统一体一般被看作心理学研究最为重要的目标。

然而，这个目标时常既被它的支持者，也被它的反对者所误解。与此相反，我们试图再次以清晰精炼的语言表明，这种意识的统一体是什么、不是什么。

正如我们通过明证的内知觉所得知的，意识的统一体在于下 164
述事实，即，在我们之中同时发生的诸如看、听、表象、判断与推理、爱与恨、欲求与躲避等所有心理现象，不论它们多么不同，只要它们被内在地知觉为一同存在，它们便属于一个统一的实在。它们构成一个心理现象组的诸现象部分，其要素既不是独立的事物也不是独立事物的诸部分，而是属于一个真正的统一体。这是意识统一体的必要条件，而且不需要其它进一步的条件。

首先，当我们提出意识统一体时，我们没有以任何方式声称，不属于同一个实在的不同组的心理现象永不会与同一个物理身体相关联。我们在珊瑚丛中发现了这种关联，在同一个珊瑚茎上生活着无数微小的生物，它们拥有同一个身体生命。一个微小的生物与另一个微小的生物同时性的心理现象不会形成一个真正的统一体。并且也没有内知觉来领会其同时性的存在。因而，即使下述情形也不会与我们的定义相违，即，在我身体中还有另外一个我，就像我的身体被一个恶的精灵所占用——正如《圣经》中时常提到的恶魔——那样。这样，在这种精灵的意识与我的意识之间就不会有真正的统一体，因而我用内知觉领会自己的心理现象的同时便不会直接地领会这个精灵的心理现象。如果像莱布尼兹所相信的那样，我的身体只是一个巨大的单子，也即是一个拥有其自身特定的心理生活的真正独立实体，事情会是同样的。我的内知觉不会超出我自己——这个支配性的单子。不论这个理论是对的还是错的，它都不会与意识的统一体相冲突，正如内知觉揭示给我们的那样。



进而言之，意识的统一体并不意味着意识会排除任何种类的复多性之部分，就像在实在体中那样。相反，我们已经看到，内知觉揭示给我们的东西是能够区分为各种行为的，而且内知觉是不会出错的。赫尔巴特确实认为一个事物必定是单一的。根据他的意见，只有诸事物的一种集合能够成为具有诸部分的复多体；一个非单一的存在物会是一个矛盾，而矛盾律在所有条件下都是成立
165 的。我们在后一点上完全同意赫尔巴特。以任何方式及在任何关系中质疑矛盾律的人其实都是在拿他的论据来反对直接明证的东西，而直接明证的东西是比任何证据都确定的证据。这对于我们内知觉的事实也完全成立。与之前的康德一样，赫尔巴特的重大错误是，他只是以与研究外感知指向的东西同样的方式来研究内知觉现象，并把前者作为后者的研究基础，也就是把内知觉现象仅

仅看作指向实在存在的现象，而非将其自身当作真实存在的东西。[①] 如果赫尔巴特将心理现象当作真实的存在，那么他的形而上学理论与内知觉事实之间的不一致就会在这里以及在别处引起他的注意，也不需要有人聪明地指出他的论证中的某些漏洞和主张中的矛盾、指出其证据中的裂隙与含糊其辞了，因为所有这些矛盾都是一望便知的。[②] 因而，由断定意识的真正统一体这个前提，我们完全不能得出意识是一种绝对单一的实在这个结论。我们只能断定其中的可区分出的诸部分应被看作一个真实统一体的可分物。

如果意识的统一体不需要单一性，就是说它只与一种包含着部分的复合体——这些部分不能相互分离——相一致，这也还没有切中要害。相反，正如经验所揭示的那样，我们已经看到我们有些行为已经停止了而其它行为还在持续，其中有些行为变化了而其它行为却保持不变。

有必要进一步强调，意识的统一体既不排斥诸数量部分的复多性，也不排斥空间的广延性（或类似的一些东西）。虽然内知觉确实没有显示给我们任何广延；可是，在没有显示某物与显示某物不存在之间有一种差别。否则，在下述事例中我们就不得不说法 166

① 根据赫尔巴特，心理现象指向的是心灵，即具有一种单一性质的单一实在体，这一实在体不同于其它单一的实在体，它是自持的。在现实中以表象形式呈现给我们的东西就是这种自持过程。因而，我们在自身中知觉到的诸表象的复多性就不允许我们以任何方式将我们的真正存在设定为诸属性或部分的复多体。至少为了消除赫尔巴特的形而上学与他的心理学之间显著的矛盾，看起来必须这样解释他的理论。然而，或许我们应当认为赫尔巴特相信我们的诸表象只是自持的过程吗？尽管面临诸多侵扰，这种自持性依然保持不变，这就是它们所呈现给我们的东西。这样的话，赫尔巴特就既不会陷入显而易见的矛盾，也不会以最确定的方式否认内知觉的明证性。

② 参见特伦德伦堡（Trendelenburg）：《哲学史文集》，第二卷，第 313 页以下。

官的判决是正义的：一个法官宣告一个被控为言辞侵犯的人无罪，因为原告只能提供五位证人证明听到了侮辱，而被告却承诺提供一百位没听到侮辱言辞的证人。当然我们不能认为属于意识统一体的心理行为可在每种方式中被定量地区分。下述情况是不可能的，即，"看"发生在我们意识中的一个定量部分，而伴随着看的内表象、内知觉或内愉悦等心理行为却发生在意识的另一个不同的定量部分。这与我们所听说的上述现象之间的特别紧密关联与紧密统一是相矛盾的。显然下述情况是不可能的：我们的一个表象包含在意识的一个定量部分中，而指向这个表象之对象的判断及欲求却包含在另一个定量部分之中。在这种情形中，不会有作为判断与欲求的基础的表象，而内知觉却表明存在着这种表象。另一方面，我们无法否定下述观点：一种表象或许是有广延的，或是不同表象可能会以类似于空间的方式一个个并排存在等等。

如果把一个虫卵切为几段，那每一部分常常会表现出有意运动的最为确定的标志，从而表现出感受与表象的最为确定的标志。有些人——其中包括亚里士多德——对此解释说，当动物的身体被切割时，可以说，它的灵魂也被切割。因而，被切剖的动物的整体意识在某种意义上必定是空间地展延的。其他人拒绝这种看法，认为虫卵在被切割以前已经有多个不同的灵魂——每个不同的部分都有一个不同的灵魂。我们在这里不讨论后种观点可以自我辩护到什么程度。我们会在这部著作更后的部分关注这个问题。[①]

① 布伦塔诺的意思是说在《从经验立场出发的心理学》第六卷返回这个问题，但这卷并没写出。——编者注

正如一些人实际所做的那样，如果我们想以意识的统一体来 167
反对旧理论，谈到这里也就足够了，虽然这个论证自身并不太具有决定性的反驳力。我们已经看到意识的统一体与意识行为——这些行为是不可分离地结合在一起的——的复多性是相容的。因而，可分的定量部分的复多性就不会与这种理论相矛盾。

正如意识的统一性不会排除部分的复多性那样，它也不会排除部分的多样性。这些部分并不必然都属于一个种类，它们只必然属于同一个真实的统一体。我们已经发现我们的意识作为一个整体不仅包含一组心理行为，而且包含非常不同类的行为——不仅有表象，而且也有感受。统一性与单一性并不相同，它与诸部分的同质性也不一样。至少，这不能阻止一个想将我们的心理行为看作在空间上延展的人把定量部分设定为同质的，并在我们的心理现象中如此这般地揭示它们自身。我们不希望断定这个假定或其它相似的假定是真的，不过，即使它被证明为真，也不构成对我们意识统一体理论的决定性反驳。实际上，我们看到这种统一体包含了部分的复多性，在任何情形下，诸部分都以各种方式彼此关联。

最后，意识的统一体并不意味着，我们通常指涉我们过去心理行为的心理现象，是包含着我们当下的心理现象的同一个真实之物的部分。只有一件事情是无可质疑的：正如内知觉直接向我们表明的那样，只存在一个心理现象组的真正统一体，记忆也直接向我们揭示出，在过去的每一时刻只存在一个这样的统一体。就像内知觉揭示的现象组也能够包含其它现象组存在的信念那样，对于其它同时性的心理现象，记忆通过向我们展示在我们所关注的

现象组中存在着关于上述心理现象的知识，因而只是放弃了对这
些心理现象的某种间接认知。因而，记忆直接揭示给我们的只是
**一种**时间上连续的组系列，其中每个组都只是时不时地被间隙所
打断。通过进一步反思，我们有时在填补这些间隙方面也取得了
成功。这些系列的连续性也意味着连续的组彼此之间具有某种亲
缘性。这种连续性也许与仅仅是时间的差异性完全相似，抑或说
168 存在着一种通过无穷层次逐渐增加的差异，因为下述情形是不可
想象的：一个连续的变异在任何时候都包含一种有限的巨大跳跃，
或是都会完全转变为另一种异质的现象。事实是，甚至在最激烈
的突变之后，稍前的与后来的阶段之间的关系也会揭示自身。因
而，在紧随发生的较大变化之后的阶段，记忆揭示出人们意识到的
对立：新状态与先前状态之间的对立。我们甚至会一般地讲记忆
行为，它们通常指回遥远过去序列中的内容，而**不**指向任何不属于
这一序列的现象。这一序列的最后内容就构成我们直接通过内知
觉所领会的组。我们通常将这个序列称为我们过去生活的心理现
象之链。就像看、听及想要等在内知觉中被揭示时，我们也说“我
看”、“我听”及“我想要”，同样，当现象直接呈现在记忆中时，我们
说“我看过”、“我听过”及“我曾想要”等。因而，我们通常把记忆直
接呈现给我们的现象看作经由内知觉获知的行为。依据这些记忆
现象的特征而理解朝向上述概念的趋势是容易的，而对于这些记
忆现象我们已经描述了其根本特征。但是我们仍然不能声称下述
情形是明证的：包含我们当下心理现象的真正的统一体也真正包
含着我们通常称之为“我们的过去”的东西。也没有证据表明我们
所建立的有关当下心理现象的真正统一体能够运用到过去。当

然，我们当下的记忆行为就像我们当下的其余心理行为一样必定属于同一个存在体。然而，记忆行为的内容并非记忆行为本身。假如记忆行为与记忆内容并非同一的，我们如何保证它们归于同一个实在统一体呢？如果由记忆提供的知识是直接明证的，我们就能够得出这个结论，就像我们在内知觉情形下得出的那样。但是记忆（内容）是以缺乏明证性而闻名的，它甚至含有诸多欺罔。那么这里就留下一个悬而未决的问题：自我的连续存在是同一个统一实在体的持存呢？还是不同实在体以下述方式的一种简单持续，即，每一个后来的实在体占据了它前面实在体的位置？因而，相信自我是个有形机体，这个机体构成实体持续性变化的底基，这与我们前面的陈述是不矛盾的，只要持这种信念的人承认，这种机体所经验的印象给这个机体更新自己的方式施加了一种影响。因而，就像一个伤口留下了一块伤疤那样，过去的心理现象会留下痕 169
迹，留下后效的痕迹，并因而使回忆得以可能。因而，自我在过去与现在存在的统一体就与一条河流无甚区别，在这条河流中，后浪随着前浪并且推着前浪。对于将这个机体看作是意识的承载者的人而言，只有一个假定是必须排除的，即，将每个机体看作是事物复多性的原子论假定。人们能够给予这种假定的唯一价值是，将它看作是在自然科学领域进行探究的规范性原理，正如在莱比锡自然科学大会上杜·鲍斯-雷蒙德（Du Bois-Reymond）所讲的那样。①

4. 正如这里所勾勒的那样，意识的统一体学说的目的比人们

① 《论自然知识的边界》，1872年。

通常赋予它的目的更为适度。因此，前面的讨论实际上已完全证明了它。而且它通过不仅反驳上述论证，而且反驳其它各种反对意见，从而表明自己是正确的。

C. 路德维希在其生理学教科书中声称，我们心理现象的真正统一体遇到了一“完全不可消除的困境”。他说：“正如我们一再提到的，并无任何理由能使我们认定感觉与动力神经纤维之间存在根本的差别。如果没有这种差别，我们如何能解释同质性神经的相互作用的结果与同质性灵魂的相互作用的结果之间的非相似性呢？这个困难至少提示我们要明白，我们所讲的灵魂是由不同部分所构成的一种非常复杂的结构，这些部分彼此内在关联，因而其中一个部分的状态就容易与整体沟通。”[1]

让我们假定路德维希这个论证是令人信服的，并且能达到所指向的结论。正如我们所解释的那样，真正的意识统一体绝不会因而被拒斥。如果这个统一体具有定量及异质的部分，并且具有一种非常复杂的结构，这将会满足路德维希的要求。当然，如果以原子论假定为基础，上述设定就会被挑战而成为不可能的。不论
170 可对这一假定说什么，面对内在事实的明证，它无法被断定为可能的。

进而，路德维希谈到个别部分与整体——也即其它所有部分——的交流状态。那么，通过彼此交流，每个部分都会具有与其它部分同样的状态。于是，每个部分都会看、听等，即使一个部分主要被光所刺激而另一部分主要被声音所刺激也是如此。那么，

① 《人类生理学教程》，第一卷，第606页。

即使整体是复合体，而只有部分是真正统一体，这些部分也会凭其自身而包含一组心理行为，正如我们通过内知觉领会的那样。因而，我们的内知觉就没必要超出一个真正的统一体。事实上，这甚至是不可能的，因为内知觉只是一再地向我们展示了同样的底基。那么对于路德维希的观点而言，情形就是，除了我们统一的意识，在同一个身体中还有其它若干与意识相似的东西。另外，这与我们所讲的意识的统一体并不矛盾。

不过或许这个论证本身并没有路德维希所相信的那样具有说服力。他断定在神经纤维中并没有发现本质性的差异。那我们就因而可以确定永远不会发现差异吗？再者，我们能够确凿地断定在其它方面显得不重要的差别对于感觉是不“根本”的吗？最近，一些生理学家声称，在诸神经节中并没有根本的差别，因而，外在

器官的差异就会被当作诸感觉差异的唯一基础。[1] 不论承认与否，这个假定表明了其论证的不确定性。事实上，如果这是不可接 171
受的，它就会表明——用一个例子来说——生理学的差异如何能

---

① 冯特:《生理学的心理学》，第 5 章，第 173 页以下；以及第 9 章第 345 页以下。冯特说：“就神经纤维的来说，在被承认的范围内，很可能功能的中立原则必定会被扩展到中枢末梢。在神经末梢中所发现的差异不会比不同的神经类型所展现的差异大。另外，当不同的神经末梢在治疗中被纳入的时候，我们随后可以通过刺激感官纤维来释放动力反应。这一实验现象意味着，在中枢神经末端中存在许多相互替代，而这些相互替代是几乎相等的事实。显然，通过以这种方式将特殊功能的底基转化为中枢神经系统，我们只是诉诸于人为地将这种底基降低到仍未被充分认知的领域，这是我们自己选择的这种假定所冒的风险”(第 347 页)。不过，冯特对这些事实的解释包含着矛盾。一方面，冯特从下述前提出发，即，神经(实际是神经末梢)的物理相似性如此之大，以至于使我们不能认为其差异是特定功能的原因。但另一方面，他得出结论说特定功能的原因实际可以在神经的差异——也即通过习性而获得的差异——中找到。

逃离我们的观察或显得不重要——虽然它非常重要。最后，下述情形是可设想的，即，感觉神经所导向的中枢结构中的差异确实决定了视觉与听觉的差异，不过这只有在我们把这些差异的原因归于神经自身的时候才是如此——如果最后这些感觉是明显不同的话，也就是说是通向更远的链条的一环的话。

就像其他不少人认为的那样，朗格声称，动物常常由之可被切分为二的分离现象，以及相反的两个动物可以合而为一的融合现象与意识的统一体是不相容的。他说："钟虫的后代互含虫(Radiopods)通常会彼此进入，并且达到亲密无间。在开始接触的时候它们是平贴的，尔后便融为一体。相似的交配过程也发生在簇虫身上。斯波德(Siebold)发现，甚至一种蠕虫——双身虫——也是通过两只虫的融合而形成的。"[①]

我们已经指出，即使分离现象迫使我们承认一组心理现象可被切分为多个定量部分，这也不能证明与意识的统一体相反的东西，因为这种切分既不需要意识的单一性也不需要意识的不可分割性。同样，融合现象也不能被当作反对统一体的证据。相似地，如果我们认为这些低等动物有记忆，并且承认由切分而得的两个动物中的每一个都记得切分之前该动物的生活，以至于现在同样的意识会存在于这两个动物中，这也不是对我们所谈论意义上的
172 意识统一体的反驳。当然，如果我们断定直接通过回忆而揭示的心理行为与在内知觉中领会的东西属于同一种实在，而同时又认为它们应被看作两种相互区别的现实，那么这就会有矛盾。然而，

① 《唯物主义史》，第三部分，第 41 页。

我们的判断限定在属于当下心理现象组的行为中，因而不会从中得出这些矛盾的结论。如果我们假定由几个动物融合而来的一个动物具有先前多重生命的记忆，这也不会与意识的统一体相矛盾。在这种情形下，记忆实际上会直接揭示出一种同时存在的真正心理统一体的复多性，但是内知觉的范围永不会超出一个真正统一体的边界。

奇怪的是，朗格一方面坚持某些事实与意识统一体是矛盾的，另一方面却认识到，诸如我们在自身中发现的一组心理行为如果离开真实的统一体是不可想象的。因而，他听命于矛盾使人联想起康德的二律背反，他作为康德的信徒，通过说矛盾的显象只有现象的真来解决康德的二律背反。为了避免统一与复多的矛盾，据朗格讲，我们必须设定，不论统一还是复多都不存在于实在中，这两个概念仅仅是我们思维的主观构造物。“唯一的挽救方法……在于，将多重性与统一体的对立看作是我们构造的结果，在于假定在物自体的世界中这种矛盾已经以某种我们所不知晓的方式解决了，或是在那里根本就不存在这个矛盾。凭借这种方式我们就可以避开矛盾的最内在基础，这个基础位于有关绝对统一体的假定之中，而这个统一体是从未给予我们的。如果我们认为所有统一体都是相对的（即属于我们的思维或属于这个或那个特殊的思维行为），如果我们在一个统一体中只看到我们思维的联结，我们确实还没抓住事物最内在的本质，但我们却确实已使科学见解的一致性得以可能。”（换句话说，尽管存在着矛盾，但我们可以将之看作仅为现象的矛盾而与实在无关，从而自信满满地继续我们的研究。）“这对于自身意识绝对统一体的研究实际上是不足

够的，但对于根除千年来我们钟爱的一个观念而言未尝不是一种幸运。”①

当然，如果内知觉的现象仅有现象方面的真理，意识的统一体
173 就会误入歧途。这种内知觉甚至连意识的存在也不能确保。可我们已经反复指出，康德以及这里追随他的朗格都误入歧途了。正如康德所做的那样，认为内知觉和外感知仅有现象的真会引发无尽的矛盾，因为物理现象的现象之真需要心理现象的实在之真。如果心理现象在现实中不存在，那么不论是物理现象还是心理现象都将不能作为现象而存在。因而上述矛盾不能以这种方式消除。另一方面，我们已经看到，朗格所说的现象很容易与意识的统一体事实协调一致，只要我们正确地理解它的话。

朗格也强调了另一种现象。他说：“在低等动物中出现的相对统一体（非常显著的是在那些拥有共同根茎的珊瑚）中，会出现一些生物的根芽，它们在某种意义上应被认为是独立的，而在另一种意义上却应被看作是整个根茎的器官。于是我们就被引向以下假定，即，在这些存在物中，甚至有意的活动在其本性上也是部分普遍部分特殊的；这些半独立根茎的感官彼此关联，同时也具有其独立的功能。沃哥特（Vogt）把有关这些生物之个体性的争论喻为对凯撒胡须之争，这是完全正确的。‘这是个逐渐转化的过程。个体化逐步提升’。”②一个珊瑚体上的诸心理行为确实不能被看作一个真实的统一体。那么就必须将这些行为看作统一体与复多体

① 《唯物主义史》，第三部分，第 37 页。

② 同上书，第 41 页。

之间的一种过渡吗？看作某种不再是一然而又不是多的东西吗？
我看并没什么理由迫使我们去设定这种充满矛盾的、阻止我们设
定在同一根茎中的一种真正心理统一体的复多性的中间状态。朗
格所讲的在珊瑚中“有意的活动本性上是部分普遍的部分特殊的”
只是在下述意义上才是对这一现象的正确解释，即，这种说法可以
说就像属于一个城市或一个国家的人口成员。正如洛采恰当地指
出的那样，在这种生物的群落中，每个个体的意识都独立于其它个
体，并进行使它们自身得以可能的那些生命活动的展现。然而，所
有这些意识都“通过其相互关联而共同受一些外在影响”。[①] 而这
些共同经验的影响会产生出彼此协调一致的对某种欲求与行为的
同时性兴奋。因而我们就不会面对矛盾的概念，这些矛盾的概念 174
会迫使我们牺牲掉我们所信靠的内经验，而且也牺牲通过可靠的
类比而从内经验中得出的结论。

朗格承认，如果我们想假定内意识所揭示的心理现象是真实的话，我们就不得不把这些心理现象看作一个真实的统一体。然而，路德维希否认这点，并且将心理学家们关于意识统一体的论证作为无效的而加以拒斥。或许这里简要讨论一下路德维希这位杰出的心理学家对于支持意识统一体论证的攻击——在迫使我们讨论的范围内——并非多余，我们在前面讨论他对统一体本身进行攻击的时候对此已有所涉及。

路德维希以下述方式又重构了这些论证。他说，感觉、意欲及思想过程属于一个真正的统一体这个假定“被认为是已被证明的，

① 《小宇宙》，第一卷，第153页。

因为意识断定，这只是同样的东西履行三种不同的功能”。这并非一个非常清楚的表达，不过接下来的内容似乎表明，路德维希想说人们试图通过下述论证来证明统一体，即，这三种独立的功能的意识是同一个意识。当转到进行批评时，他继续说：“除非我们被告知与这三种功能相关的意识占据哪个位置，否则这个事实看来是没意义的，因为这些功能可被认为是能落在意识中且不与后者同一。”这个论断的意思显然是，只有我们预设了，这三种内容要被意识知觉，那它们就必须属于意识所归属的同一个真正统一体，我们才能从这个事实中得出三种功能属于**一个**真正的统一体。因而下述定律就可被运用：如果两个东西都与第三个东西同一，那么它们也彼此同一。但路德维希认为这个预设是不成立的。如果这对于其它知觉比如视知觉来说是成立的：我们知觉到某种东西，而这种东西不属于知觉自身所属的真正统一体，那么为何同样的事情在内知觉即在对心理功能的知觉中不会发生呢？他附加道：“甚至做梦现象也使这种观点的可能性得到了提升，因为在睡梦中，我们的感觉与表象像绝对外在的感觉与表象那样呈现给我们，就像我们直接怀疑它们这个事实所表明的那样。”①



如果我们回顾稍前的讨论，我们马上会看到，关于意识统一体的论证是非常不完备的。例如根本没有提到“意欲”必定奠基于表
175 象这一事实，如果没有表象，意欲就是不可想象的，尽管正是这一事实构成了这两种行为是统一的关键性论据。另外，当他谈到这些内容时，他仅给出了诸事实的不确切表象，就像对一种心理行为

① 《人类生理学》，第一卷，第 605 页以下。

的内知觉与这种行为自身属于同一个真实统一体的假定是完全武断的。正如我们看到的，许多事实需要上述假定，特别是下述事实，即，如果没有表象，内知觉的明证性就是不可能的。因而，实际上我们已经提供了路德维希所需要的论据，即，在内意识中被知觉到的心理功能以及这个内意识自身必定属于同一个真正统一体。最后，我们可以说路德维希只是借助做梦现象，就认定感觉及表象与伴随它们的意识不属于同一个实在体，其实这个论证是完全离题的。

首先，认为我们的感觉与表象在梦中显现为外在的，所以，它们就是外在的，这肯定是奇怪的。如果是这样，我们就可以同样的论据得出，因为这些感觉与表象对我们呈现为树、房屋与人（根据路德维希，我们通常会提出这种问题），那么它们就是树、房屋和人。然而，我们通常基于下述事实来区分梦与醒，即，前者提供给我们一种虚假的现实图像，只是时不时会混入一些真实因素。因而，路德维希得出其结论的预设——在睡梦中我们的表象与感觉对我们显现为外在的现实，它们因而是某种外在之物——是完全不可接受的。

不仅路德维希的大前提是错误的，而且其小前提也是错误的。在睡梦中我们的表象与感觉对我们显现为“绝对外在的”并不正确，如果我们将表象理解为表象行为而将感觉理解为感觉行为的话。当然诸如此类的术语可以在不同意义上使用，其中“表象”不仅意味着表象行为，而且也意味着被表象的对象，“感觉”不仅意味着感觉行为，而且也意味着被感觉的对象。然而，在我们所讨论的情形中，我们所处理的是心理行为。这些行为不论在我们的睡梦中还是在清醒生活中，对我们都呈现为内在行为；就这些心理行为而言，即使在梦中也不会有什么欺骗。确实在梦中我们有颜色、声音以及其它形式的表象，在梦中我们害怕、愤怒、高兴，并且经验到其它情感等。然而这些心理行为将之作为其内容而指向的，并且
176 真的显现为外在的东西，实际上，并不处在我们之外而是处在我们之中。它们仅为显象，正如在清醒生活中显现给我们的物理现象实际上并无实在之物与之相符一样，虽然人们通常会有相反的假定。我们已经看到，心理学家在看到这个显现的外在世界之实存是假的后，如何把感觉行为当作实在指涉并进行自身定向的，因为他们具有将感觉对象看作实在的习惯。[①] 与之相似，路德维希错将梦中的感觉行为及表象行为与它们的对象混为一谈。“表象”与“感觉”这些词的含混性对这种混淆也负有责任。有人也许会以下述方式论证：在梦中作为外在之物呈现给我们的东西其实并不存在于我们之外；因而，它只是作为呈现于我们心灵的东西而存在；因而它只是我们的表象，并且像其它表象一样属于我们的心理行为；因而，在梦中我们的心理行为对我们呈现为外在之物。但是这一论证包含了一种显而易见的用词错误，“表象”一词在第一种情况下指的是被呈现的对象，在后面指的是对这个对象进行表象的行为。

我们接着看到，当路德维希试图削弱意识统一体的证据时，并没有像当他试图不成功地构建相反的观点时更为幸运。其它反对意识统一体的观点与路德维希及朗格的攻击一样容易反驳。因为

① 参见第二卷，第二章，第5节。

那些观点的错误与我们在这两位杰出的思想家中遇到的同出一辙，因而就没必要再去逐一考察其中的细节。

正如我们所论述过的那样，意识统一体这个事实必定是确定无疑的。[①]

① 正像我们使用“意识”一词一样，我们也在多种意义上使用“意识统一体”一词。事实上，在这种情形下，“意识统一体”在意义方面的差异更为多样，这是因为不仅“意识”一词在变化，而且“统一体”的意义也在变化，“统一体”有时指向对象而非主体。因而一些人将“意识统一体”理解为下述事实，即，一个人在同一时间只能注意和持续跟随一种思想之流，在同一时间我们只能被一个东西所占据。我们将在后面处理这种意义上的意识统一体。因为如此解释的话，它非常接近于观念的联想律。

# 第五章　对用以区分心理现象的原则之探究

177

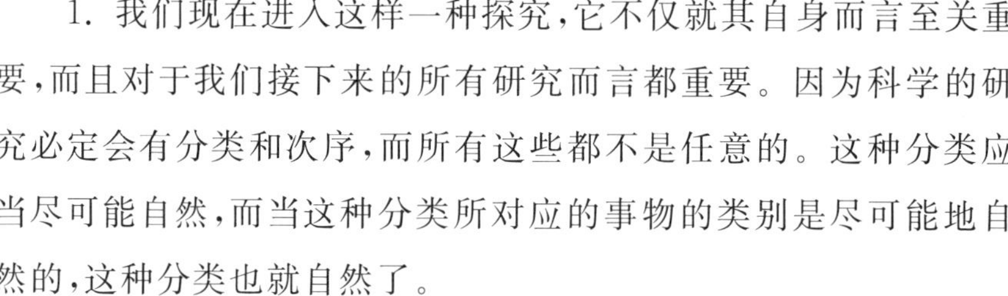

1. 我们现在进入这样一种探究，它不仅就其自身而言至关重要，而且对于我们接下来的所有研究而言都重要。因为科学的研究必定会有分类和次序，而所有这些都不是任意的。这种分类应当尽可能自然，而当这种分类所对应的事物的类别是尽可能地自然的，这种分类也就自然了。

我们会在心理现象中碰到一分再分的情形，正如我们在其它地方看到的那样。不过我们首先必须确定心理现象的最普遍的种类。

正如心理学领域一般的情况那样，对心理现象最初的分类是与语言的不断发展同步的。语言包含着一些普遍性多点或少点的表述（即属于内在领域的现象的表述），而最早的诗作表明，甚至在希腊哲学开端之前，人们已从根本上做出了我们甚至直到如今的日常生活仍在进行的同样区分。然而在苏格拉底激发出下定义的兴趣之前（这与科学的分类极为内在相关），哲学家们还没试图做出值得一提的对心理现象的基本分类。

在这个领域，柏拉图大概堪称先驱。他区分了三种基本的心理现象，或者用他自己的说法——灵魂的三个部分：灵魂的**欲望**、

**激情**和**理性**部分，[①]其中每个部分都包含着特定的活动。正如我们在前面提到过的，[②]这三个部分对应着柏拉图在城邦中划分出 178
的三个主要阶层：劳作的阶层，包括牧者、农民、匠人、商人等诸如此类的人；护卫或战士的阶层；以及统治的阶层。三个主要的民族也被认为是根据受灵魂这三部分的相应影响而区分开来。存在着柔弱的南方人（腓尼基人与埃及人），他们追求财富之乐；也存在着勇敢而未经教化的北方蛮人；还有热爱教化的希腊人。

正如柏拉图运用其分类来界定人的不同努力方向之根本差异那样，他在建立上述分类时似乎已将这些差异纳入考虑之中。柏拉图在人自身中发现了相反方面的冲突：首先是理性需要与身体欲求之间的冲突，接着是身体欲求自身之间的冲突。在后种情形中，狂暴的激情（即面对痛苦与死亡的狂怒）与柔和的趋乐倾向（即从每种痛苦中抽身）之间的对立，尤其令他吃惊，就如理性欲求与非理性欲求之间的对立那样。因而他相信灵魂的三个部分也应通过其定位被认识和区分。理性的部分被认为居于头部，激情部分在心脏，而欲望部分在腹部。[③] 第一部分以下述方式居于头脑中，即，它与身体相分离且是不朽的；只有其它两部分的存在才固定在

① 希腊文的表述分别为：τὸ ἐπιθυμητικόν，τὸ θυμοειδές，τὸ λογιστικόν。

② 第一卷，第二章，第 7 节。

③ 德谟克里特相信思维位于大脑而愤怒位于心脏。他把欲望放在肝脏中。他的思想与随后的柏拉图的学说之间似乎只有无足轻重的差别。然而，没什么东西可以支持说德谟克里特将希望全部心理行为还原到这三个部分。相反，根据德谟克里特体系的逻辑，他不得不设想每个器官都赋有特定的心理活动。这在普罗塔克的一个段落中似乎有所显示（*Plac.*，Ⅳ，4，3）。因而，我们不能说德谟克里特已试图给出心理现象的基本分类。

身体上。柏拉图还相信，当灵魂每一部分都呈现于或宽或窄的活动之物的领域时，它们其实是有差别的。对于地球上的所有生物而言，只有人被认为具有理性部分。人被认为与动物共同享有激情部分，而与动物及植物共享欲望部分。

很容易看出这种分类是不完备的。它完全根植于伦理学的考虑。灵魂的一个部分被看作理性的这个事实并不与上述划分相冲
179 突，因为不论是苏格拉底还是柏拉图都主张美德即知识。可是当我们希望确定一种给定的行为究竟属于哪个部分时，困难就出现了。例如，似乎感官感知必定归属于欲望及激情部分，但在某些篇章中，柏拉图却给人留下这样一种印象，即，他将感官感知与其它种类的知识一同归于理性部分。[①] 另外，柏拉图所谓的对其分类的成功应用，本来是希望确证这种分类，结果却是再次显示了其不足。如今没什么人会赞同，柏拉图对劳作者、卫士及统治者三种阶层的划分穷尽了一个社会中主要的职业活动。在这种划分中，既没有艺术也没有科学的适当位置。不过经验向我们非常清楚地表明，理论的与实践的成就要求的才能的差异如此之大，以至于我们一定会认识到，科学思考者的能力所包含的那种完善与统治的能力所包含的那种完善是完全不同的。此外，柏拉图所设想的理想状态，一个哲学家成为统治者，会极大地危及科学的自由及其不受阻碍的发展。

不过，柏拉图的分类已经包含了亚里士多德随后取而代之的分类之萌芽，而后者所做的分类远比柏拉图的分类更为重要，亚氏

① 参见策勒在《希腊哲学》第 2 章中的评论。

的这种分类成了之后上千年的权威。

2. 我们在亚里士多德那里发现了心理现象的三种基本类型。然而，其中两种类型在其结构上如此相似，以至于我们会把它们看作同**一种**。

起先，他通过以下方式对心理现象做了一种区分，即，将其中的一些现象看作**中心机体**的活动，而将另一些现象看作非机体性的行为，于是，这些现象便相应地被看作灵魂有朽部分与不朽部分的现象。

随后，亚氏根据心理现象概念的广义与狭义外延，将其区分为**所有动物共有的活动**与**人所特有的活动**。根据亚氏的看法，结果就会出现三种心理现象的类型，因为——正如我们上面看到的那样——他的灵魂概念比我们的概念更为广泛，所以，他也将灵魂赋予植物。这样他例举出灵魂的植物部分、感受部分与理智部分。第一部分自身包含着营养、生长及生殖现象，这被认为是所有生物、包括植物所共有的。第二部分包含着感觉、想象以及其它相关的现象，这包括了各种情感状态，根据他的看法，这第二部分尤其是动物所具有的。最后，他认为第三部分包含着思维与意欲的高级能力，在地球的生物中，只有人才有这种特性。由于心理行为概 180
念后来狭义化了，所以，这三种现象中的第一种活动现在完全处于心理活动的范围之外。这样，从心理行为这个词现在的意义上看，亚氏通过其分类将之区分为了两组：所有动物所共有的行为及人所特有的行为。这种分类的成分与上面起初所做的分类是一致的。不过，其中成分的位序是由这些成分存在的普遍程度决定的。

亚氏在我们所采用的意义[①]上也对心理现象进行了另一种划分，即，分为广义上的思维（νοῦς）与广义上的欲求（ὄρεξις）。这种划分在我们现在要考察的形式方面比前一种更为便捷。事实上，在思维这一种类中，亚氏不仅包括了最高级的理智活动，诸如抽象、做出普遍判断以及科学推理，而且也包括感官感知、想象、记忆以及基于经验的预期。[②] 而在欲求这一种类中，我们既能找到高级的激情与努力，也能找到低级的冲动，还有伴随着它们的所有感受与情感状态，简言之，欲求包含所有那些不属于思维的心理现象。

如果我们追问为何亚氏将他在其第一种分类中划分开的现象都归于一类，就会很容易看到他是被下述一些内容的相似性所引导，即，感觉表象与理智显现之间的相似性，以及概念表象与判断之间的相似性。同样的相似性也表现在低等欲望与高级激情之间。亚氏在两种类型中都发现了同样的“意向内存在”[③]模式——

① 参见《灵魂论》，第三卷，第九、十章。

② 冯特以“逻辑主义”名义指责那些坚持认为感觉与高级认识活动具有一种相似性的人。如果这种指责的根据是充分的，那么也会适用于亚里士多德。可是，笛卡尔也承认这种理论，这又该怎么说呢？再者，完全否认普遍概念的其他一些人选择把相关的思维行为归于感觉行为之下，这又该怎么说呢？这种混淆确实是一个错误，但这并不比忽视感觉与理智思维过程之间具有共同之处所犯的错误更为严重（1911 年版的注释）。

③ 这个术语已经被误解了，因为一些人把它等同于意图及对一个目标的追求。鉴于此，我早先应当做得更好些以避免所有这些误解。对于“意向的”这个术语而言，经院哲学家也经常使用“对象的”这个术语来替代。这又不得不与下述事实相关，即，某物是心理行为主体的对象，而且，这种东西会以某种方式呈现于他的意识中，不论这里仅仅是以思维的方式，还是以欲求或厌弃等方式出现。我之所以选取“意向的”这个术语，是因为我觉得如果我将思维对象称为“对象性（客观）地存在着的”，甚至更会出现被误解的危险，因为现代的论者都用此术语[“对象性（客观）地存在着的”]来指称与“纯粹主观现象”相反的现实存在（1911 年版的注释）。

如果借用一个经院哲学家的术语来说的话。以这个原则为基础，181
亚氏又将归于第一类的行为划分为不同的类别。这样在思维与欲求中对对象的指涉方式就是不同的。而这种指涉方式正是划分上述两个种类所借助的东西。亚氏不认为思维与欲求指涉两种不同的对象，而是认为它们以不同方式指涉相同的对象。不论是在其《灵魂论》中，还是在其《形而上学》中，亚氏都明确地讲，思维与欲求拥有同一个对象。对象首先呈现在思维的机能中，并在那里又激发出欲求。[①] 因而上述第一种划分是基于心理现象承载者方面的差异，它们分布的区域是或宽或窄地具有心理机能的存在者的范围；而第二种划分则是基于指涉内在对象之方式的差异。成员类别的演替的位序是由这两种现象相比较而言的独立性来决定的。[②] 表象属于首类现象，因为表象是任何一种欲求的必然前提。

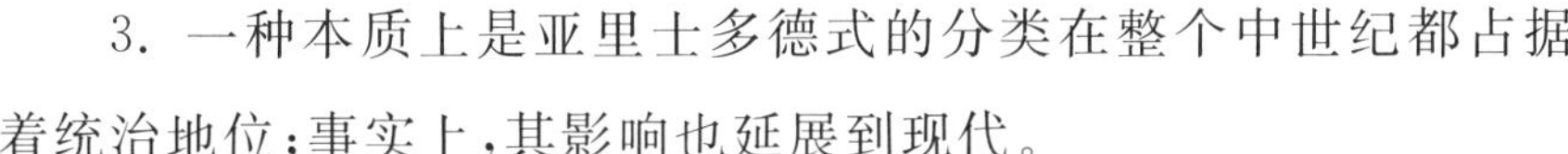

3. 一种本质上是亚里士多德式的分类在整个中世纪都占据着统治地位；事实上，其影响也延展到现代。

当沃尔夫(Wolff)首先将灵魂的功能划分为**高级**与**低级**的能力，并进一步划分为**认识**及**欲求**的能力，并且使这两种划分相互交叉时，我们很容易看出这种图式在本质上是与亚里士多德的两种分类相应的。

在英国，在很长时间内至少上述后一种划分已居于支配地位。这种划分对于休谟的探究而言是基本性的，而里德(Reid)与布朗(Brown)只是对之做了微不足道的、绝非重大的改变。里德在心

① 《灵魂论》，第三卷，第十章；《形而上学》，第十二卷，第七章。

② 参见上述引文。

182 灵的理智能力与行为[①]能力之间做出了一种区分，而布朗开始是将感觉作为“外在感触”而与他称之为“内在感触”的其它所有情感状态相对立，后来他又将“内在感触”划分为“心灵的理智状态”与“情感”。而后面这个“情感”则包含了亚里士多德在其欲求（ορεξις）概念中所包含的全部现象。

4. 一种扩展得更有意义且在影响上更为持久的分类是在上个世纪下半叶被泰藤斯（Tetens）与门德尔松（Mendelssohn）做出的，这种分类至今仍被看作迈向心理现象分类的一步。他们将心理行为区分为三个并列的种类，并假定其中的每一类都具有一种特殊的心理能力。泰藤斯称这三类基本能力为感受、理解力及行动力（意欲）；[②]而门德尔松将其标示为认识能力、感受或赞许能力（以之我们对某物感受到快乐或痛苦），以及欲求能力。[③] 他们的同时代人康德也以他自己的方式采纳了这种分类。[④] 康德称灵魂的这三种能力为认识能力、快乐与痛苦的感受以及欲求能力，并将这种分类作为自己批判哲学分类的基础。康德的《纯粹理性批判》是处理包含着知识自身之原则的认识能力；《判断力批判》是处理包含着情感原则的认识能力；而《实践理性批判》是处理包含着欲求原则的认识能力。这种分类对下述情形负有主要责任，即，这种划分影响如此广泛而深远以至于直到如今还几乎处于普遍统治的

① 亚氏也认为欲望是意愿性活动的始点（《灵魂论》，第三卷，第十章）。

② 《论人的本性》，第一卷，短论十，第625页，1777年出版。

③ 见其1776年的对认识、情感以及欲求的评论，虽然它最初出版是在其《文集》中（第四卷，122页以下）；亦可参见《清晨时光》，第七讲（《文集》第二卷，第295页），1785年印行。

④ 参见迈耶尔：《康德的心理学》，第41页以下。

地位。

康德认为心理行为划分为认识、情感与意求(Wollen)是基本性的划分,因为他相信这三种类型没有哪一种能从其它类型中得出,也没有哪一种能与其它类型一起还原到作为它们共同根基的第三种类型。[①] 他认为,认识与情感的差异实在是太大了,以至于不可想象它们有共同的根基。即使快乐与痛苦通常预设了知识,可纯粹的知识也不是情感,情感也不是知识。与此相似,欲求自身既完全不同于知识也完全不同于情感。他说,事实上,每种欲 183

求——不仅包括明确的意求行为,而且包括无力的希求,甚至包括明知不可能[②]的渴求——都争取一种对象的实现,而知识只是理解与判断这个对象,快乐与痛苦的情感则根本与对象无关,它只与主体有关,因为情感自身在主体中具有确保自己存在的基础。[③]

康德对他自己分类的证明与辩护甚少。不过稍后许多哲学家

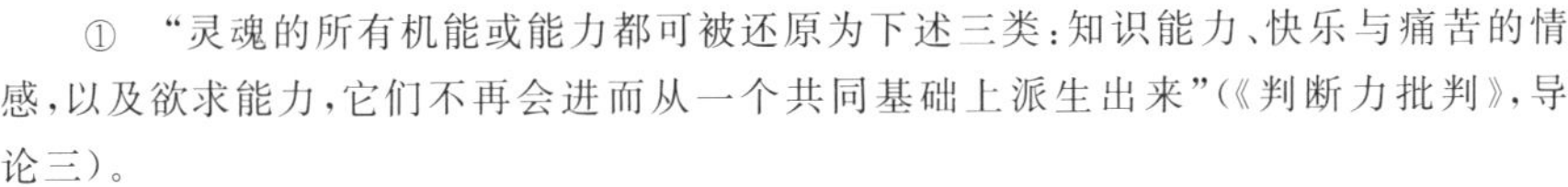
① “灵魂的所有机能或能力都可被还原为下述三类:知识能力、快乐与痛苦的情感,以及欲求能力,它们不再会进而从一个共同基础上派生出来”(《判断力批判》,导论三)。

② 《判断力批判》,导论三。

③ 康德在他的论著《论一般哲学》的一节中讨论了“人类心灵全部能力的系统”,在其中他提出了自己的理论,并比在其它任何地方更为全面地对之进行了论证。他说,有些哲学家已经试图证明,认识能力、快乐与痛苦的情感以及欲求能力之间的差异仅仅是表面的,他们已试图把所有能力都还原到认识能力。不过这全部是徒劳的。“因为如果从它们与对象的关系以及与有关这个对象的意识统一体之关系的视角看,在归属于认识的诸种表象之间通常存在着一种巨大差异。一方面,这种表象上的差异对于下述客观关系同样成立,即,当我们将表象当作这种对象真实性的原因而把表象归属于欲望能力时,另一方面,当表象作为其自身存在基础的时候又成为表象之于主体关系的原因,因而这时表象是处于与快乐情感的关系中。这种情感肯定既不是任何知识,也不会产生任何知识,即使知识确实被预设为情感的基本规定性”(康德:《文集》,罗森克兰兹(Rosenkranz)编,第一卷,第586页以下)。

诸如卡鲁斯(Carus)、魏斯(Weiss)与克鲁格(Krug)等人又回退到认识与行动能力的双重划分上,他们批评康德的观点,并竭力表明康德的分类从一开始就是不可能的。于是随后又有人出来捍卫与发展康德只是勾勒出的观念。这在汉密尔顿先生那里尤为突出。

对康德观点的攻击确实是奇特的。克鲁格论证说,只因为我们的心理行为展示出一种双重向度:外向的与内向的,所以,表象与行动能力应被看作两种不同的能力。因此,心理行为应被划分为内在的或理论的与外在的或实践的。再添加第三类是不可能的,因为这新加的一类必定会具有一种向度,这种向度既非内向也非外向,而这是不可想象的。

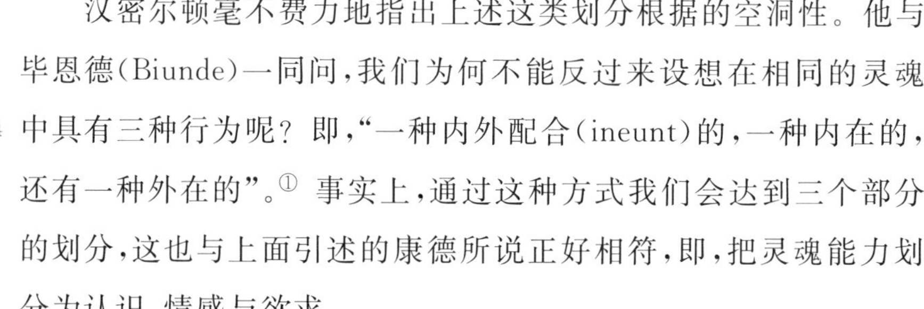

汉密尔顿毫不费力地指出上述这类划分根据的空洞性。他与毕恩德(Biunde)一同问,我们为何不能反过来设想在相同的灵魂
184 中具有三种行为呢?即,“一种内外配合(ineunt)的,一种内在的,还有一种外在的”。[①] 事实上,通过这种方式我们会达到三个部分的划分,这也与上面引述的康德所说正好相符,即,把灵魂能力划分为认识、情感与欲求。

然而,汉密尔顿并没把自己限定在只是反驳对康德的攻击上面。他也试图提供必须假定情感是一种不同的类别的正面证据。为了达到这个目的,汉密尔顿表明肯定存在着下述意识状态,即,这种意识状态既不能划归为思维也不能划归为欲求。这正是情感,当我们阅读利奥尼达斯(Leonidas)在塞莫皮莱(Thermopylae)之死的故事时,我们便经验到它,我们在听到下述著名的古老歌谣



---

① 《形而上学讲座》,第二卷,第 423 页。

时也会经验到它：

> 想到魏定顿(Widdington)我的灵魂便悲伤不已，
> 眼前闪现出他被杀害的情景，
> 当他的双腿被敌人砍去，
> 他便以膝为腿继续战斗。

这种情感不仅仅是思维过程，它也不能被称为意求或欲求行为。不过这种情感仍旧是心理现象，因而为两种分类的方式再加上一种是必要的，我们就像康德那样将这个种类称之为情感。[①]

很容易看到上述论证是不充分的。"意欲"、"欲求"这些术语的通常意义很难覆盖思维现象之外的所有心理现象。或许在我们的日常语言中对这些现象并没有一个恰当的名称，而我们称之为欲求的现象与我们称之为情感的现象一起构成心理现象的一个大类，这个大类自然与思维现象并列。如果不阐明分类的原则，那么对这种分类的真正辩护就是不可能的。汉密尔顿在另一段中毫不犹豫地提供了这样一个原则，他赞同康德，认为这三类现象出自于心灵的不同能力，它们彼此之间不能相互派生。

汉密尔顿说，笛卡尔、莱布尼兹、斯宾诺莎、沃尔夫、普兰特纳(Platner)以及其他哲学家都认为他们不得不把表象能力当作心灵的基本能力，而所有其它能力从这种能力派生出来，这是因为包含在内意识中的知识伴随着所有现象。然而这是不正确的。"这

① 《形而上学讲座》，第二卷，第 420 页。

些哲学家没有发现，尽管快乐与痛苦、欲求与意志只是作为它们被认识到的样子存在；然而，在这种变形中，一种绝对全新的心理现象的质已经出现了，这种新质永不会包含在单纯的知识能力中，也
185 永不会从后者派生出来。知识能力在位序上肯定是优先的，这是在离开知识就不会有其它现象这种条件意义上而言的；而且我们能够设想一种存在者拥有认识的能力，而完全没有苦乐情感，也完全没有全部欲求及意志能力。另一方面，我们却完全不能设想一个存在者具有情感与欲求，而同时又不具有与任何对象（他的感触是针对这种对象的）相关的知识、以及不具有对这些感触自身的一种意识。”

“我们可以进一步设想一个存在者，他只具有知识与情感，即只拥有认识对象的能力，拥有享受其行为的实施及担忧其行为之受阻的能力，可他不具有意愿行为的能力，也就是说他没有人们所具有的意欲。这样一个存在者有苦乐的感受，但没有确切意义上的欲求或意欲。然而，另一方面，我们不能设想存在着独立于所有情感的意愿行为；因为意愿活动是这样一种能力，它只能通过一种苦乐的能量而被确定，只能通过一种对对象的相对价值的评估而被确定。”①

这种在原则、数目、种类以及成员位序方面对分类的辩护可被看作对康德所做相同分类的一个扩展。

现在让我们来看一下洛采，与赫尔巴特试图消除能力的所有复多性之新尝试相反，洛采在其《医疗心理学》，特别是在其《小宇

① 《形而上学讲座》，第一卷，第187页；亦可参见第二卷，第431页。

宙》中进行了一种对康德三分法的全面捍卫。

洛采说："旧派的心理学自信地认为，情感与意欲包含着特殊的要素，这些要素既非出于表象的本性，也非出于可区分为三个种类的意识的普遍特性；因而情感与意欲作为两种相同的原初能力与认识（表象）的能力就是并驾齐驱的，而更为新近的观念看来也没能成功地拒斥这三种原初能力划分所基于的基础。其实我们并不想坚持，表象、情感与意欲是从不同根基生发出的三个独立系列而共享灵魂领域的，其中每一个系列都独立生长，它们只是在其随后枝蔓衍生的行为与反应中彼此关联。由观察显而易见，一般而言，表象之链的附带物形成了各种情感的关联点，从这些内容以及从快乐与痛苦出发，也发展出欲求与厌恶的情感。不过这种明显的关联也不会解决下述问题，即，在这里，前面的过程是否确实由 186
其自身的能量产生出当下后续的东西，并作为后续者充足而完全的动力因，或者前面的过程是否只是作为一种激发的情形在其后拖拽着，而与一种作为隐没协力条件的外在力量（它避开我们的注意）相互作用……

"如果我们没弄错的话，对这些心理现象的比较就会迫使我们采纳后一个假定。如果我们把心灵看作一种只是认知的存在，不管它多么特殊，我们都没办法发现有关下述问题的一些充分理由，即，认识活动为何会偏离那种展现自身的方式，以及为何发展出苦乐的感受，因为无论如何认识活动的实施都不会带来这些内容。相反，下述情形似乎是自明的，即，不同表象之间尚未和解的对抗性，其矛盾确实会扭曲心灵、带来痛苦，而在对这种扭曲进行矫正与改进之后，从中必定会产生出一种努力。不过，这在我们看来如此只是因为我们不仅仅是认知的存在者；这种序列的必然性显然不在其自身，而在于我们内在经验的长期运用习惯，我们在内在经验中早已将这种序列作为一种不可避免的事实而习惯了它。这种事实自身便使我们能够忽视：实际上在序列的每个前序与后续之间都存在着一个间隙，而我们只能运用一些尚未观察到的条件来填充它。除了这些经验，认知的心灵在自身中找不到内在变化——甚至当它满怀持存性的冒险时亦然——的原因，除非运用审查的不受外力影响的敏锐，而它就是借此种敏锐来观察力的各种其它冲突的。进而言之，源自其它源头的一种感受如果把自己与感知并置，那么，感受的灵魂甚至在强烈的痛苦中也不能在自身发现，在改变之后继续努力的理由和能力；感受灵魂只是遭受，而非被唤向意欲。既然并非如此——也不应当如此——那么感受苦乐的能力必定原初地内在于心灵；影响心灵本性的表象之链的分离的事件也就不产生能力，而只是唤起表达；此外，不论感受如何改变心灵，它们也不会产生努力，它们只是成为发动意欲力量的动机，情感存在于心灵中，如果心灵缺少了情感，心灵便不会被激发……

“这三种原初的力便是一种能力的循序渐进，其中一种能力的展示便释放出下一种能量。”

187 洛采把对康德分类的解释、辩护及捍卫更为推进一步。然而，前面引述的段落足以向我们表明，洛采所持有的有关能力三分法的原则与确立方式以及三种能力的位序与汉密尔顿是一致的。不过他们确实都没有突破康德的观念。

然而，康德在其基本分类中所运用的，且被汉密尔顿与洛采以及其他人所采纳的原则，似乎并不非常适合于确定心理现象的基本类型。我这样讲并非因为我在这个问题上接受赫尔巴特的观点，而是出于相反的理由。

如果两种现象被划归于两种不同的基本类型只是因为相应于一种现象的能力不能从与另一种现象相应的能力中**先天地**推出，那我们不仅必须像康德、汉密尔顿及洛采那样区分表象、情感及欲求，而且也必须区分看与尝，甚至必须区分对红色的看与对绿色的看，并将这些行为看作属于不同基本种类的现象。

对于看与尝来说，我刚才所说的是明证的。事实上，有不少种类的低等动物具有味觉而没有视觉。不过正如我已经讲过的，同样的结论也可用于对红色的看与对绿色的看。其显而易见的证据可被所谓的红色色盲或绿色色盲所提供。[①]

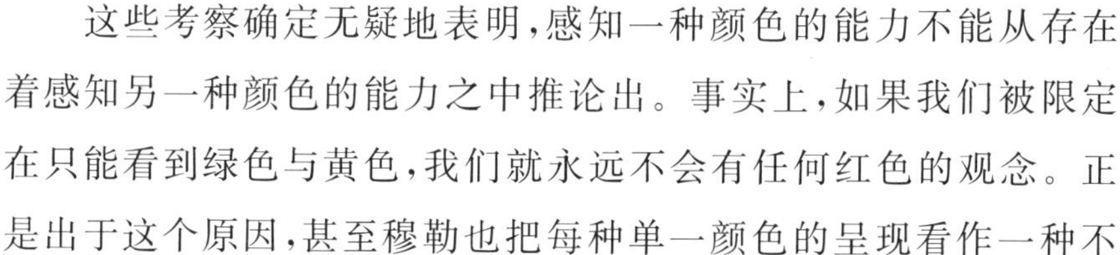

这些考察确定无疑地表明，感知一种颜色的能力不能从存在着感知另一种颜色的能力之中推论出。事实上，如果我们被限定在只能看到绿色与黄色，我们就永远不会有任何红色的观念。正 188
是出于这个原因，甚至穆勒也把每种单一颜色的呈现看作一种不

① 这一段接下来的部分出现在1874年的版本中，却在1911年与1924年的版本中删减了。接下来的内容是："红色色盲只看到光谱上的中间颜色，看不到像红色与紫色这些更强或更弱的折射光射线。如所周知的，同样存在着甚至正常眼睛都无法看见的光射线种类，即，那些比红色更强的折射与比蓝色更弱的折射。我们只是通过下述一些途径获知这些光线，即，通过其化合后果及其对温度的影响，同样也可以通过下述一些实验获知这些光线，即，我们成功地将一种棱镜的颜色转化为另一种，后者是一种更强或更弱的折射。我们也用这种方法把看不见的光射线转化为看得见的。显然，没什么能够反对我们的下述假定，即，对于与我们自己不同的一种眼睛或视觉而言，一种更为宽广的颜色范围是可能的，一个人会感觉到我们无法感觉到，但与我们相关的颜色种类，就像红色色盲的人的眼睛与视觉的关系那样。"——编者注

可派生的终极事实。[①]

这样，人们就能够看到下述说法是荒谬的，即，把依赖于不同原初能力的作为现象的红色的表象与其它特定颜色的表象归于不同的基本种类中，而这些不同的能力又不能相互派生。我们因而不得不得出下述结论，即，上述分类的原则无法用来确定心理现象的基本种类。果真如此的话，我们显然便不仅必须区分思维、情感与欲求，而且也要在心理现象的基本种类中区分出无限多的种类。

康德及追随他的杰出人物在提出心理现象三分的时候确实是笨拙的，他们并未充分论述引导其分类的原则。此外，我们发现康德的前辈泰藤斯与门德尔松已经诉诸于能力的不可派生性来为其基本分类进行辩护。然而，如果我们留意这种分类及其结构之基础的差异，我们就会不可避免地假定，所有这些思想家或是有意或是无意地被完全不同的动机所引导。我们可以在他们的陈述中找到这一点的确定标志。

我相信，真正促使康德得出其心理现象三分的是，这些现象从类似于从亚里士多德——他将心理现象区分为思维与欲求时——的观点的角度被看到的相似性或不同。在我们上面所引述的康德讨论一般哲学的段落中，他明确按照其指涉对象方式的不同而区分出**认知**与**欲求**，而**情感**的不同特征在于它不具这样一种指涉，因为情感这种心理现象只指涉主体。[②] 因而，这是从中当然可以得出这几种原初能力彼此之间的不可派生性的重要差别。不过在原

---

① 《逻辑学体系》，第三卷，第十四章，第 2 节。

② 参见前文注释。

初能力自身中却出现了一个裂隙,这个裂隙比相互不可派生性更深——这个在其它情形下不存在的深深裂隙便迫使我们假定迥异的原初能力。

我们在汉密尔顿那里发现了同样情形。如果我们问他:为何把情感与意志标示为出于特定原初能力的现象,并认为其不可能 189
通过**一种**基本能力得到解释?他的《形而上学讲座》第二卷中则有下述回答。他说,如此做是因为,在这些现象中意识向我们揭示了某些其它性质,这些性质既没有明显地也没有暗暗地被包含在知识现象自身中,虽然由于内知觉的缘故知识常常与这些性质混合在一起。

“这三个种类相互区分所依据的特征如下:在认知现象中,意识区分出认知对象与认知主体……

“相反,在情感现象即苦乐现象中,意识并没有把心灵的变样或状态置放于它自身前面;意识并没把情感作为与自己分离的部分而沉思它,而是与后者融合为一。情感的特性因而便是,它仅仅是主观地主观的”,这是我们前面所提到的一个表述。“在意求现象即欲求与意欲现象中,正如在认知现象中一样,存在着一种对象,而这个对象也正是认知的对象……虽然认知与意求都与一种对象相关,不过它们也被这种指向关系自身的差异所区分。在认知中不存在想要;其对象不论是客观的还是主观的,这些对象都既非想望的也非想避免的;而在意求中,存在着一种想要以及在努力中实现的趋向,不论是当认知能力将一个对象表象为想要的恰如其分的结果而去获得它;还是这种能力将这个对象表象为预计会阻碍其获得其成果的趋势而避开它。”[1]

汉密尔顿的这段内容看来很像是对前面提到的康德的陈述所进行的解释性评论。他们两位的看法在本质上相符，只是汉密尔顿将事情陈述得更为清晰与彻底罢了。当我们走进事情核心的时候，我们发现汉密尔顿虽然是从意向的内存在的视角把基本现象区分为不同的基本种类，正如亚里士多德所做的那样。根据汉密尔顿，在某些心理现象中，根本不存在对于一个对象的意向的内存在；他把情感归属于这个范围。不过，根据他的观点，即使是那些具有一种意向地内存在对象的现象，根据对象内存在的方式也可展现出一种基本的差异，因而它们便归属两个种类，即思维与意欲。

190 最后，在洛采的情形中，大量证据表明，对于心理现象的基本划分来说，没有一种因素比能力的不可派生性（他以此将心理现象划分为表象、情感与意志三类）更为重要。因为赫尔巴特学派否认这种不可派生性，所以，洛采强调这一点。洛采也注意到，不仅存在这三种不可相互派生的心理能力；他像我们认为的那样，把看的能力与听的能力也看作是不同的基本能力。而且我们发现他正是在讨论三种基本能力时提到这个事实的。[2] 那么，洛采为何把声音表象与颜色表象归于同一个基本种类呢？为何他在进行其分类时没有受到其它差异的影响呢？特别是在情感领域，类似的不可派生性是易于证明的。至关重要的因素是，必定已经有一种对特



① 《形而上学讲座》，第二卷，第 431 页以下。

② 《小宇宙》，第一卷，第 177 页以下。

别深刻之差异的感觉，这种差异存在于这三种类型之间，而这与在其它情形（其中派生也是不可能的）中发现的差异是不相似的。在康德与汉密尔顿中发现了这种情况之后，我们可以从一开始就觉得，心理行为在指涉其对象方式上的差异也使洛采把三种类型作为心理现象的基本类型。

那么，有待探究的就剩下：当对心理行为做一种基本划分时，采取这种三分的观点真的是一个好主意吗？对思维、情感以及意志的三分真的能够与心理现象在这种关联中揭示出的基本差异相一致且穷尽心理现象吗？我们会在不得不确定我们自己在这个问题上的观点时——即在完成我们对前述分类的研究之后——讨论这一点。

5. 正如我们已经提到的，把意识划分为表象、情感及意欲近来已被普遍接受。甚至赫尔巴特及其学派也已经采纳了它，而且赫尔巴特主义者在其关于经验心理学的论文中，也将其当作整理心理材料的基础，正如其他人所做的那样。其不同在于，他们并不认为后两类即情感与意欲是独立的原初能力；相反，他们试图从第一种类型派生出后两种类型——一种显而易见的徒劳尝试，正如我们在不少地方所谈到的那样。

6. 在英国经验学派的代表中，某种程度上与汉密尔顿学派对立的贝恩也同样用相似的术语确立出他自己的三分。贝恩区分出
的第一种是思维、理智或认识；第二种是情感；第三种即最后一种 191
是意志或意欲。因而看来在这里我们遇到了同样的划分，而贝恩也以这种相似性来确证他自己的观点。

不过，如果我们考察贝恩对其三重划分的解释，我们便注意到他使用相同的术语掩盖了其观念的巨大不同。贝恩以“意志”或

"意欲"所理解的东西与德国心理学家以及汉密尔顿通常赋予这个词的内容完全不同。贝恩以这个词意指"心理现象所产生的后果"。因而在其论感觉与理智的巨著开头，贝恩便宣称意志或意欲由于被我们情感所控制，因而包含着我们的所有行为。[①] 他进一步以下述方式解释这个概念：

他说："所有具有心灵的存在者都被公认不仅具有感受，而且还具有行为。努力以达到某种目的标志着一种心理本性。吃、跑、飞、播种、建筑以及言谈是产生于感受运作之上的活动。它们都源于某些要被满足的情感，而这也给予它们一些通常心理行为所具有的特性。当一个动物撕裂、咀嚼以及吞咽其食物时，当它捕猎其对象或是从险境中逃脱时，其行为的刺激或支持就是被其感觉或情感所提供的。我们称这种情感所促动的行为为意志。"[②]

我们不会称吃、走、说话等等诸如此类的活动为意欲行为，而只能称之为意欲行为的结果。当然，康德有时也谈到欲求，就好像他认为欲求是欲求对象所产生的一样。在其《实践理性批判》中，他把欲求能力界定为"一个存在者所具有的导致其观念对象在现实中——通过其观念——产生的力量。"[③]不过我从不相信他的意思是把吃或走称为一种欲求；而所有迹象表明，康德只是以一种不恰当的方式来表述其观念。[④] 贝恩则是另一种情形。他上面的陈

---

① 《感觉与理智》，第2页。

② 同上书，第4页；亦可参见《心灵与道德科学》，第2页。

③ 《实践理性批判》，前言；亦可参见《判断力批判》，导论三，注释与段落出于前面所引的他对一般哲学的论述，参见前面第211页的注释③。

④ 否则他便不会把每种希求与渴求都算作欲求（贝恩也没这么做），他也没有把自由放在欲求能力中。

述迫使我们承认他实际上是以一种不常用的意义使用“意欲”一词。贝恩接下来讲的内容证实了这种解释。他试图在他称为的“意志”与诸如风、水、重力、火药等这些自然力之间确立区分，也试图在“意志”与诸如血液循环这些无意识的生理机能之间确立区 192
分。如果贝恩把“意志”理解为一种内在的心理现象，而非理解为心理现象的一种物理后果并因而理解为生理现象——你乐意称为心理-物理现象也行——的话，那么显然他就不会得出自己的结论。

因而，贝恩对心理现象的基本分类更多地与亚里士多德式的思维与欲求（意愿活动以此与某种情境相关）的两分一致，而更少地与近来的表象、情感及欲求的三分一致。贝恩把我们称作欲求与意欲的东西划归为情感。对他而言，情感与意欲看来构成了一个种类。贝恩在另一个领域进一步扩展了情感的范围，即，他把感觉也包含在其中，而根据现代多数哲学家及亚里士多德自己的想法，感觉应当被归于第一个种类。

在这种分类之外，贝恩还有另外一种与此相交叉的分类。他把心理现象划分为原初的现象以及由原初现象发展而来的现象。第一个种类包括了出于机体或本能需要的感觉及欲求，贝恩以此意指不学而能的活动。贝恩把这种二分法作为他所有分类中最优先的东西，并作为他后来在心理学巨著及纲要中安排材料的基础。贝恩的这种二分法似乎是由斯宾塞促发的，后者也相似地把心理现象区分为原初的以及由此发展出来的——正如斯宾塞的进化观念在其《心理学原理》中普遍统治了其它观念一样。斯宾塞把发展出的心理行为区分为认识性的（记忆、理性）与感触性的（欲求、意欲），并认为这两种类型在原初现象中都有其根源。因而，我们或许会说，与第一种分类相交叉的还有第二种分类，这第二种分类令我们想起了亚里士多德对理性与欲求的区分。①

7. 在此我们可以结束对主要的分类尝试所做的考察。如果我们考虑尝试中所用的诸原则，我们发现会有四种不同观点。其中三种我们在亚里士多德那里已经遇到过。亚氏首先是根据是否与身体相关来划分心理行为的；其次是根据是否为人与动物共同
193 拥有、还是为人所独有来划分的；最后是根据其意向内存在的不同方式或曰其意识方式的差异来划分的。最后一个分类原则在各个时期都被最为广泛地使用。在这三个原则之外，还有贝恩的第二种划分中所用的原则，即，他将心理现象划分为原初现象以及由此发展出的现象。

在下面的研究中，我们会就分类原则以及基本种类的结构给出我们自己的断定。



① 参见里波特（Ribot）：《现代心理学分析》（*Psychologie Anglaise Contemporaine*，Paris，1870 年），第 191 页，这部著作特别包含了对斯宾塞心理学观点的一个很好研究。

# 第六章　心理活动划分为表象、判断、爱恨现象 194

1. 在对心理现象基本种类的划分中我们必须坚持什么样的原则呢？这显然与其它分类情形中所要考虑的东西是同样的，而诸自然科学提供给我们一些它们的分类所用原则的显著案例。

一种科学的分类应当以有利于研究的方式来安排对象。为了达到这个目的，所用原则必须是自然的，也就是说，它必须把天然地紧密相关的东西划归到同一类对象中，同时必须把天然地相对疏远的东西划归到不同种类的对象中。这种分类只有在对所划分对象具有一定量的知识时才是可能的，而且作为一种基本的分类原则，它应当从对所划分对象的研究中产生，而非从一种先天结构中产生。当克鲁格(Krug)从一开始就争辩说心理现象不得不具有两种类型，即，从外指向内的与从内指向外的，这时他便犯了这种“先天”方面的错误。正如我们前面看到的，[①]霍维兹也违反了这个原则。霍维兹不是通过对心理现象自身的更为精准的研究来尽力确证或校正通常的分类，而是在生理学观察的基础上直接跳到结论，揭示了感觉神经和运动神经与贯穿在整个心理领域中的



① 第一卷，第三章，第5节。

思维和欲求的对立相似的对立。鉴于心理科学的落后状态，也就195 易于理解，为何心理学家们会乐于接受一种由对其它内容的研究而非由对心理现象的研究所支持的一种相应分类。可是，如果自然程序尚不可行，那么就更不能指望其它程序能提供给我们达到目的的途径了。另一方面，如果我们允许自己被到目前为止所获得的心理学知识所引导，那么我们至少会为最好的分类铺平道路，虽然最终不一定会将它建立起来。因为，在这里就像在其它领域中一样，分类与关于特性及规律的知识是相互促进的，正如它们在先进科学中的样子。

2. 我们在前章所讨论的所有分类尝试就其均出于对心理现象的探究而言都值得我们赞赏。作者们也都意识到了分类的结构必须合于自然，因为他们让自己被区别于其它现象的特定现象之独立性或极端不相似性所引导。当然，这并不是说这些作者的努力没有被心理学领域中不完备的知识所误导。无论如何，在这些分类的努力中一些比另一些价值更少，这既是因为这些分类的基础仍是有待讨论的，也是因为有些作者自认为的研究优势由于无法解决一些特殊难题而消失了。

让我们以特定的例子来澄清上述论断。

亚里士多德把心理现象区分为人与动物共有的以及人所特有的。从亚氏理论的立场看，这种分类显然具有多种优势。因为亚氏相信，灵魂的特定能力是人所独具的并且是非质料性的，而动物共有的能力则是身体器官的功能。因而，假定亚氏理论是正确的，这种分类也会将本性上独立发生的现象划分为两组。并且，两类现象中后一个是一种器官的功能，前一个不是一种器官的功能这个事实也允许我们假定，在这两类现象的每一类中，都存在着重要的共同特征和规律。不过亚氏关于这种分类的基础的理论却有很大的争议。很多人否认理智能力是专属于人类的（即动物是不具备这种能力的）断言；并且在哪些心理现象是人与动物所共有的，哪些不是二者所共有的问题上，人们一般也不能达成一致。当笛 196
卡尔否认动物具有所有心理现象时，其他并非不重要的学者却承认动物的高级种类与我们共同分享较为简单心理现象中的所有种类。这些学者们相信，在我们的行为与那些动物的行为之间仅仅存在程度差别，而且他们也认为，动物行为与我们行为之间的所有差别也能被这种事实充分解释。特别是，如果亚氏相信动物缺乏普遍观念和抽象观念的能力，洛克一定也会赞同他，但洛克却从其它不同的方面产生出对亚氏下述观念的反对，即，这种能力构成了人的心灵与动物的心灵之间的基本差异。有人认为动物具有普遍性观念已经是个被证明了的事实；而以贝克莱为首的其他一些人甚至否认人具有这种普遍性观念。

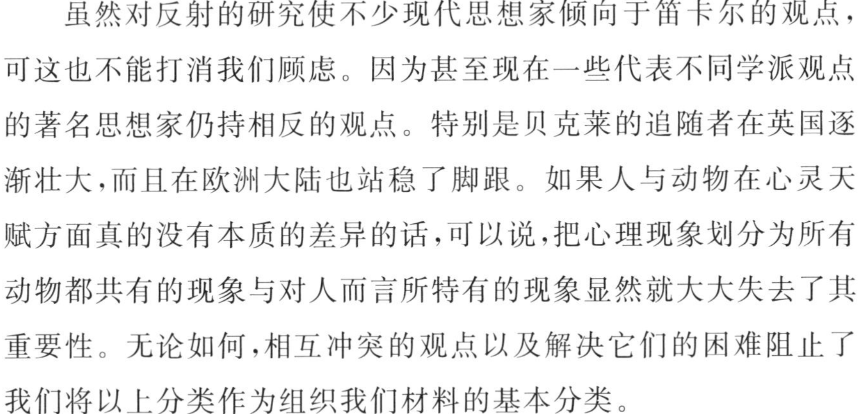

虽然对反射的研究使不少现代思想家倾向于笛卡尔的观点，可这也不能打消我们顾虑。因为甚至现在一些代表不同学派观点的著名思想家仍持相反的观点。特别是贝克莱的追随者在英国逐渐壮大，而且在欧洲大陆也站稳了脚跟。如果人与动物在心灵天赋方面真的没有本质的差异的话，可以说，把心理现象划分为所有动物都共有的现象与对人而言所特有的现象显然就大大失去了其重要性。无论如何，相互冲突的观点以及解决它们的困难阻止了我们将以上分类作为组织我们材料的基本分类。

这种分类能够提供给研究的主要优势最多是，对我们心理现象的一个领域可以进行独立研究，不过，即使这也被下述事实从根本上限定，即，我们对动物的心理生活只具有间接理解。这个事实连同对确定无疑的假定的欲求，就是亚氏自己为何没在其有关灵魂的系统论述中将之作为基本分类的缘由。

正如我们所听闻的那样，贝恩把心理现象划分为基本现象和从中发展出的现象。在这里，第一类现象也包含了本性上可以独立于其它现象而发生的现象。不过其中再次出现了类似于我们刚看到的情况，即，在这些现象能够独立发生的地方，它们却不能被我们直接观察。另外，要确定地获知心理生活最初开端之本性的困难也不小。当一种物理刺激长期地产生一种感觉后，如此获得
197 的倾向就能对这种感觉施加一种有力的转化。事实上，我们发现这个领域是至今仍争论不休的主要区域。因而，不论我们在确定我们研究的组织原则中必须要在多大程度上考虑贝恩的观点，在我们的基本分类中最好还是选择一个不同的标准。

对于基本分类还有下述内容有待考虑，即，以心理行为与它们的内在对象之不同关系为基础进行划分，或者说依据心理行为的意向的内存在的不同类型进行划分。亚里士多德在安排其素材时也把这一点作为其最为优先的考虑。在后来的阶段，对于心理现象的基本分类这个问题，各派思想家们或多或少都自觉倾向于诉诸这个观点而非其它观点。没有什么能比下述标准更能区分开心理现象与物理现象，即，某种东西作为一个对象内在于心理现象这个事实。出于这种原因，就很容易理解，心理现象中作为对象而存在的东西之存在方式上的基本差异构成心理现象在基本种类上的差异。心理学越发展，它便越会发现每组心理现象所共同的属性

及规律与现象指向其对象的方式上的基本差异的关联比与其它任何差异的关联更为紧密。如果前面提到的诸种分类能用以下的观点来反对的话：由于观察者位置的变化使这些分类的大部分有用性丧失了；那么我们所讨论的这种分类在价值上便可免除这种观察者位置上的限制。因而，许多不同的考虑也使我们对基本分类采取相同的原则。

3. 然而，必须区分出几种基本类型以及区分出哪几种基本类型呢？我们看到在这个问题上心理学家没有达成完全一致的意见。亚里士多德区分了两种基本类型：思维与欲求。而多数现代的作者赞同表象、情感与意欲（不论他们如何称呼之）的三分。

我们从一开始就申明我们的观点，即，我们也坚持心理现象必须被三分，这种划分是依据它们指向其内容的不同方式而进行的。198
不过我所说的三分与通常被提议的三分不同。在缺乏更为恰切的表述的情况下，我们把第一类称为“表象”，第二类称为“判断”，而第三类称为“情感”、“兴趣”或“爱”。



上述三类心理现象中没有哪一类是不会被误解的；相反，其中每一类通常都是在比我所用的意义更为狭窄的意义上来用的。然而，我们的词汇并没能更好地提供与这些概念相一致的统一性表述。虽然以具有变动意义的表述（特别是以一种比通常更为宽泛的意义来运用它们）来界定如此重要的术语具有某种危险性，可对我而言这比引入全新的陌生词汇更好。

我们已经解释了我们用“表象”意指什么。当某种东西向我们呈现时，我们就说这是一种表象。当我们看某种东西时，一种颜色便被表象了；当听某种东西时，一种声音便被表象了；当想象某种东西时，一种意象便被表象了。鉴于我们使用这个术语的普遍性，可以说，意识行为不可能以任何方式指向没被表象的东西。[①] 当我听到与理解一个命名某种东西的词语时，我便具有对这个词所意指东西的表象；而且一般而言，这种词语的目的便是唤起表象。[②]

根据通常的哲学用法，我们用“判断”意指（由于真）接受或（由
199 于假）拒绝。然而，我们已经注意到，这种接受或拒绝也发生在下述情形中：有些人在例如心理行为的知觉中或者在回忆中不使用“判断”这个术语；而我们当然会毫不犹豫地把这些情形也包括在判断这个类别中。

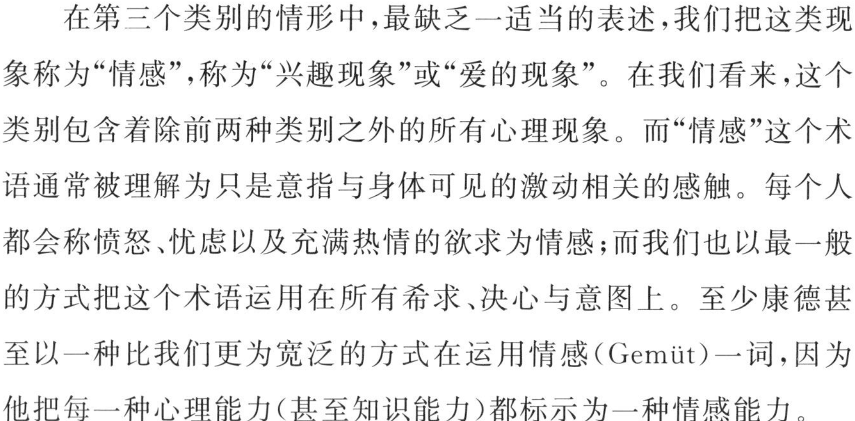

在第三个类别的情形中，最缺乏一适当的表述，我们把这类现象称为“情感”，称为“兴趣现象”或“爱的现象”。在我们看来，这个类别包含着除前两种类别之外的所有心理现象。而“情感”这个术语通常被理解为只是意指与身体可见的激动相关的感触。每个人都会称愤怒、忧虑以及充满热情的欲求为情感；而我们也以最一般的方式把这个术语运用在所有希求、决心与意图上。至少康德甚至以一种比我们更为宽泛的方式在运用情感（Gemüt）一词，因为他把每一种心理能力（甚至知识能力）都标示为一种情感能力。



① 参见本书第二卷，第一章，第 3 节。

② 迈耶尔在《康德心理学》、伯格曼在《论意识》、冯特在《治疗心理学》中，以及其他一些人都以一种更为狭窄的意义来使用表象这个概念，而诸如赫尔巴特与洛采的用法与我们这里所使用的方式则是相同的。我们可以把前面就“意识”（第二卷，第二章，第 1 节）概念所讲到的东西运用到这里。最好是尽可能可以用这个语词来填补我们术语上的一个裂隙。如果我们选用更少普遍性的其它表述，那么我们将不能用这种表述来表达我们的第一种基本类别。因而，在非常普遍的意义上来使用“表象”一词看来是必要的。

同样，“兴趣”一词通常只是运用在意指某些行为方面，这些行为属于我们所说的引起惊讶或好奇的那一类。不过把每种对于某物的快乐或不快都称为兴趣是不合适的，把每种希求、每种有意的决定都称为对于某物的兴趣行为也是不合适的。

严格讲来，我会以“爱或恨”的表述取代“爱”的表述来标示上述第三个种类。为了简便起见，我只用这两个词语中的一个，这只是因为在其它情形下我们做的是同样的事；例如我们会说一个判断是一个行为，而我们是以之表明一个东西是“真的”；或者我们在广义上讨论欲求现象[①]，然而我们也总是在相反的意义上想着这些表述。但是，甚至就此而言，一些人也许仍会批评我对这个术语的使用在意义上过于宽泛。确实，“爱”这个词即便以其所有意义也不能覆盖第三个类别的全部领域。事实上，我们在一种意义上说我们爱我们的朋友，而在另一种意义上说我们爱葡萄酒；我爱我的朋友是希望他会好，而我爱葡萄酒是将其作为好东西而欲求它，并且品尝它也会带来快乐。这样，我相信在属于第三个种类的每种行为中，都有某种东西被爱，或者更严格地说，都有某种东西被爱或被恨，这是在我们前面第二种情形的意义上说的，都有某种东西被爱或者被恨。正如每个判断都把一个对象当作真的或假的一样，属于第三个类别的每种现象也以相似的方式把一个对象作为好的或坏的。在下述讨论中，我们会以更详尽的方式解释这一点，200
并希望这种分类的确立能够成为确定无疑的。

① 亚氏以欲求这个术语意指基本的心理现象类型，而康德也遵循了这种方式，康德把三种基本能力之一称为欲求能力。

4. 如果我们拿我们的三分法与从康德以来在心理学中占统治地位的三分法相比较的话，我们会发现有两方面不同。直到如今还被统合在第一类中的现象被我们区分为两个基本种类；而后两种现象却被我们结合为一类。在上述每一个方面我们都不得不为我们的立场辩护。

可如何才能达到这种辩护呢？难道我们可以诉诸于内经验之外的东西吗？这种内经验告诉我们意识之于其对象的关系在一个种类中或是确然相同的、或是相似的，而在其它种类中则是截然不同的。看来除此之外，并无其它方式可以利用。对于意向指涉的相同或相异方面的争论，显然内经验是唯一可以诉诸的仲裁者。可是我们的反对者也举证他们自己的内经验呀！那么谁的内经验又应当优先呢？

其实这里的困难与其它情形中的困难并无不同。人们在观察中也会出错，不论是出于遗漏，或者是由于观察的一些来自推论或由推论而得到的特征，这些特征是与观察到的东西混杂或混合在一起的。不过如果其他人提请我们注意这点，我们就会（通过再一次观察）认识到我们所犯的错误。为了有望获得我们反对者的赞同，并在这个重要的问题上达到完全一致，我们在这里就不得不遵循上述同样的程序。

不过如果承袭下来的并且是根深蒂固的偏见伴随着错误，那么经验就会向我们表明、心理学也会解释这样的事实：这种伴随使认识自己的错误更为困难。在这种情况下，仅仅反对已获得的意见以及要求新的观察是不够的。只是提请注意你希望校正的错误在观察中发生了，以及把这种错误与真实的事态相对照也是不够的。相反，我们不得不同时做的是，把我们的注意力指向相关的特征，特别是指向那些被普遍接受而又与所谓的观察相矛盾的特征。最后，我们必须不仅发现错误，而且发现错误的原因。

如果需要这种程序，那么在上述情形中也会需要它。在下一章我们会试着对表象与判断的区分给出一种小心谨慎的辩护，而在再下一章，我们会对情感与意欲的结合给出同样的辩护。

# 第七章　表象与判断：两种不同的基本类型

201

1. 当我们说，表象与判断是心理现象的两种不同的基本类型时，根据我们前面的论述，我们所意指的是，它们是意识到一个对象的两种完全不同的方式。这并不否认，每种判断都预设了一种表象。恰恰相反，我们认为每种判断的对象都以两种方式进入意识：作为表象的对象以及作为肯定或否定的对象。正如我们已经看到的，这种关系因而相似于多数哲学家——包括康德与亚里士多德——所假定的表象与欲求之间的关系。如果不首先成为表象的对象，那么一个东西就不可能成为欲求的对象；不过欲求构成第二种全新的指涉对象的类型，即，对象以第二种全新的方式进入到意识中。下述情形同样正确，如果一个东西不首先成为表象的对象，那么它就永不会成为判断的对象，并且我们也认为当表象的对象成为肯定或否定判断的对象时，我们的意识便进入一种与对象的全新关系之中。这个对象在意识中便以双重方式呈现，首先是作为表象的对象，其次是作为被断真或被否定的对象，就像当有人欲求一个对象时，这个对象便同时是被表象的与被欲求的内在对象那样。

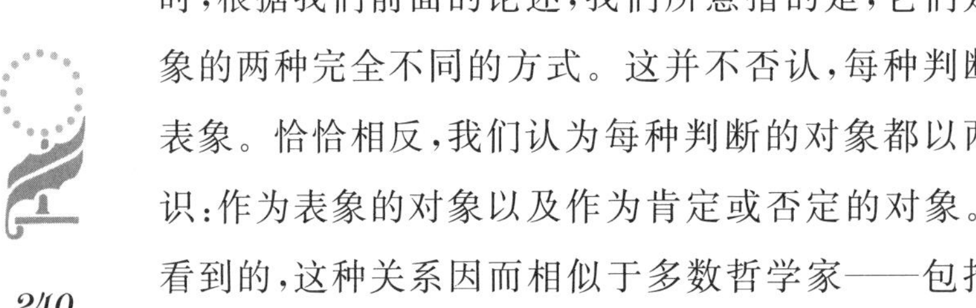

我们认为，这可以通过内知觉以及通过在记忆中对判断现象

的留意观察清楚地揭示出来。

2. 尽管这是事实,可是判断与表象的真实关系确实已经被普遍误解了。因而我预计我的立场开始会遭到最大程度的怀疑,尽管我所说的东西没有什么不是被内知觉的见证所确定的。202

即使一个人拒绝承认在表象之外,判断具有第二种迥异的指涉对象的方式,他也不会否认在判断状态与表象状态之间具有某种差异。或许一种对判断与表象之差异的切近考察——即使不以我们的方式进行解释——会使我们的对手更加倾向于接受我们的观点,不过我们也可以通过表明(对这种差异而言)并不存在可接受的合理替代解释模式而做到这点。

如果在判断中不会呈现与表象不同的指涉对象的第二种方式,那么在一个人的意识中,判断对象的方式与表象对象的方式在根本上就成为相同的了。因而表象与判断之间的差异只能是下述两种方式的差异:要么是内容方面的差异,即,表象与判断所指涉的对象之间的差异;要么是心灵中所充盈的内容[①]是相同的,而只是在于表象与判断的方式的差异。因为在我们称之为表象的思维类型与称之为判断的思维类型之间确实存在着内在差别。

当然,贝恩有一令人遗憾的想法:他把表象与判断之间的差异看作并非思维活动本身所具有的,而是在这些活动的结果中出现

① 我这里使用"内容"一词的方式——这里保留使用它只是为了忠实于原初文本——几乎不值得推荐。此处与这个词的通常使用不同,因为没有人说"上帝存在"这个判断与"上帝不存在"这个判断只是由于其具有相同的对象便具有相同的内容。在这版的附录中,我是在通常意义上用"内容"这个词,而非在此处的非通常意义上使用它(1911 年版注释)。

的。因为当我们把一个对象判断为真而非仅仅具有对它的表象时，我们就令某种东西以一种特殊的方式影响了我们的行为与意愿，于是他便认为坚持某物是真的与仅仅表象它的差别只在于施加在意欲上的这种影响。被施加了这种影响的表象——就它受到这种施加的影响而言——就成为一种信念。我已把这个理论看作
203 是令人遗憾的。的确，为何有关这个对象的一种表象对行为具有这种影响而另一种表象却没有呢？只是提出问题就足以非常清楚地表明贝恩令人遗憾地忽略了一些东西。如果思维过程的本性中并没有特殊结果的基础，那么也就不会有特殊的结果。结果上的差异不是使假定单纯表象与判断之间存在内在差异成为不必要的，而是强调了这种内在差异。当被约翰·穆勒[①]挑战之后，贝恩自己也承认，他在其有关情感与意欲[②]的主要著作以及在其心理学纲要初版中所提出的观点是错误的，而他在自己一本著作的第三版结尾处的注释中也批判了这种观点。[③]

老穆勒[④]与最近的赫尔伯特·斯宾塞[⑤]都犯了一个相似的错误。这两个哲学家都持有下述观点，即，当两种特性在意识中形成一种不可分离的关联时，也就是说，当一起表象两种特性的习惯变

① 出现在《人类心理现象分析》的一个注释中，詹姆斯·穆勒编，第二版，第一卷，第402页。

② 《情感与意欲》。

③ 《心灵与道德科学》，第三版（伦敦，1872年），论信念那章的注释以及附录，第100页。

④ 《人类心理现象分析》，第十一章。

⑤ 《心理学原理》，第二版（1870年），第一卷，也可参见上文提到的约翰·穆勒的注释。

得如此牢固,以至于表象其中一个不可避免地会在意识中唤起另一个并与之关联,那么关于这两种特性结合的表象就伴随着信念。这两位哲学家告诉我们,信念无非就是这种不可分离的特性的联结。我们在这里不去考察下述情况是否确实是“真”:当特性间的某种关联被肯定为真时,它们之间就确实存在着一种不可分的联结,而且当这种联结形成时,这种关系就确实被确认为“真”。即便我们假定,这两种声称都是正确的,仍可容易看出,肯定不能这样界定表象与判断之差异,因为如果这是判断与相应的表象之间仅存的差别,那么就其自身来看的话,这两者恰恰就会是同样的思维活动。将两种特性放在一起思考的习惯自身并不是一种思维或一种思维的特定特性,而只是将自己展现在其后果中的一种习性。而且不可能思考两个特性中的一个而不去思考另一个这一点同样
不是一种思维或一种思维的特定特性。相反,根据这些哲学家的 204
观点,只有这种习性才达到一种特别高的程度。如果这种习性只在下述事实中展现自身,即,两种特性的联结被认为是毫无例外的,但是这一联结被认为与获得这种习性之前的联结是完全一样的,那么显然正如我们所言,在早先的只是单纯表象的思想与后来的被认为是信念的思想之间并无内在差别。如果这种习性仍然以其它方式发生影响,以至于在它被获得之后,它便改变了联结的思维,并赋予其一种新的、特定的特性,那么我们就不得不说,正是这种特性而非特性由之而产生的不可分的联结构成认为某物为真与认为它仅仅是表象的真正差异。这就是为何我说詹姆斯·穆勒以及赫尔伯特·斯宾塞的错误是与贝恩的错误相关的。因为,正如贝恩混淆了结果的显著特征与判断一个东西为真的内在属性那

样，老穆勒与斯宾塞把这种思想过程中的一个显著特征称为一种特性，而这一特性最多只能被称作其显著特性之可能的原因。

3. 因而，表象与判断的差异必定是一类思维与另一类思维的内在差别这一点就是十分确定的。如果这是正确的，那么我们上面所说的也就是正确的，即，那些否认我们对于判断的看法的人只能在下述两种东西之一中寻求判断与单纯表象的差异：或者在思维对象的差异中，或者在这些对象被思考的充盈性上的差异中。先让我们来看这两种假定的第二种。

当两种指向其对象之方式以及所指涉的内容上都相似的心理现象在其充盈性方面有差异时，这种差异就只能是两种行为的强度上的差异。需要研究的因而只是下述问题：与表象相比，判断的显著特征存在于下述事实中吗？即，在判断中内容以一种更大的强度被思考，以至于一个对象的表象只需要增加其强度便可以达到判断的地位。具有明证性的是，这种观点是不对的。因为依据这种观点看，判断就只是一种更强的表象而表象则只是一种更弱的判断。可是成为一种表象的对象却不等同于成为一种判断的对象，不论这一对象有多么清晰、显著和生动，而且不论我们对一个判断多么缺乏信心，它也不仅仅是一个表象。当然，当一个人狂热地想象某种东西时，他可以把这个东西当作真的，就像他亲眼所见
205 一样，可当印象的强度消减之后他可能就不会这样做了。即使在某些情况下，将某物认之为真的行为恰好与一个表象的较大强度一致，可就此而言，这个表象自身也并非一个判断。这就是为何错误的判断会消失，而表象的活跃性却可以持续。而且在另一些情况下，甚至当判断的内容根本不活跃时，我们也会坚定地相信某物

是真的。最后,如果对一个对象的肯定是一个强的表象,那么我们又将如何看待对同一个对象的否定呢?

把更多的时间花费在与从一开始就只有少数几个人捍卫的假定的战斗中无疑是不划算的。下面让我们来看我们是否能够表明另一个选项也是不可能的,而在对我们观点的拒绝中,这个选项看上去更为合理。

4. 认为判断是由发生在表象领域的联结或分离所构成的是一种非常常见的看法。肯定判断以及经过某种变形的否定判断——它们不同于单纯表象——通常被看作是思维过程的复合或联结。以这种方式解释的话,在判断与单纯表象之间的差异就仅仅成了判断内容与表象内容之间的差别。

如果两种性质之间的某种联结或关系是思维,那么这种思维就是一个判断,而其内容中没有这种关系的思维就不得不称为单纯表象。

这种观点也是经不起推敲的。

如果我们假定,判断内容真的总是由一些特性的某种联结所构成,那么我们确实能够将判断与一些表象区分开来,但却无法将之与所有表象区分开来。因为下述情况显然会发生,即,仅仅是一个表象的思维行为将特性的一种联结作为其内容,而这种联结完全相似于且事实上完全等同于在另外一种情形下构成一个判断之对象的东西。如果我说:“一棵树是绿的”,那么绿与树的联结就形成了我判断的内容。但是有人会问我:“有红色的树吗?”如果我对植物界的情况不太熟悉,并且忘记了秋天树叶的颜色,那么,我就会在有关这一事情的所有判断上打住。然而,我确实理解这个问

题，因而我必定具有一个红树的表象。那么红与树的联结——正
206 如上面的绿与树的联结——就会形成不伴有判断的一个表象的内容。而且对于只看到过与红叶联结的树而未曾看到过与绿叶联结的树的人而言，当问及他绿树的时候，或许其表象内容并不仅仅相似于特性的联结，而且还有与构成我的判断内容相同的东西。

詹姆斯·穆勒与赫尔伯特·斯宾塞显然知晓这些，因为在对判断的显著本性进行界定时，他们并不将自己限定于（就像其他多数人所做的那样）只是认为，判断内容是被表象的属性的某种联结；他们还附加了另一个条件，即，一种不可分的联结在它们之间必定存在。贝恩甚至相信有必要附加一种特殊的决定性因素，那就是思维对行动的影响。上述论者的错误只是在于，他们没有试图通过例举判断的一些内在属性来完成其理论。他们只是提议以习性或结果来取代差异。约翰·穆勒更为幸运。他着重强调了这一点，并且一般而言，他比任何其他哲学家都更接近于正确地赞同表象与判断之间的差别。

穆勒在其《逻辑学》中说："下述情况当然是正确的……即，当我们判断说金子是黄色的时候……我们一定具有金子的观念与黄的观念，而且这两种观念在我们的心中必定被放在了一起。可是首先，具有明证性的是，这只是所发生情况的一部分；因为我们可以把两个观念放在一起而不具有任何信念行为；当我们只是想象某物例如金山的时候便是如此；或者当我们事实上不相信某物时也是如此：甚至为了不相信穆罕默德是神的使者，我们也必须把穆罕默德的观念与神的使者的观念放在一起。确定在赞同或不赞同的情形中除了将两个观念放在一起之外还发生了什么是形而上难

题中最为复杂的问题之一。”①

小穆勒在对詹姆斯·穆勒《人类心理现象分析》进行评注时,更为彻底地进入了主题。在论“谓述”的一章,小穆勒反对的是下述观点,即,把断定当作某种观念序列的表达,相似地也把语词看作单个观念的表达。他说,一种判断与其它形式的言谈之间的特性差异在于,判断不仅把一个特定的对象带到心灵中,而且它也**断定**有关这个对象的某种东西;判断不但引起某种观念序列的表象,也引起观念序列之中的信念,这种信念显示着这种序列是一种实际上存在着的事实。② 他无论是在这章③还是在随后的章节都一 207
再回到这一点上来;例如,在论记忆的一章,穆勒说,在一个事物的观念与我已经看到它这个事实的观念之外,一定也存在我已经看到它这种信念。④ 不过,在论信念那章的长注中,他最为广泛地讨论了作为与表象相对的判断的特殊本性。穆勒一再清楚地表明,判断不能被还原为单纯表象,它也不能由表象的简单联结构成。穆勒说,相反,我们必须认识到,不可能从那种现象得出这种现象,我们必须把表象与判断之间的差别看作一种最终的与原初的事

① 《逻辑学体系》,第一卷,第五章,第1节。

② “一种判断与其它形式的言谈之间的特性差异在于,判断不仅把一个特定的对象带到心灵中……它也断定关涉到它的某种东西……无论我们采纳何种心理学上对于信念本性的看法……都有必要区分出仅仅向心灵提出某种感觉或观念序列(如当我们想到字母表或计数表时所发生的那样)与显示这个序列实际上是一种正在发生(或已经发生或经常发生或在某些限定的情况下经常发生)的事实之间的差异;其中所显示的事情是真实的就是一个肯定判断,而所显示的事情是虚假的则是一个否定的判断”(《人类心理现象分析》,第二版,第一卷,第四章,第4节,第162页,注释48)。

③ 《人类心理现象分析》,第一卷,第187页,注释55。

④ 同上书,第十章,第329页,注释91。

实。在一个相当长的讨论的结尾他自问道："总之，**对我们的心灵而言**，在想到一种现实与表象一种想象的图像之间有什么差别呢？我承认我无可避免地认识到下述一点，即，其差别是终极性的和初始性的。"[①]我们看到约翰·穆勒在这里认识到一种相似于康德与其他人在思维与情感之间所断定的差别。如果借用他们的术语的话，小穆勒的陈述等于说：对于表象与信念而言——或者如我们所说的，对于表象与判断而言——必须设定两种不同的基本能力。如果用我们的术语说，小穆勒的理论是说表象与判断是指涉一种内容的两种完全不同的方式，是意识一个对象的两种完全不同的方式。

因而，正如我们所说，即使我们假定，所表象的属性的联结或分离真的会在每种判断中发生——约翰·穆勒实际上持有这种观
248 208 点[②]——这也不能得出，与单纯表象相对的判断性思维的本质属性在于联结或分离。这种特性会将判断与一些表象区分开，但不能将判断与所有表象绝对地区分开。因而这种特性也就不会使对另一种及更多的特征属性之假定成为多余，例如我们确定的那个假定——意识之样态方面的差异。

5. 还有更多内容需要说明。甚至说在所有判断中都存在着

① 《人类心理现象分析》，第一卷，第 412 页。

② 这个观点既在其《逻辑学》（其中第一卷第五章讨论判断内容的地方）中有所表述，也在其上面提到的对其父的评述性著述的注释中有所表述。例如他说："我认为下述情形是真实的，即，每种断定、每种信念的对象（所有能够成为真、假的东西，能够成为赞同或不赞同对象的东西）都是某种感觉或观念的序列；有些与实际上经验到（或被假定为能够被经验到的）的感觉或观念并存或接续"（第一卷，第四章，第 162 页，注释 48）。

所表象的属性的联结或分离也是不对的。肯定与否定并不比欲求或厌恶更经常地指向联结或关联。那种是表象的对象的特性也可以被肯定或否定。

当我们说“A 存在”的时候，这个句子并不是像不少人仍然所相信的那样是一个谓述，其中“存在”是与“A”这个主词相关联的谓词。被肯定的对象并非“存在”属性与“A”的联结，而是“A”自身。出于同样理由，当我们说“A 不存在”时，这也不是以一种否定的方式来谓述“A”的存在——不是对“存在”属性与“A”联结的否认。相反，“A”是我们否定的对象。

为了进一步澄清上述内容，我提请注意下述事实，即，当某人肯定了一个整体时，他也就肯定了这个整体的每一个部分。因而，当某人肯定了几个属性联结的时候，他同时也就肯定了包含在这个联结中的每个特殊要素。在肯定一个博学之人的存在时，即“博学”的属性与一个人联结时，同时也就肯定了一个人的存在。让我们把这种情况应用到“A 存在”这个判断上。如果判断在于对“存在”属性与 A 之联结的肯定，那么它就包含对联结中的每个个体要素的肯定，于是也就会包含对 A 的肯定。因而我们不能避免预设对 A 的单纯肯定。然而，对 A 的单纯肯定又以什么方式不同于被认为“A 存在”这个句子中所表达的 A 与“存在”属性的联结呢？显然根本没什么差异。因而我们看到，对 A 的肯定构成了这个命题的真和它的全部意义，而且 A 独自便是判断的对象。

让我们现在以同样的方式考察“A 不存在”这个命题。或许 209
对这个命题的考察会使我们立场的真理性更具明证性。当某人肯

定一个整体时，他也就肯定了这个整体的每一部分，可相反的情况并不真实，即，当有人否定一个整体时，他就会否定这个整体的每个部分。如果我们否认绿且白的天鹅的存在，这并不暗含着否认白天鹅的存在。而且这是非常自然的，因为如果一部分是假的，整体也不会是真的。因而当一个人否认属性的联结体时，他绝不是否认作为这个联结要素中的每一个属性。例如，如果一个人否认一只博学之鸟的存在，也即否认鸟与“博学”属性的联结，但他并没有因此否认在现实中存在着一只鸟或存在着博学。那么，让我们把这个结论应用到我们的情形中。如果判断“A 不存在”是对“A”与“存在”这种属性之联结的否定，那么，A 就没有以任何方式被否定。但是任何人都不可能持有这种观点，因为很显然，对 A 的否定正是这个命题的意思。因而，A 独自便是这个否定判断的对象。



6. 谓述并不是每种判断的本质，这由下述事实非常清楚地呈现出来，即，所有的知觉都是判断，不论它们是知识的例证还是仅为错误的断定。我们谈论内意识的不同方面时，已经涉及到这点。[①] 而且这一点也没被那些认为每种判断都在于主词与谓词的联结的思想家们所否认。例如约翰·穆勒就在上面刚刚引述的那个段落以及其它地方清楚地认识到这点。在上面那个段落，他附加说，认为（他就是这样认为的）对实在的断定与想象虚构的表象之间的差异是最终的和原初的并不比认为感觉与观念[②]的差异是

① 第二卷，第三章，第 1 节以下。

② 在休谟的意义上。参见上面第一卷，第一章，第 2 节。

原初的更为困难。这看来只是同一差异的另一个方面。[①] 不过没有什么事情比下述事实更显而易见、更毫无疑问，即，一个知觉并不是一个主词概念与一个谓词概念的联结，它也不指向这样一个联结。相反，一个内知觉的对象只是一种心理现象，而一种外感知 210
的对象只是一种物理现象，比如一个声音、一种气味等等。于是我们这里就拥有了我们断定之真相的最明显证据。

对此也应当提出一些质疑吗？因为我们不仅说知觉一种颜色、一个声音、一个看的行为、一个听的行为，而且我们也说我们知觉一个看的行为或听的行为的存在，因而，有人或许会认为知觉也在于对“存在”属性与所考察现象的联结的肯定。这样一种对事实的明显误解在我看来几乎是不可想象的。在讨论存在概念时，这种观点的站不住脚会再次清楚地显露出来。有些哲学家认为“存在”这个概念不能从经验中获得。因而，我们就不得不结合对内在观念的研究来考察这个方面。并且当我们这样做的时候，我们将发现“存在”这个概念无疑是从经验中得出的，不过是从内经验中得出的，并且只有相关于判断才能得到它。因而“存在”概念并不会成为我们一阶判断的谓词，正如“判断”概念不会成为谓词那样。因而，我们以这种方式也认识到，至少一阶知觉——即呈现在一阶心理现象中的知觉——不可能由这种谓述构成。

约翰·穆勒在其《逻辑学》的最后一版（第八版）中以下述方式

① 穆勒附加说：“认为事情是如此并不比认为一种感觉与一个观念的差别是原初的更为困难。这几乎是同一个差异的另一个方面。”他在同一论著中也说道：“这种差异（即把某物在本性上认识为实在与把它仅看作我们的一种单纯思维）正是以与感觉和观念之差异那样最为原初的方式来呈现自身的”（《分析》，第 419 页）。

界定了“存在”概念。他说，“存在”意味着唤起或能够唤起一些(不少)感觉或其它意识状态。虽然我对此并不完全同意，不过这个界定也足以非常清晰地表明，曾经在我们的一阶感觉中被用作判断谓述的“存在”概念是不可能的。因为这个界定与这样一个界定是一致的，而这个界定的真(我们希望表明这一真)只能相关于心理行为而得到，如果我们所反对的理论是对的，那么这些心理行为自身就预设了“存在”概念，并将这个概念作为已经给定的东西而运用。

7. 下述事实是哲学家通常(虽然不是每次)都没能认识到的
211 真相，即，并非所有判断都指涉所表象的属性的一个联结，并且在判断中一个概念谓述另一个概念也不是一种至关重要的因素。康德在批评上帝存在的本体论证明中，恰当地评论道，在一个存在命题或曰在“A 存在”这种形式的命题中，存在“并非一个真正的谓词，亦即它不是能被加在一个事物的概念上的某物的概念”。他说，“它只是对某物或某种规定本身的设定。”可是既然说存在命题根本不是一种定言命题，那么它既非在康德意义上的分析命题(即谓词包含在主词中)，也非一个综合命题(其中主词不包含谓词[①])，康德仍误入歧途地把存在命题划归为一种综合命题。因为康德认为就像作为系词的“是”通常把两个概念置入彼此的关系中一样，存在命题的“存在”把“对象置入与我的概念的关系中”。他

---

① 我这里也使用康德自己的界定，即便(从下面的研究可以看出)这些界定并不真正合乎所讨论的判断的情形。这不会阻止它们提供一种充分的刻划，因为它们与通常持有的关于判断的观点是一致的。

说："对象被综合性地添加到我的概念中。"[①]

这种半途而废的标准是不清晰的和矛盾的。赫尔巴特把这种标准推向终点。他是通过清楚地把存在命题从定言命题中区分出来作为一种特殊类型而做到这点的。[②] 其他一些哲学家在这一点上也和赫尔巴特站在一起，这不仅是因为他有众多门徒，而且是因为在某种程度上他们就像特伦德伦堡(Trendelenburg)那样常常与赫尔巴特学派进行论辩。[③]

---

① 康德把存在命题包含在定言判断中可从他没能成功地把它们与判断关系相关联而得出。

在中世纪，圣托马斯与康德一样接近真理，他同样充分地对命题"上帝存在"进行了反思。根据他的看法，"是"并非一个真正的谓词，而仅仅是一种肯定的标志(《神学大全》P. I，Q. 3，A. 4 ad 2)。不过他也思考了这种定言命题，并且相信判断包含了我们的表象与其对象的比较，按照他的看法，这对每种判断而言都是真实的(Q. 16，A. 2)。我们已经看到这种说法是不可能的(参见本书第二卷，第三章，第 2 节)。

② 有关这个主题可与德罗毕希(Drobisch)的《逻辑学》比较，第三版，第 61 页。

③ 《逻辑研究》，第二版，第二卷，第 208 页；亦可参见他从施莱尔马赫(Schleiermacher)那里引述的段落(第二卷，第 214 页，注释 1)。关于存在命题这种正确观点的提议最早可追溯到亚里士多德。不过亚氏似乎对这个主题还没达到彻底的清晰性。亚氏在其《形而上学》(第九卷，第 10 章)中教导说，因为真在于思想与实在的一致，与其它类的知识相反，对于简单对象的知识必定不是诸属性的联结或分离，而是一个简单的思想行为，是一种感知(他称之为一种接触)。在《解释篇》(第 3 章)他清楚地阐述道，作为系词的"是"自身并不(像名词那样)意指任何东西，而只是完成一个判断的表述，他从未将存在命题的"存在"与系词的"是"区分开来，将之当作一种根本不同且自身具有意义的东西。策勒在做下述断言时是正确的，即，"亚里士多德没在任何地方说，任何判断，甚至是存在判断，如果从逻辑上考虑的话都会包含三种要素"。策勒指出：相反，有更多证据会让我们相信，亚氏所主张的是与此对立的观点(策勒《亚里士多德与早期逍遥学派》，伦敦，1897 年，第一卷，第 231 页，注释 2)。如果这是真的，亚氏的观点就不会逊于后来逻辑理论所普遍接受的观点，正如策勒看上去认为的那样。相反，在这里与在其它许多地方一样，亚氏已经预示了一种更为正确的观点(亦可参见阿奎那在《神学大全》P. I，Q. 85，A. 5 中对亚氏学说的再造)。

212 但这还不是全部。尽管并非所有哲学家都承认我们对存在命题的解释是正确的，他们现在也都同意我们的观点能严格地从之推出的另一观点是正确的。甚至那些误解了存在命题中“存在”与“不存在”本性的人，对于作为系词加之于主词与谓词的“是”与“不是”的本性也有完全的正确意见。即使他们相信存在命题中的“存在”与“不存在”就其自身而言意味着某种东西，即，它们把谓词“存在”的表象加在主词的表象上，并且把它们关联在一起，不过他们也认识到系词就其自身而言是没有意义的，因为它只是把表象的表述转化为肯定或否定判断的表述。比如，让我们听听约翰·穆勒的说法，在对存在命题的解释这个主题上，他是我们的反对者。穆勒说：“一个谓词与一个主词是构成一个命题所必需的；但是，我们不会仅仅看到两个名称放在一起就会得出说其中一个是主词一个是谓词，也就是说，不会认为其中之一意在对另一个进行肯定或否定，如果如此，必须有某种样态或样式来显示这种意向；必须有
213 某种标记来区分出谓述与其它话语类型。……当是想肯定时，这种功能通常就被**是**所填充；当是想否定时，它就被**不是**所填充；或被动词的变式**将是**所填充。如此充当谓词目的的这个词被称为……系词。”[①]随后，他集中阐明了系词“是”与“不是”之间的差异，这种系词在其意义中也包含了存在概念。然而，这个学说并非穆勒所独有的，而是被所有反对我们有关存在命题的那些人所共享的。不仅逻辑学家，而且语法家及词典编撰者也倡导它。[②] 而且

---

① 《逻辑学体系》，第一卷，第四章，第 1 节。

② 例如参见赫赛斯(Heyses)：《德语词典》。

当约翰·穆勒把詹姆斯·穆勒誉为清晰地发展了这种解释的第一人时，小穆勒的确也犯了个错误。[1] 例如，他其实可以在波尔·罗亚尔（Port Royal）逻辑学中发现一模一样的表述。[2]

那么，我们需要做的就是，尽量使我们的对手承认，对于系词必然会得出下述结论，即，对于存在命题中的“存在”与“不存在”，并不能给予它额外的功能。因为可以极为清晰地表明，每种定言命题都可被翻译为一个存在命题而意义毫无改变，而在这种情况下，存在命题中的“存在”与“不存在”就占据了系词的位置。

我想提供一些例子来证明这一点。

定言命题“有些人是病弱的”与下述存在命题意指同样的内容：“一个病弱的人存在”或“有一个病弱的人”。 214

定言命题“没有石头是活的”与下述存在命题意指同样内容：“一个活石头不存在”或“没有活石头”。



定言命题“所有人都是有朽的”与下述存在命题意指同样内容：“一个不朽的人不存在”或“不存在不朽的人”。[3]

定言命题“有些人不是博学的”与下述存在命题意指同样内容：“一个不博学的人存在”或“有一个不博学的人”。

---

① 《逻辑学体系》，第一卷，第四章，第1节。

② 阿诺德（Antoine Arnauld）与尼古拉（Pierre Nicole）合著：《逻辑或思想术》，第二部分，第三章。

③ 逻辑上通常把下述两个判断“所有人都是有朽的”与“没有人是不朽的”看作等值的（参见俞波维希：《逻辑学》第二版，第五部分，第96节，第235页）；事实是，两个判断是同一的。

因为我选择的这四个例子显明了通常被逻辑学家[①]区分出的所有四种定言命题类型，这实际上就是可以把定言命题转化为存在命题的一般证据。再者，显然存在命题中的“存在”或“不存在”仅仅等同于系词，因而它们就不是谓词，它们自身也就根本没有意义。

可是我们把四种定言命题还原为存在命题真的没错吗？赫尔巴特自己（我们前面曾引用他的学说来支持我们的观点）也许会反对这种还原，因为他关于定言命题的概念与我们的概念是完全不同的。赫尔巴特认为每种定言命题都表达了一个假言判断，而谓词只有基于一个假定——认为主词存在的假定——才能被归于主词或否定主词。正是基于这一点，他论证说存在命题不能被解释为一种定言命题。[②] 相反，我们认为，定言命题对应于一种判断，而这种判断正好也可用存在的形式来表达，并且真正的肯定性定

215 言命题也包含着对主词的肯定。[③] 然而，尽管我们同意赫尔巴特对存在命题中“存在”的看法，我们却不能同意他从中的推导。这在我们看来正好是亚里士多德下述评论的一个例证，即，错误的前提会导出一种正确的结论。下面这种期待是不合理的和不可能

---

① 特称肯定判断、全称否定判断以及（错误地）所谓的全称肯定判断与特称否定判断。事实上，正如我们把这些命题还原为存在的命题形式所清楚地表明的那样，并没有肯定判断是普遍的（因为那样的话，我们就不得不称与一个个体有关的判断为普遍的），也没有否定判断是特殊的。

② 参见德罗毕希：《逻辑学》，第三版，第 59 页以下。

③ 正如我们在前面的注释中指出的，真正的肯定命题就是所谓的特称肯定与特称否定命题。真正的否定命题（其中包括普遍的肯定命题）显然不包含对主词的肯定，因为它们事实上并不肯定任何东西，而只是否认一些东西。我们前面已经解释了，它们为何也不包含对主词的否定（参见本章第 5 节）。

的，这一期待要我们相信命题“有些人是走着的”、或前面提到的“有些人是病弱的”包含着一个未言明的预设“如果如此，那就确实存在着一个人”。相似地，认为“有些人不是博学的”这个命题包含着同样的预设不仅不正确，而且也是完全不可能的。在命题“没有石头是活的”中，我不知道“如果如此，那就确实存在着一块石头”这个假定的限定会有什么意义。即使没有石头，说没有活石头仍可以是正确的，就像有石头而这样说一样。只有在例子“所有人都是有朽的”中，即，在所谓的全称肯定命题中，这种限制条件看来才是真实的。这个命题似乎断定了“人”与“有朽”的联结。如果人不存在，这种联结显然也就不会存在。可是人的存在并不能
从“所有人都是有朽的”这个命题中推出。因而这个命题看来只 216
是基于人存在这个假定才肯定了人与有朽的联结。不过只要参看一下与定言命题等价的存在命题，这些困难全部就会迎刃而解。这表明上述命题并非真正的肯定命题，而是一个否定命题，因而刚才对于命题“没有石头是活的”所谈的内容对这个命题也适用。

此外，我在这里批评赫尔巴特关于所有定言命题都是假言命 218
题的理论，只是对我把它们翻译为存在命题进行辩护，而非因为如果赫尔巴特是对的，这种还原就是不可能的。相反，我对定言命题所说的一切对于假言命题同样成立；它们也可以存在命题的形式表现出来，而且它们最终也都是纯粹的否定断定。一个例子将充分表明，没有任何变化的同一个判断，如何能以假言命题形式、定言命题形式以及存在命题形式同样好地表达出来。命题“如果一个人行为败坏，他将伤及自身”是个假言判断。就其意义而言，它

与下述定言命题是相同的:“所有行为败坏的人都会伤及自身”。而这也正是下述存在命题的意义:“一个行为败坏的人不伤及自身这种情况是不存在的”,或者用一个更为恰当的表述是,“不存在这样一个人,他行为败坏而又不伤及自身”。鉴于存在命题形式表述的笨拙性,就很容易看到为何在语言中要使用其它的语法表述形式。不过这三种命题的差异只是语言表达上的差异,然而,著名的柯尼斯堡的哲学家(康德)也被这种差异所误导,以至于在这些命题之间假定了一种判断方面的基本差异,并且把特定的先天范畴建基于“判断之间的关系”。

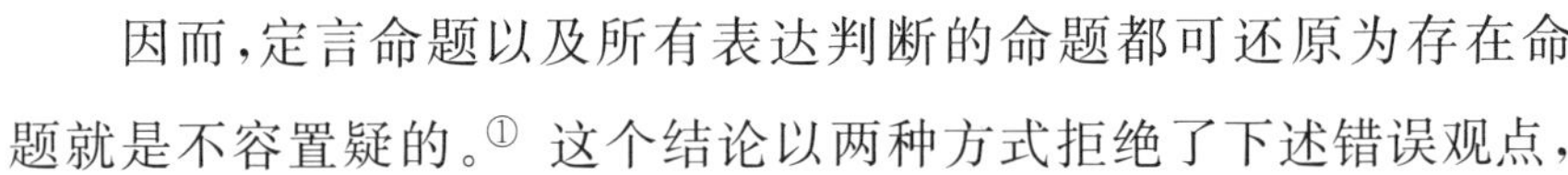

因而,定言命题以及所有表达判断的命题都可还原为存在命题就是不容置疑的。[①] 这个结论以两种方式拒绝了下述错误观点,



① 仍存在一些情形,在其中这种还原会受到一些特殊考虑的攻击。我不想正文中的讨论由于这些考虑而打断(不少读者在一开始并没有受到这些想法的干扰),所
219 以,在注释中讨论它们至少是个不错的主意。约翰·穆勒在其《逻辑学》的一个段落中,试图澄清作为系词的“是”与作为存在命题的“存在”的区别,而存在命题在他看来包含着存在概念,他以“人面兽身物是文学的虚构”命题来进行说明。他说,这个命题并不可能断定存在,相反,这个命题恰恰断定了其主词不是真实存在的(第一卷,第4章,第1节)。出于相似目的,他在另一个场合举出“朱庇特是一个非实在”这个命题。事实上,有这样一类命题,将它们还原为存在命题的可能性看上去是比较小的。在与穆勒的通信中,我再次提出存在命题的问题,我尤其反对穆勒的观点,即,我认为存在命题中的“存在”与系词的“是”是有关系的,把每种命题都还原为存在命题是可能的。穆勒在其回信中还是坚持他原来的观点。尽管他并未明确反对我提出的所有断定都可还原为存在命题的看法,我仍怀疑我并没能足够清楚地向他表明我的观点。鉴于此,我再次回退到这个问题中,并且特别地讨论穆勒的《逻辑学》中的例子。由于我在自己的文件中找到了那封信的草稿,那么这里就复述一下这个小小的争论。我写道:“如果我尤其相关于您的逻辑学给出的一个特殊命题证明了这种还原是可能,那也许是不无裨益的,而您给出这种命题应该说是为了证明相反的东西的。正如您正确地指出的那样,命题‘人面兽身物是文学的虚构’,并不意味着人面兽身物存在,而更多地意味着它不存在。不过,如果这个命题是真的,它确实意味着有某种东西存在,即,马的某

部分与人的某部分以某种特定的方式结合起来的文学虚构物存在。如果没有文学虚构，而且如果没有被诗人在想象中创造的人面兽身物，那么这个命题就是假的。事实上，这个句子只是意味着‘有一种文学虚构，它把人的上半身与马的下半身构思在一起’，或是(同一个意思)‘有一种被诗人在想象中创造的人面兽身物’。当我说‘朱庇特是一个非实在’时亦然，这是说他是个只存在于想象中而不存在于现实中的某物。这个命题的‘真’不需要存在一个朱庇特，而需要存在一种其它东西。如果没有仅仅存在于一个人的思想中的某种东西，那么这个命题就不会是真的。在我看来，人们倾向于怀疑像‘人面兽身物是个虚构’这种命题可以还原为存在命题的特殊原因在于，这种命题中主词与谓词之间的被逻辑学家们忽略了的关系。正如形容词通常加在实体的概念上会为其增加新的属性一样，谓词也是如此，但是谓词有时会增加一些改变主词的特性的东西。例如，对于前者，我们会说‘一个人是博学的’，而对于后者，我们会说‘一个人是死的’。一个博学的人是个人，而一个死的人却已不是一个人。因而命题‘一个死人存在’为了成为真的就不会预设一个人的存在，而仅仅是预设一个死的人存在。 220
相似地，命题‘人面兽身物是个虚构’并没预设存在一个人面兽身物，而只是预设存在一个想象的人面兽身物，即，有一个虚构的人面兽身物……”或许这会消除所有人存有的疑虑。对于穆勒而言，结果表明这种澄清根本没什么必要，因为在1873年2月6日他给我写信说：“正如你所希望的那样，你在说服我可以意义不变地将定言肯定谓词转化为存在命题的内容方面并没失败。(他意指的是肯定性存在命题，而我明显没有将之说成‘存在谓词’。)虽然这个建议对我来说是全新的，不过你一指出这一点我就看出它是对的。在这一点上我们并不存在分歧……”尽管穆勒承认所有定言命题都可以还原为存在命题，他还是固守着他早期的观点，即，“是”与“不是”自身包含了作为谓词的“存在”概念。这清楚地表现在上面对他书信所引述的段落中，而在接下来的内容中他更为强调了这一点。穆勒未说明，他如何能同时坚持他的系词理论。如果穆勒前后一贯的话，他就会放弃他的系词理论，并且也会对其《逻辑学》的相关部分(例如第一卷，第五章，第5节)做某种根本的修改。我只是希望，我在接受了他的邀请，初夏时在阿维尼翁(Avignon)与他相聚后，我们就可以通过口头讨论而在这个问题以及其它问题上更为容易地达到理解，所以我在这个问题上就没有进一步推进。然而他突然的离世使我的希望破灭。[在即将出版的《约翰·穆勒后期书信集(1849—1873)》(F. E. Mineka与D. N. Lindley编，载《约翰·穆勒全集》(University of Toronto Press, Toronto, 1963—)中，保存着11封穆勒写给布伦塔诺的信，编号分别是1709，1726，1734，1739，1741，1746，1752，1767，1774，1789与1802。——编者注]

我只想给我与穆勒的争论加一个简短的评论。像“一个人是死的”这类命题在其真

221 即，断定判断与表象的根本差别在于判断的内容是诸属性的联结。一方面，当我们把定言命题还原为存在命题的时候，后者的“存在”取代了系词，并且“存在”因而不像它原来那样包含一个谓述。再者，通常被当作判断的一般或特殊本质的多个要素的复合，比如主词与谓词的复合、前因与后果的复合等等实际上只是语言表达的问题。

如果从一开始就认识到这点，大概就没人会基于下述标准而对表象与判断进行区分，即，表象的内容是个简单观念而判断的内容是复合观念。事实上，从内容来看，表象与判断之间没有丝毫差别。不论是一个人肯定它、否定它还是对它不置可否，他的意识中呈现的总是同一个对象；不过在上述第三种情况下对象只是被表象，而在前两种情况下对象在被表象的同时也被肯定或否定。任何作为表象内容的对象在适当的情境下也会成为判断的内容。

8. 让我们再快速地回顾一下我们研究过程中的最根本性阶段。我们认为，即便一个人不承认表象与判断的差异相似于表象与欲求的差异(也即之于对象的关系方式方面的差异)，他也不会否认它们之间必定存在着某种差异。然而，这种差异不可能仅仅

正的意义上并非定言命题，因为“死的”并非一个属性，而是像我们评论的那样是主体的变形。我们对定言三段论所说的是：“所有人都是生物；有些人是要死的；因而有些生物是要死的。”如果小前提是一个真正的定言命题，这就会是一个有效的三段论的第三格。如果我们希望像康德那样假定，判断的“关系”存在着不同的类别，而这些判断又对应着断定的不同类型，这里我们就会再次做出新的“先验论”发现。然而，事实是，这种例外的断言形式是很容易处理的，因为存在命题“有一个死人”与“一个人是死的”所意味的绝对是相同的东西。因而我希望人们最终会一劳永逸地中止思维中对语言差异与思想差异的混淆。

是一种外在的差异,即,在原因或结果上的差异。如果我们排除了在指涉方式上的差异,那么也就只有两种样式可以想象:或者是在思维**内容**方面的差异,或者是在思维它的**强度方面**的差异。我们对这两种假定都进行了检验。第二种假定直接就被证明是站不住脚的。第一种假定虽然一开始看上去很有吸引力,可经过仔细考察,也被证明是站不住脚的。虽然下述观点仍被广泛持有,即,表 222
象指涉的是一个简单对象,而判断指涉的是一个复杂对象、指涉的是一种联结或分离,可是我们已经证明了仅仅是表象也可以指涉复合对象,而判断也可以指涉简单对象。我们已经表明,主词与谓词的联结以及其它相似的联结决不是判断的本质部分。我们把这种诉求建基于对肯定与否定的存在命题的考察上。我们通过参考我们的知觉,特别是参考我们的原初知觉来证明它,最终又通过把定言判断还原为存在命题、事实上把所有类型的断定都还原为存在命题来证明这一点。构成判断与表象之间区分性特征的既非内容方面的差异,也非强度方面的差异。那么,正如我们所表明的那样,判断的显著特征性差异在于内在对象的特定关系类型上的差异。

9. 我相信刚才完成的讨论正好确证了我们的主题,同时也减缓了人们对这一主题的所有怀疑。不过,由于这个问题的根本重要性,我们将从另一个视角再次阐明表象与判断的差别。除了找到可替代的真理——即我们上面所说的在内经验中的直接被给予——还有其它许多东西可说。

为了达到这一目的,让我们比较表象与判断之间的关系与另两类现象之间的关系,即表象与爱恨现象之间的关系。毫无疑问,在与其对象的关系方面，表象、判断和爱恨是有根本差异的。正像一个同时被表象和爱或被表象和恨的对象确实是在意识中以两种不同的方式被意向性地表象和爱或被意向性地表象和恨那样，一个同时被表象和肯定或被表象和否定的对象也是在意识中以两种方式被意向性地表象和肯定或被意向性地表象和否定的。这两种情况中的所有情形都是相似的，并且这些情形表明，如果意识的一种基本差异能被加到第一种情况，那么它也会被加到第二种情况。

下面让我们来详细地看一下。

在表象中，除了它们包含的对象的对立我们不会发现其它对
223 立。就热与冷、明与暗以及高音与低音等等构成的对立而言，我们可以说对其中一个东西的表象与对另一个东西的表象是对立的。不过在这类心理行为的全部领域，根本就不会再有其它意义上的对立。

当爱与恨加入进来后，就会出现一种完全不同意义上的对立。这种对立并非诸对象的对立，因为同一个对象既能被爱也能被恨；毋宁说这是指涉一个对象方式上的对立。这确实清楚地显示出，我们正在处理这样一类现象，它指涉对象的本性完全不同于表象中的指涉情形。

当对表象之物的肯定或否定取代了指向它的爱与恨之后，在心理现象领域一种完全相似的对立就会毫无疑问地出现。

此外，[①]在表象中包含的唯一强度是现象或强或弱的清晰生

① 请把下面的讨论与附录六及我的《感觉心理学研究》中的相关内容相互参看。

动性。

然而，当爱与恨加入进来后，一种新的强度便被引入了——一种有关能量的或强或弱的程度、一种情感力量的或是激烈或是适中的状况。

当判断加到表象上的时候，我们也会以一种全然相似的方式发现一种全新的强度类型。因为在确信或意见上确定性程度的大小——与表象的强度差异相比较而言——很显然与爱在强度上的差异更为接近。

此外，在表象中**没有美德**、**没有罪恶**、**没有知识**、**没有错误**。所有这些从本性上看都是在表象之外的；我们最多只能通过同名异义的类比才能称表象为道德上好的或坏的、真的或假的。例如，一个表象被称为坏的是因为喜爱被表象对象的人是坏人，一个表象被称为错误的是因为肯定被表象对象的人是错的；或者是因为这种喜爱或肯定具有的危险性已被蕴含在表象中了。[①]

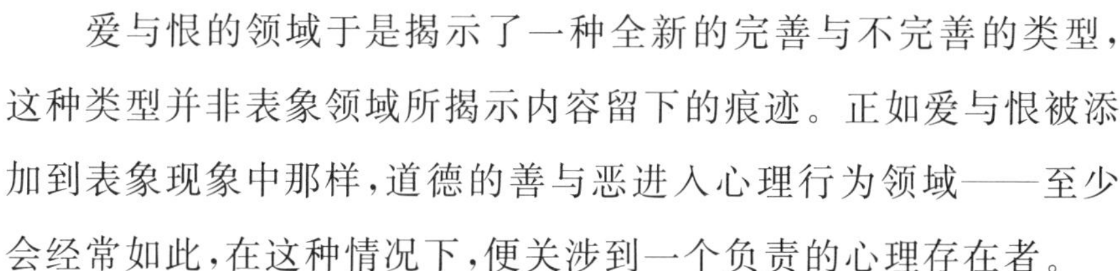

爱与恨的领域于是揭示了一种全新的完善与不完善的类型，这种类型并非表象领域所揭示内容留下的痕迹。正如爱与恨被添加到表象现象中那样，道德的善与恶进入心理行为领域——至少会经常如此，在这种情况下，便关涉到一个负责的心理存在者。

即使在这里，有些相似的情形对于判断也是成立的，因为另一种全新的、非常重要的，而且单纯表象领域完全没有的完善与不完 224
善正是判断领域的属性。正如爱恨与德恶相关一样，肯定或否定

① 可以比较我的论著《跟随亚里士多德论存在的多义性》中（第 31 页以下）亚里士多德对此的评论。

则与知识或错误相关。

下面是最后一点。即使爱与恨并不独立于支配表象持续的规律，它们作为具有基本不同的意识样式的特殊种类的现象受特殊的持续与发展的规律支配，而这种规律首先构成了伦理学的主要心理学基础。当一个对象就其自身而言不会以任何方式触动我们，抑或它只是在我们之中唤起相反的感情，那么这个对象通常会由于另一个对象而被爱或被恨。爱一旦以这种方式转移的话，通常就会逐渐永久性地附属在新的对象上面而不再与它的源头相关。

就此而言，我们在判断中也发现了一种绝对相似的事实。在支配表象之持续性的普遍规律之外（它在判断领域中所起的作用不能被忽视），我们在这里发现了尤其对判断有效的特殊规律，它们与逻辑学的关系就像爱与恨的规律之于伦理学的关系。正如一种爱根据特殊规律产生于另一种爱一样，一个判断根据特殊规律跟随着另一个判断。



因而，约翰·穆勒在其《逻辑学》中所讲的一段话就是正确的："对于信念而言，心理学家们总是不得不探究我们通过直接意识而具有什么信念，一个信念根据什么规律而产生另一个信念；一个东西是依据什么规律被心灵——或对或错地——识认为另一个东西的证据。对于欲求而言，他们就不得不考察，我们自然地欲求什么对象，是什么原因使我们最初欲求无关紧要的东西、甚至欲求令我们不快的东西，诸如此类等等。"[①]因而，在其对詹姆斯·穆勒的

① 《逻辑学体系》，第六卷，第四章，第 3 节。

《分析》的评注中，小穆勒不仅拒绝了其父和赫尔伯特·斯宾塞的这样一种观点，即，信念在于与观念切近的及不可分离的关联，他还拒绝了信念完全建基于观念的联想律之上的观点，而这是前两位思想家所必然假定的。小穆勒说："如果信念只是一种不可分离的联结，那么信念就是一种习惯与偶性，而非理性。显然，两个观念的联结不论如何紧密，也不足以成为信念的基础；而且也不是相应的事实在外在自然中联结在一起的证据。这种理论看来消除了聪明的信念与愚蠢的信念之间的全部差别，前者被明证所规导，并 225
且符合于世界中的真正持续与并存的事物，而后者被一些偶然的联结机械地产生，并暗示心灵中持续或并存的观念：即，通常的表述所恰当地标示的一种信念——即相信一个东西是因为这个东西已进入相信者的头脑。"[①]

在一个足够清晰的问题上停留过久是多余的，这个结论已经被除了少数人的几乎所有思想家所认识到。接下来我们会进一步讨论我们刚讲的判断与情感的特殊规律。[②]

因而我们的结论就是：从所有伴随关系的相似性看，再一次明显的是，如果表象与爱在指涉对象方面存在根本差别的话，以及一般而言在两种不同的心理现象之间存在根本差异的话，我们就必须认为这种差异也存在于判断与表象之间。

10. 简单总结一下，支持这种真相的论据如下：首先，当我们对表象及判断进行断定的时候，内经验直接在它们的指涉内容方

---

① 《分析》，第一部分，第十一章，第 407 页，注释 108。

② 即第四卷与第五卷（1911 年版的注释）。这两卷并未写出。——译者注

面揭示出差异。其次，如果这并不是表象与判断之间的差异，那这两者之间则根本不再会有差异。不论是有关强度差异的假定，还是有关判断及与之对立的单纯表象在内容上存在差异这种假定，都是站不住脚的。再次，如果我们比较表象和判断之间的差别与表象和其它种类心理现象之间的差别，我们会发现在后种差别中意识指涉对象的方式上的所有差异也全部显著地呈现在第一种差别中，无一遗漏。因而，如果我们这里没有确定表象与判断的这种差异，我们也就不能确定心理领域其它任何情况下的差异。

11. 还有**一个**困难有待我们解决。在表明了人们通常所持的错误之外，我们还必须表明这种错误的原因。

在我们看来，这个错误有双重原因。一种原因是**心理学**上的，就是说存在一种喜欢这类欺瞒的心理事实；第二种原因是**语言学**上的。



心理学原因在我看来是更为优先的，它基于下述事实，即，每种意识行为，不论它多么简单——例如对声音这种对象的表象行
226 为——都会同时包含一种表象和一个判断（即一种认识）。这就是在内意识中对于心理现象的认识，其普遍性我们上面已经阐明。[①]这种情况已经导致有些思想家把所有心理现象都包含在认识概念中，就像它们是一个种类似的，这也导致其他人得出在同个种类中至少包含了表象与判断，因为二者从不会彼此分离地发生，不过他们却把像情感与冲动这类现象归入一种全新的特殊种类。

为了证实这种评论，我只需要回顾前面引用过的汉密尔顿的

① 《形而上学讲座》，第一卷，第 187 页。

《讲座》中的一段话:“具有明证性的是,每种心理现象或者是一种知识行为,或者只有通过一种知识行为才可能,因为意识是一种知识——一种认识现象;而且以此为原则,不少哲学家——例如笛卡尔、莱布尼兹、沃尔夫、普兰特纳以及其他人——已经把认识或表象能力(他们也称为认识能力)当作心灵的一种基本能力,而所有其它心灵能力都从中派生出来。对于这个问题容易回答。这些哲学家没能看到,即便是快乐与痛苦以及欲求与意志,它们也只是被知晓为这般如此;不过在这种变形中,一种新质、一种绝对全新的心理现象被添加了——这种现象永不会被包含进知识能力中,也不会从知识能力中派生出来。知识能力在位序上确实是首要的,因而是不以其它现象为条件的……”①

我们看到,由于只有被内认识所伴随,心理现象才是可能的,汉密尔顿便相信知识优先于所有其它心理现象,而且由于他把知识与表象划归为同一个类别,他也就把情感与冲动区分为独立的类别。然而,说知识是基本的心理事实其实是不对的。确实,知识呈现于所有的心理行为中——当然也呈现在第一类心理现象中,不过只是二阶性的罢了。行为的一阶对象通常并不被认知(如果这种对象从不会被我们错误地判断的话),甚至通常并不被判断(如果我们对其没有疑问或询问的话),一阶对象通常、且在最简单的行为中只是被表象。此外,即使对于二阶对象来说,知识在某种程度上也只构成二阶性因素,因为正如每种判断一样,这也预设了 227
一种对所判断对象的表象。正是这种表象至少在事物的本性上

① 《形而上学讲座》,第一卷,第 187 页。

（如果不是在时间上的话）是优先的。

人们也可以用汉密尔顿论证认识之首要性的方法来论证情感的首要性，不过作为其后果，他们或许会混淆表象与判断。因为正如我们看到的，在每种心理行为中也都存在着作为二阶现象发生的感受。[①] 这种感受的普遍性之所以没有——或者至少还没像行伴随的内知觉之普遍性那样经常地——导致一种相似的误解的原因是：一方面，感受的普遍呈现还没被一般性地认识到；另一方面，某些表象给我们留下的内容至少是相对中立的，而且同样的表象在不同时候所伴随的感受也是不同的，甚至是相反的。[②] 相反，内知觉在意识中总是以同样完满的确信而不变地存在，如果这种内知觉强度改变的话，它也是随着其所伴随现象的强度改变而成比例地改变。[③]

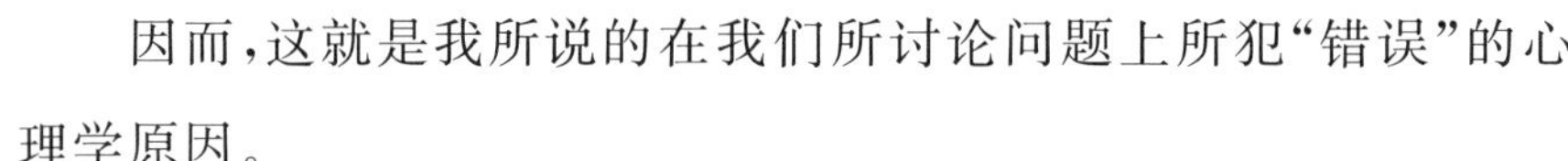

因而，这就是我所说的在我们所讨论问题上所犯“错误”的心理学原因。

12. 此外，正如我们所言，还存在着导致上述错误的语言学上的原因。

我们不能期望那些甚至使敏锐的思想家都陷入错误的关系不会对日常的观点发生影响。人们的语言正是从这些观点中发展出来的。因而，我们一定会期望，作为一种必然发生之事，在日常用于指涉心理行为的用语之中，有一种既可用于表象又可用于判断，

---

① 参见本书第二卷，第三章，第 6 节。亦可参见附录短文以及我的《感觉心理学研究》中相关的讨论（1911 年版注释）。

② 还请参见本书第二卷，第三章，第 6 节（1911 年版注释）。

③ 参见本书第二卷，第三章，第 4 节。

却不能用于其它现象的语词,这就把表象和判断归入一个更为宽广的类别中。这正是实际情形。我们把表象与判断也都同样地称为思维;然而,如果不强暴地对待语言的话,我们则不会把这一表述用于情感或意志。我们发现语词的这种用法在外语中也如此,不论是古代还是现代都概莫能外。

当我说上述情况会产生一种有害的影响时,没有哪个通晓科学发展史的人会反对我。如果现代杰出的哲学家一再地犯含混不清的错误的话,他们又如何不被现象领域分类方面术语的相似性 228
引入歧途呢?在惠威尔(Whewell)的《归纳科学的历史》中,他给出了这种错误以及相关错误的充足例证,正如语言把不相似的东西经常放在一起一样,语言也经常把无差别的东西区分开。并不只是经院哲学家才只根据语词划分事物的。因而,同名异义的"思维"一词就很自然地对我们这种情形下的内容具有负面影响。

13. 不过毋庸置疑,语言表述的另外一种特殊性已经使关于真正关系的知识更为困难。可以说判断的表述通常是一个句子,是几个词的联结,这从我们的观点也很好理解。这就不得不面对下述事实,即,每种判断都基于表象,肯定与否定判断与它们所指涉的内容相符,因为否定判断只是拒绝相应的肯定判断所肯定的对象。虽然判断的表述是语言交流的主要目的,然而这个事实却很强地预示出,表述的最简单形式即单个的语词不应为了这个目的而被使用。不过,如果单个的语词被用于表象的表述,而两种判断形式又都以此为基础的话,如果双重形式的曲折或套用老调的说法——两种小词(比如"是"与"不是")为了表达判断而被加入的话,这种简单的手段就会使人们的记忆事半功倍,因为同一语词既可以用于肯定判断也可以用于相应的否定判断。除此之外，通过省略这些增补的符号，就会得到另外一类现象——表象——的单纯而独立的表述。因为表象构成欲求及感受的基础，那么这个表述也就能够履行一些语言形式中——例如在提问、感叹以及命令等形式中——更为令人刮目相看的功能。

因而，不可避免的是，在真正的科学探究开始之前很久，判断的表述就已经成了多种不同因素的复合。

因而便出现了下述观点，即，判断自身也必须是一种复合，当然是表象的复合，因为大多数词语都是名称，而名称又表述表象。[①] 一旦这种观点建立起来，我们似乎就有了用以区分判断与表象的特性，也就没谁会觉得有必要进一步地探究，这是否是判断

229 与表象之间的全部差异，以及探究它们的差异是否能以这种方式来理解。



如果把这些都考虑在内的话，我们就能很好解释，为何两种具有基本差异的心理现象之间的真正关系被遮蔽得如此之久。

14. 与此同时，这种错误的根基自然也生发出各种错误的枝蔓，这些枝蔓不仅扩展到心理学领域，而且也扩展到形而上学与逻辑学领域。上帝存在的本体论证明只是其中一种结果。发生在中世纪经院中的激烈争论，即，有关本质(essentia)与存在(esse)之争，更为精确地说是有关本质之存在(esse essentiae)与实存之存在(esse existentiae)的争论，已经被一种殚思竭虑所展示，其中一种雄心勃勃的理智力量试图掌控这种难以消化的要素。阿奎那、

① 对这种比较的说明请参见亚里士多德的《解释篇》第一章。

司各特、奥卡姆以及苏亚雷斯(Suarez)等人都热心地投入到这场论战中;每个人在其论辩术方面都是正确的,可没人在其肯定性的断言方面是正确的。下述问题一再地被提出:一个存在者的实存与它的存在自身是同种实在呢,还是不同的实在。司各特、奥卡姆以及苏亚雷斯正确地否认了实存是一种不同的实在(这特别要归功于司各特的威望;事实上,在司各特的语境中实存只应被看作一个奇迹)。然而,他们由此却都落入下述错误思想中,即,一个事物的实存属于一个事物的本质,并且他们将“实存”看作事物最普遍的概念。托马斯主义者在这里的反对是正确的,虽然他们的批评尚未打击到对手真正的弱点,因为他们的批评主要基于被大家普遍持有的错误假定。他们质问道:事物的实存如何能够成为其最普遍的概念呢? 这是不可能的! 果真如此的话,事物的实存就会跟随着事物的定义,因而一个被造物的实存就会成为自身明证的,并且被造物的实存必然先于造物主自身的实存。从被造物的定义中得出的唯一结论是:它是不矛盾的,所以它是可能的。因而,被造物的本质就仅是它的可能性,而每种实存的被造物都由两个部分构成,一种真实的可能性,一种真实的现实性。在存在命题中,其中一个部分被另一个部分断定,并且它们彼此相关,这就有些像亚里士多德的质料与形式在物理对象中彼此相关那样。可能性的边界自然也就是涵盖于其中的实在的边界。因而,就其自身而言作为缺乏限制及全被涵盖的某物的实存,也就在造物主中得到限定。在神的情形中这是不同的。神是在自身中必然存在的,他被所有偶然的东西所依靠。因而神并不由可能性及现实性构成。神 230
的本质就是神的实存;神不实存这种说法本身就是个矛盾。也正

因为这个原因，神就是无限的。不被可能性所涵盖，神的实存也就是无限定的；因而，神就是所有实在与完满的总括。

这些都是高悬的玄思，不过它将不再拥有信众。值得注意的是，像阿奎那这样杰出的思想家无疑真的相信，他通过这样一种证据而演示了世界第一因的无限完满。在这之后，我不需要向读者指出现代形而上学的著名例证，这个例证会清楚地显示与之密切相关的判断以及事物被错误的观点所强加的悲惨影响。[①]

15. 在逻辑学中，不理解判断的本质也必然导致进一步的错误。我已经从这种观点出发思考了这种观念的结果，发现这在逻辑上只会导致一种推倒重来，并且导致对基本逻辑进行重构。所有事情于是开始变得简单、清晰以及更为确切。我只想用几个例子来表明重建的逻辑学规则与传统的逻辑学规则的对比，因为一种详尽的解释与说明必定会让我们耽搁太久，也会使我们偏离我们的主题太远。[②]

我以下述三个主要规则来取代定言三段论的旧有规则，这三个规则能被直接应用于每一种格上，而且它们自身也正好足以检验任何三段论。

---

① 现代形而上学对康德先验论哲学的影响前文已经提到。

② 在我为我的逻辑学讲座（即我在乌兹堡大学 1870—71 年冬季学期的讲座）做准备的时候，我在这种新的基础之上建立起一种系统而完备的基础逻辑学。因为这不仅被我的学生所关注，也被与我交往的哲学同事所关注，我准备在我的《心理学》完成之后来修正出版它。我这里通过例证所给出的规则将像其它内容一样得到详尽的辩护，因为读者有权要求反对从亚里士多德开始的逻辑学的整个传统的人给出这种辩护。另外，不少读者或许也会看到这个内容与已经出现的有关判断本质之观点的必然关联。可以对照海勒布兰德（Franz Hillebrand）的《论范畴消失的新理论》，维也纳，1891 年（1911 年版的注释）。

（1）**每个定言三段论都包含四个词项，其中两个是彼此相反的，而其它两个则出现两次。** 231

（2）**如果结论是否定的，那么每个前提在其质上及在它的一个词项上就是与结论一致的。**

（3）**如果结论是肯定的，那么一个前提就具有相同的质与词项，而另一个前提则具有相反的质与词项。**

这些是一位老派的逻辑学家听到之后必然感到震惊的逻辑规则。每个三段论都被认为有四个词项，这也被经常批评为四词项谬误。① 否定的结论被认为具有纯粹否定的前提，不过这位逻辑学家也教导说，从两个否定的前提什么结论都得不出。甚至在一个肯定结论的前提之中，我们也说有一种否定判断，而这位老派的逻辑学家发誓说这个结论总是需要两个肯定的前提。事实上，不再有从两个肯定前提得出的定言结论的位置了；然而，他在其讲座中总是坚持说肯定的前提是最好的，而当一个否定前提与一个肯定前提邻接时，他将其称为一个坏的角色。最后，虽然在这些新规则中没有提到"普遍"与"特殊"的前提；然而，他可以说几乎要说出它们了。而且，难道他的旧规则自身没有显示为对三段论的检验如此适应吗？因而三段论标准所检测的上千种推论现在自身就是

① 最近英国逻辑学家布尔(Boole)也正确地认识到，不少定言三段论具有四个词项，其中两个是彼此相反的。其他人已经同意了这种观点，其中甚至包括贝恩，他在自己的《逻辑学》中详尽地报道了布尔对三段论的贡献，并表达了自己毫无保留的赞同(第一卷，第205页)。虽然布尔只是把这些三段论与三词项的三段论并置而非认识到**四词项**是普遍的规则，虽然他全部的推导方法与我的并不相像，不过我对这个信号仍然很感兴趣，即，海峡另一边的人也开始对三段论必须只有三个词项的规则提出质疑了。

它的检验与证据？难道我们不再承认诸如下述的三段论是有效的了吗？即，“所有人都是有朽的，张三是人，张三是有朽的”。这看起来是一种无理取闹。

事实上，情况不至于坏到这种地步。三段论理论的旧规则由之而来的错误在于误解了判断的本性，不论对于其内容还是形式
232 都是如此。因而，当规则一再地在其应用中得到坚持的时候，错误的各种有害结果一般会相互抵消。[①] 在所有根据旧规则而有效的推论中，只有四种样态中的推论是被不正确地推出的。然而，另一方面，并非无关紧要的一些有效样态被忽视了。[②]

233 在所谓的直接推理理论的情形中，结果是更为有害的。作为三段论转换的真正规则，传统逻辑学不仅断定每种定言命题是可转换的（假如我们清楚地知道真正的主词与真正的谓词的话），而且根据旧有的规则，一些本来无效的转换被认为是有效的，反之亦然。同样的情形也适用于所谓的蕴含的以及对立的推论。[③] 另外，当我们对旧规则进行批评性的相互比较时，我们发现，非常奇怪，它们有时彼此冲突，以至于根据一个规则有效的东西根据另一个规则却会无效。



---

① 例如，当逻辑学家由于误解了命题，说一个有效的定言三段论必定有三个词项时，他是由这同一个误解所误导的，看到一特殊的论证中只有三个词项，然而实际上是有四个词项的。

② 前面提到的英国逻辑学家已经认识到这点。我所讲的四种无效的样态是，第三格中的AAI（*Darapti*）与EAO（*Felapton*）以及第四格中的AAI（*Bamalip*）与EAO（*Fesapo*）。

③ 一个全称肯定命题转换为一个特称肯定命题是不被允许的；通过蕴含而进行的普遍推理永远无效；同样，在对立推理中，那些从对立的假或次对立的真中得出的结论也永远无效。

16. 不过，我把在细节上证明与展开这一点留作我的逻辑学将来的任务。[①] 我们这里较少关注对判断本性的误解在逻辑学与形而上学方面的有害后果，而更多关注其在心理学中的有害后果。因为对心理学富有成效地发展来说，心理学与逻辑学之间的关系无疑构成了新的障碍。可以不无偏见地说，到目前为止，心理学已经不恰当地忽视了对判断起源之规律的研究。这种情况之所以发生，是因为表象与判断通常被归于“思维”这个种类，以至于人们认为当他们在研究观念持续的规律的时候，对于判断而言本质性的内 234
容已经被研究过了。正像洛采这样的杰出心理学家所说的：“例如，当我们发现判断与想象彼此并置的时候，我们必定会毫不犹豫地同意，这两种形式并不构成原初心理之物的部分，它们只是在生命进展中发展出的能力，其中一个缓慢，一个迅速。我们必须同时承认，解释它们的发展**除了联想律之外并不需要其它任何东西**……”[②]这个陈述表明，洛采这里的重大忽视的原因在于，他从康德那里借用了错误的分类。

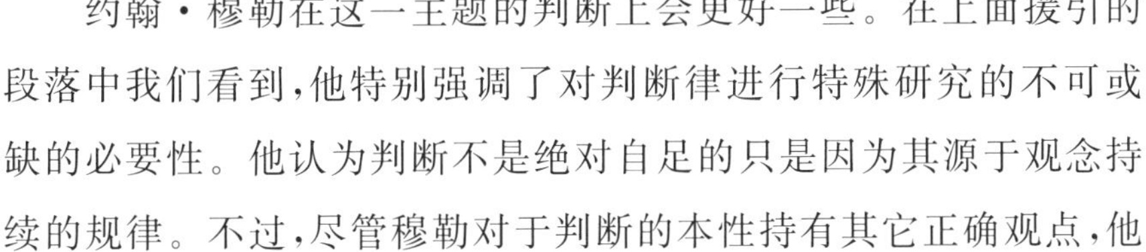

约翰·穆勒在这一主题的判断上会更好一些。在上面援引的段落中我们看到，他特别强调了对判断律进行特殊研究的不可或缺的必要性。他认为判断不是绝对自足的只是因为其源于观念持续的规律。不过，尽管穆勒对于判断的本性持有其它正确观点，他

① 请参见上面提到的弗兰兹兹·海勒布兰德已经发表的著作。这部著作更为彻底地研究了我这里提到的主题(1911 年版的注释)。(布伦塔诺的逻辑学在其去世后以《论正确判断的学说》的书名发表，编者为迈耶尔·海勒布兰德(Franziska Mayer-Hillebrand)，波恩，1956 年。——编者注)

② 《小宇宙》，爱丁堡，1885 年，第一卷，第 176 页。

通常仍认为观念的关联、主词与谓词的联结对于判断是根本性的。这有碍他足够清晰地看到判断的本性，即，清晰地看到判断与其它基本类型一样是心理现象的独特种类。因而，接下来发生的情况是，不仅思想上接近穆勒的贝恩，而且其他人也都会利用穆勒为了填充心理学中一个巨大的鸿沟而给出的提示。

在目前这种情况下，每一方面都印证了经院哲学从亚里士多德那里承继来的一个成语：失之毫厘，谬以千里（parvus error in-principio maximus in fine）。

# 第八章　情感与意欲统合为一个基本类型 235

1. 在我们把表象与判断建立为两个不同的基本类型后，我们必须也得证成我们对传统分类的第二个偏离。正如我们把表象与判断分离一样，我们也把情感与意欲统合在一起。

相对于前一个观点而言，这个观点没多大创新性，因为从亚里士多德直到泰藤斯、门德尔松以至康德，都普遍地认为情感与意求正是*一个*基本种类。在目前的心理学权威中，我们已经看到赫尔巴特·斯宾塞把心理生活领域只区分为认识与情感两个领域。不过鉴于这个问题的重要性，我们不会让它成为我们建立及支撑自己理论的障碍，也不会让它成为我们利用所有资源的障碍。

我们将会以研究表象与判断之关系的同样方式来进行这里的研究。于是我们首先会诉诸于直接经验的确证。我们说，内知觉揭示了这种情况中一种基本区别的缺失，正如在上一章的情况中清楚地揭示了一种基本区别的存在一样。不过，在这里它揭示了指涉对象方式的根本一致，而在那里它揭示的则是指涉对象方式的完全不同。

如果我们现在所考察的这些余下的心理现象之间真地被揭示出存在着类似于表象与判断之间的根本差异，如果就其本质而言

情感与意求间确实存在着一条明显的界限，那么在界定其中每一类的不同本性时我们可能会犯错，不过分组——即确定哪些现象属于哪一组——倒是件容易的事情。即使有人完全不清楚判断的
236 本性，他仍然可以毫不犹豫地说，“人”表达了一个单纯表象，而“人存在”则表达了一个判断。这在包含两类思维的整个心理行为领域都有效。不过什么算作一种情感，什么又算作一种欲求、意志或是意求这个问题却是另外一回事情。说实话，至少我不知道这两类现象的真正界限在哪里。有一些处于快乐与痛苦的感受和通常被称为意欲或意求的东西之间的现象。两个极端间的距离或许会显得有些大，可如果把中间状态纳入考虑，并且不断地对相互接近的现象进行比较的话，那么在整个序列中就不会发现什么鸿沟，它们之间的转变是非常渐进地发生的。



例如，我们可以考察下述系列：伤悲——向往所缺乏的善——希望它会属于我们——欲求它会产生——鼓足勇气去尝试——去行动的决定。其中一个极端是情感，而另一个极端则是意欲行为；
237 它们看起来彼此十分遥远。不过如果我们留心中间的成员而且只比较毗邻的内容，我们就会发现其间存在最为紧密的关联，并且难以发现毗邻的内容之间能够感觉得到的变化。如果我们希望把它们归入情感或意求，那么我们应当把每种情形分别归入哪类呢？我们说：“我感到一种向往”、“我感到一种希望”、“我感到把这种东西带给我自己的欲求”、“我感到去尝试这样做的勇气”——人们唯一不会说的是他感到一种决定。那么或许这就是界限，而所有居间的要素都应被归于情感。如果我们允许日常语言为我们消除这些问题，我们当然就会这样判断。事实上，至少下述情形是真实

的，即，由于被剥夺了某物而感到的伤悲与占有它的欲求的关联与下述关联是同样的，即对一个对象的否认与确定它是非存在的关联。难道在向往中没有埋藏一颗未被觉察的生发出意求的种子吗？当某人在希望时这颗种子便发芽，当他想到可能做某件事情时、当他希望行动并有勇气这样做时、直到最后欲求既克服了对可能代价的厌恶又克服了在希望中长时间反思的时候它开花，而最终在决定中它结果。确实，如果我们仍然希望把这种现象序列从根本上区分为一些基本类型的话，那么我们把它们居间的成员划归为称作**情感**的第一类从而与第二类相对，以及我们把它们归为称作**意欲**或**意求**的类别从而与第一类相对立，这都没什么不可以。同样，把每种现象自身看作一种特殊的种类也未尝不可。而在这种情况下，我相信每个人都会明白无误地认识到，这些种类之间的区分不像在表象与判断之间的区分、或这些种类与所有其它现象之间的区分那样深入和关键。内意识中所给出的材料的特征迫使我们扩展出一种完全包含情感与意求之统一的基本类型。[①]

① 察看心理学家为建立情感与意欲或意求的严格界限所做的徒劳无功的努力是有趣的和有益的。这些区分与日常语言的用法相矛盾、一个与另一个相矛盾，而且这些区分之间甚至也时常自相矛盾。康德甚至委派给欲求能力以明知不可能的无望的渴望，我无疑也认为他以同样方式来归类懊悔。不过这与日常语言并不相符（因为我们能够谈论一种渴望的情感），就像与下面界定的欲求能力不相符一样，即“（通过其表象）导致那些表象对象之现实性的能力”（参见上文第五章第 4 节）。汉密尔顿对下述混淆感到惊讶，他承认在涉及情感与欲求这两类现象时，这一混淆非常流行，因为他认 238
为对它们划界是轻而易举的（《形而上学讲座》，第二卷，433）。不过他一再试图精准地确定这个界限表明这不是件轻而易举的事情。正如我们已经看到的那样，汉密尔顿断定情感这个词在其真正的意义上是无对象的，它们是“主观的”（第二卷，第 432 页；亦可参见上文第五章第 4 节），而所有意求行为都是直接指向一个对象的。这可被看作是一种简单易行的标准。如果这种界定对应于现象的显著特征的话，这无疑就会是事

239　2. 如果情感与意欲现象居于同一个基本类型，那么根据我们采用的划分原则，这两种意识形式必定在指涉某物的方式上具有根本关联。可是它们在指涉对象的方式上有什么共同的特征呢？

---

实，可由于这是不正确的，汉密尔顿也不能使这个标准派上用场。所有人都会说，像快乐与悲伤这些最为确定的情感看上去都有一个对象。于是汉密尔顿便做出另一种区分，虽然或许与第一种区分并非没有矛盾。他说："作为情感的痛苦与快乐专属于当下；而意欲只指涉未来，因为意欲是一种渴望——一种欲求，不论它保持着当下状态的延续，还是转变为另一种状态"（第二卷，第 433 页）。这些界定并不包含前面的界定的错误，前面的界定说，事实上并没有与两种现象其中之一相对应的心理现象。然而，这是对两种现象唯一可说的东西。因为以当下与未来为依据来区分这两个领域是不完备的，就像这种区分是任意的那样。之所以是不完备的是因为：我们应当如何来划归像懊悔与感激这样的情感呢？它们既非指向当下，也非指向未来，而是指向过去。我们会不得不将它们当作第三类的。不过，不完备性还是较小的缺陷；如果根据其对象的时间变化来区分心理现象的话，那么非常接近的现象就会被划归为不同的种类，这种任意性是更糟的。例如，日常称为希望的心理现象，有时是希望未来之物，有时是希望当下之物，有时又是希望过去之物。我希望经常看到你，我希望我是一个富人，我希望我没做这件事——这就是三种时态的例子。虽然后两种希望是无果的且没有实现的前景，不过它们仍然保留着希望的一般特征，正如像康德、汉密尔顿这样的权威人士所认识到的那样。下述情形甚至也会发生，即，当某人希望他的兄弟已经安全抵达美国时，他的希望所指向的是某种过去之物，而非指向某种显然不可能的东西。我们应当只是由于语言把这些心理状态统一在一个共同的"希望"词汇中而把它们看作是彼此关联的吗？我们应当把它们彼此分离吗？即，把其中一些归于意欲行为，而把另一些归于快乐与痛苦，其它一些则被归于属于过去之物的现象。我相信，没人不会看到这种程序有多么不合情理、多么不自然。因而，这种界定情感与意欲边界的尝试也必将失败。于是，我们对下面一点不会感到奇怪的：我们发现汉密尔顿也混淆了情感与意求，而他曾批评别人将它们混淆了。当你听到汉密尔顿为特殊现象所做的界定时，你很难搞清楚他想把哪种具体现象归于两类基本现象的哪一类。汉密尔顿把"虚荣"界定为："出于被他人尊敬的欲求而取悦于他人的希望"，并把它归于情感（第二卷，第 519 页）。他对懊悔与羞愧也有类似的界定，即："会招致其他人不尊敬的害怕与悲伤"（第二卷，第 519 页），就好像懊悔与羞愧指向对象及指涉非当下的某物不是完全显而易见的那样——这就是汉密尔顿给出的所谓其中一种是出于自在自为的而另一种则是出于界定的。我相信，这些杰出哲学家在这个主题上的区分完全是失败的，它们所谓的两种基本类型缺乏清晰而自然的界限。

如果我们的观点是正确的,那么这个问题的答案也必定会被内经验给出。内经验确实会提供一个答案,于是也会提供最终类别具有统一性的更为直接的证据。

正如判断的普遍性质在于对一事实的肯定或否定那样,我们也从内经验的见证中得知,我们现在所考察的这个领域的特性在于对某种东西的接受或拒绝——并非以相同的意义,而是以一种类似的意义。如果某物能够成为判断的内容是因为它能够作为真的而被接受或作为假的而被拒绝的话,那么对于属于第三种基本类型的现象对象也是如此,因为它也会对某些好的东西感到惬意(就这个词的广义而言),而对某些坏东西感到厌恶。这里我们是在关注一个对象是否有价值,而在另一种情况下我们是在关注其对或错。

我相信任何理解我的人都不会认为属于这类的现象是认识行为,通过它我们知觉某种对象的好或坏以及有无价值。为了使那样一种解释成为完全不可能的,我会明确指出那是对我真实意思的一种完全误解。首先,这种误解会意味着我把这些现象看作判断;而事实上我是把它们看作一种独立的种类。其次,这意味着我会非常一般地假定,这类现象预设了有关好与坏以及价值与非价值的表象。而这与事实相去甚远,我是表明这种表象只能从对这
些现象的内知觉中得出。正如没有谁会怀疑的那样,我们有关真 240
与假的表象也预设了对判断的反思,这种表象也被对判断的反思所获得。如果我们说每种肯定判断都是把某物当作真的行为,而每种否定判断都是把某物当作假的行为,这并不意味着前者存在于被当作真的谓述之真中,而后者存在于被当作假的谓述之假中。

我们前面的讨论已经表明，这种表述意指的是对一个对象的一种特殊的意向接受，是一种与众不同的对意识内容的心理指涉。唯一正确的解释是，认为某物为真的人不仅断定了对象，而且在问及对象是否要被断定的时候，也会断定对象的被断定性，即它的真（就这个表述的宽泛意义而言）。“把某物当作真”这个表述可以与此关联。“把某物当作假”这个表述也将得到一种类似的说明。

那么“被赞赏为好的”与“被厌恶为坏的”这些表述就是以一种相似的方式来用的，但这并不意味着在这类现象中，善就被归于被赞赏为好的东西，而坏就被归于被厌恶为坏的东西。相反，这类现象只是标志着心理行为指向一种内容的与众不同的方式。这里唯一正确的解释是，其意识以这种方式直接指向一种内容的人对下述问题给出了一种肯定的回答，这一问题是：这类对象是否能够进入这种关系中——这就意味着把善或恶、价值或非价值归于这类对象。



属于这类的现象并不是判断。（“这是应被爱的某物”或“这是应被恨的某物”才是善与恶的判断。）相反，这个现象是爱与恨的行为。我们现在可以在刚才所给出的解释的意义上不怕误解地重复，对象的善与恶、有价值与无价值的关系以及属于此类的现象，
241 与对和错以及判断的情况是相似的。我认为正是这种指向对象的特性在欲求及意欲中通过内知觉直接和明证地揭示自身，同样在我们称之为感受或情感的东西中通过内知觉而直接和明证地揭示自身的。

3. 就我们所考察的意求、欲求和意欲而言，我所讲的东西可以被看作被普遍地认识到了。让我们来听听捍卫情感与意欲基本

区分的一个最杰出、最有影响力的人的说法。

洛采反对把意欲解释为认知的一个种类时，反对将“我意欲”解释为只是“我将”的自信形式。他在这样做的时候，把意欲的本质放在赞同或不赞同的行为中，即，放在发现某种东西是好、某种东西是坏的行为中。他说：“也许仅仅确信我‘将行动’就等同于知晓了我的意欲，但是，行为的观念必定包括赞同、许可或意图这些特定因素，这些因素使意欲成其所是……”[①]再者，针对那些把意欲理解为产生某种结果的力量的人，他说：“我们的意欲通过赞同，将观念之链的急迫动机给予它的决定当作自己的决定，或通过不赞同而拒绝这一决定，这是可想象的，即使赞同或不赞同都不具有丝毫干涉（决定和改变）心理事件过程的力量。”[②]洛采所讲的这种赞同或不赞同是什么呢？显然，他并不是意指在实践判断的意义上发现或好或坏的东西，因为正如我们所看到的，他把判断归于表象这个种类。那么，除了认为意欲的本质在于心理行为与或是好或是坏的对象的特殊关系之外，他还能坚持什么呢？

与此相似，我们也可以例举康德与门德尔松的段落，他们是通常的三分法的主要创立者，他们支持下述观点，即，这种对或是好或是坏的对象的指涉构成任一欲求的基本特征。[③] 不过我们宁愿回到古代，以此可以把古代心理学的证据与现代心理学的证据结合起来。

亚里士多德以毫无保留的清晰性论及这一主题。他把“好”与

---

① 《小宇宙》，1885 年，英译版，第一卷，第 257 页。

② 同上。

③ 参见门德尔松：《著作集》，第四卷，第 122 页以下。

“可欲求的”当作同义的。他在其论灵魂的书中说：“欲求的对象或者是好的，或者是显得是好的。”亚氏在其伦理学的开头便宣称：“每种活动和选择看来都期望某种善，因而，善可以被正确地表述
242 为所有事物都期望的东西。”[①]因而他把目的因等同于善。[②] 同样的理论在整个中世纪都保留着。托马斯·阿奎那非常清楚地教导，正如思维与作为可知的对象相关联一样，欲求与作为善的对象相关联。因而同一个事物可以是完全异质的心理行为的对象。[③]

我们从这些例子中能够看到，对于意求与意欲，不同时期的杰出思想家都赞同我们所断定的经验事实，虽然他们没有以同样方式评估其意义。

4. 让我们转向另一个相关的现象，即快乐与痛苦，这是作为情感最为经常地与意欲区分开来的现象。在这里下面这一点也是真的吗？即内经验清楚揭示这种不同的指涉内容的方式（赞同的为好或厌恶的为坏）为现象的基本特征。下述情况也是清晰的吗？即，这些现象必须涉及其对象的有无价值，而这种涉及方式与判断真假的方式相似。就我的考察而言，这在情感中与在欲求中同样明显。

不过，因为人们有可能认为在这里起作用的一个偏见使我误释了现象，我将再次诉诸于其他人的佐证。首先，让我们听听洛采在这个关节点上怎么说。他在《小宇宙》中说：“如果这是一种原初

① 《灵魂论》，第三卷，第十章；《尼各马可伦理学》，第一卷，第 1 章；《形而上学》，第十二卷，第 7 章；也可比照《修辞学》，第一卷，第 6 章。

② 《形而上学》第十二卷，第 10 章；以及其它地方。

③ 例如参见《神学大全》，P. I，Q. 80，A. 1ad2。

的心理特性，那么这种心理特性不仅会经历变化，而且也会在思维的呈现中领会自身，这些心理特性不仅原初地属于自身，不仅向其自身表象自身，而且也开始以痛苦与快乐的方式意识到这些心理特性之于自身的价值。”[①]在紧接着的地方，他做出了一个相似的断言：“处于快乐中的……心灵开始意识到其权能的实施就是作为其实存中一种提升了的价值……”他甚至经常重复这些观念，把它们既与高层的情感也与低层的情感牢固地关联起来。以他的观点看，感官动力的真正核心是：“处于痛苦或快乐中的情感向我们展示了一种身体状态的价值，这通常或许并不会上升到意识的清晰 243
性。”[②]“每个时代的道德原则通常是被心灵而非被认识之真所批准的，它们也是被一种具有鉴赏力的感情所指令的。”[③]

我不想对洛采如何看待情感中的价值感受做完全自信的解释，不过可以确定的是，他并不把情感自身当作对价值的认识。这不仅从其特定的表述[④]看是清楚的，而且也因为，即使洛采认为情 244

① 《小宇宙》，第一卷，第 240 页。

② 同上书，第 255 页。

③ 同上书，第 247 页。

④ 在刚才引述的一段，洛采比较了作为“另一种赞同”的情感的“赞同”与对一种真的肯定。在第一卷第 241 页他说，关于快乐与痛苦的情感，我们的意识永不会怀疑，快乐与痛苦的情感能被解释为一些未知的喜爱效果或烦扰。那么赞同只是跟随着情感，就像它正好接踵而至一样。然而，如果我们问，为何那些情感通常会以那种方式被解释，在我看来，洛采并不能给予我们一个完全满意的答案。下述看法显然不会是他的观点，即，不伴随受益的快乐表象（我们认为这一点意义重大）在他看来会是一个矛盾。那么，这种必然性或不可克服的倾向的源头又是什么呢？如果从我们的观点出发，我相信能够回答这个问题。当一个人进行一种属于第三类心理现象的心理行为时，他便把作为其行为结果的价值归于其对象上（参见本章第 3 节），其必然性就像他把真或假作为一种判断的结果归于肯定或否定判断的对象上一样。而且这对于快乐与

感是对价值的认识，他也会把这种认识包含在第一种类型中。关于这个理论，看来其表述只能以一种方式——即以我们的这种观点——来捍卫。同样值得注意的是，洛采不只是说情感感受价值且无情感则无价值，而且以这种方式将之与或是好或是坏的对象相关联。他在这种关联中也使用"赞同"这个术语——他原来就是用这个术语来确证"使意欲成其所是的特定要素"。相反，在另一个场合，他使用术语"温和的兴趣"(herzliche Teilnahme)——一个通常用于快乐与痛苦现象的表述——来形容"意欲"。这种最具特色的术语从一个领域到另一个领域的转变如何能是无意而为呢？不过对本质相似性的主要确证都体现在现象指涉其对象的不同方式中，而这种确证也有利于现象被统合在一个基本类型中。

汉密尔顿(我们不希望遗漏这位情感单独分类的伟大捍卫者)与洛采所用的表述极为相似，他称"快乐与痛苦"为"对相关对象价



痛苦也是成立的。因而，如果我们有一种身体性的感觉被快乐所伴随，我们便把一种价值归于这种感觉，而且在此范围内这种过程显然是必然的。不过，我们立刻会不得不更进一步。因为我们例如已经注意到，快乐的感觉依赖于某种物理过程，它们也将由于其后果而必然达到对我们有价值。由于我们后面必须为这种心理现象领域确立的特殊规律，它们会逐渐成为我们的爱与价值的对象，即使不考虑其后果也是如此。这甚至能够达到下述一点，即，我们会把一些益处归于它们，而我们是没有丝毫的理性基础做这样的假定的，例如，当我们对其结果没有任何经验时也会说，美味的食物是健康的——这是由于其美味而把这种好的质归于它们。事实上，根据人们的迷信，黄金被认为对治疗疾病有效，这是因为它经常被证明在其它方面是有价值的和有用的。不过另外，现在所讨论的这个问题中有一些特定的经验事实，这些事实清楚地表明快乐与机体改善之间有非常广泛的联结。这为假定在这种特殊情况下同样事物也会有效提供了一种更为合理的基础。这种情况(即使不是经常性地)作为一种规则加强了已经提到过的动机，并与它们一同发挥作用。

值的一种评估”。[①] 我们必须把下述难题留给汉密尔顿自己，即，这与他所教导的情感的“主观地主观的”特征如何和解。这种说法——这显然承认了情感指向其或为好或为坏的对象——在汉密尔顿那里重复出现，事实上可以说是经常出现。[②]

最后，在《判断力批判》中，康德把情感与欲求都称为爱好，他是在想区分二者时这样称呼的，只不过是把其中一个称为无功利的爱好，把另一个称为实践的爱好。更为切近地考察，最终的事实是，在情感中，一个人只对对象的表象感兴趣，而在欲求中，一个人却对对象的实存感兴趣。如果这里所表明的是，康德在这种情况下所说的情感真的指向作为其对象的表象自身，那么这种区分也会被消除。而在一部较早期的著作中，康德恰恰说：“正是在我们的时代，我们首先开始对下述事实具有了洞见，即，表象真的能力是知识，而经验善的能力是情感，这两种情形不能彼此混淆。”[③]

确实不能否认从我们最杰出的对手嘴里说出的这种证词的意义。这里也存在着长期以来的观点与现代观点一致的地方。[④] 我 245

① 参见《形而上学讲座》，第二卷，第 434 页以下，特别是第 436 页，第 3 与 4 条。

② 同上。

③ “对自然神学与伦理学原则清晰性的探究”，康德《著作集》第二卷。

④ 赫尔巴特给出了有利于情感与意欲在特征上确实一致的进一步证词，虽然他对此确实是无意而为。如果有人询问心理学家情感与欲求划界的源头，他会说：“他们的解释在原地打转。”马阿斯（Maass）在论情感的著作中（第一部分，第 39 页）以欲求来界定情感（“出于其自身之故被欲求的情感就是快乐”），而同时，他在其有关激情的著作中说，欲求被表象为好的东西与躲避被表象为坏的东西是一种众所周知的自然律。于是问题产生了：什么是好什么是坏呢？他给出的答案是：我们的感觉本性把快乐地触动我们的东西呈现为好，等等。这完全是在带着我们兜圈子。在其《经验心理学大纲》中，霍夫鲍尔（Hoffbauer）以下述论情感与欲求能力的章节开始：“我们意识到我们意求产生的一些状态，我们将其称为快乐；某些表象使我们意求实现其对象，我们将其称为欲求”等等。这里同一个基础——意求——被给予情感与欲求（《心理学教材》，第七卷，第一部分，第 4 章，第 96 节）。

们的历史性探究已经告诉我们，这样说（康德是如此说的）是多么不确切：直到康德的时代，指向作为善的某种东西的特殊能力才首次与指向作为真的某种东西的能力并置在一起。早期心理学——就其受亚里士多德统治的意义而言——早已在这种意义上区分了思维与欲求。在欲求——这个词的意义非常广泛——中包含了快乐与痛苦以及任何不属于表象性或判断性思维的内容。这里与我们的问题相关联且引起我们兴趣的主要是，其中包含着与或为好或为坏的对象相关联的认识，这种认识是我们认定为情感所具有的普遍而基本的特征，它呈现在情感中并不比呈现在欲求及意欲中更少。我们在《尼各马可伦理学》中可以发现（我们在对意识的研究中也曾指出过），亚里士多德对伴随性的快乐与行为的完满性之关系的论述表明了同样的情形。其《修辞学》的一些段落的论述也是如此。[①] 中世纪的逍遥学派以一种更为毫不含糊的方式支持了相同的观点。这对于托马斯·阿奎那有趣的讨论情感是如何衔接的理论而言特别正确。[②]



日常语言也表明，快乐与痛苦包含着对一种对象的指涉，这与意欲的情形在根本上是相似的。人们喜欢将一种开始用在一个领域的表述后来转用到另一个领域。我们称我们享受的东西为令人快乐的，而称给我们带来痛苦的东西为令人不快的，不过我们也说
246 某种东西是“我的快乐”，或是说“做什么事情是一种快乐”，而这就必定与意欲有关。显然赞同意义上的赞成（Placet）以同样方式从

① 参见《尼各马可伦理学》，第三卷，第 6 章；以及《修辞学》第一卷，第 11 章，特别是 1370 a 16；第二卷，第 4 章，1381 a 6。

② 《神学大全》，P. II，1，Q. 26 ff。

情感领域扩展到了意欲行为领域。显而易见，动词“乐意”已经经历了与下述说法相同的过程，即“只要你乐意”或“你乐意做什么？”等等。甚至“乐意”（Lust）这个词自身也毫无疑问被用来标示下述问题的意欲态度，即“你乐意吗？”（Hast du Lust?）。另一方面，“不愿意”（Unwillen）几乎根本不能被称为意欲，虽然后者是前者的词源；不可否认，“可恶”（Widerwillen）作为一种对厌恶或嫌弃的标示也已经成为一种情感的名称。

然而，语言要比仅仅将一个领域的现象名称扩展到另一个领域所做的事情更多。“爱”与“恨”这种表述可以标示出恰好落入这整个领域中的所有现象。因为即使“爱”与“恨”并没被经常地用于这种或那种情形，人们仍会理解当它们被使用时是什么意思，并会看到它们没有脱离其真正的意思。在这种情况下，针对使用这些词的情况只应提到的事情是，语言的使用通常会选择更为特殊的标示。因为真相是，这些表述标示着指涉一种对象的方式，而这正是与我们所说的第三类现象相应的，虽然在通常的意义上这些表述并不专属于这种现象。

“快乐与爱”、“爱与遗憾”等的并置表明“爱”这个表述通常被用于指称最为广泛的情感。当我们说“爱”或“恨”的时候，难道我们不只是意味着引起快乐或不快的现象吗？另一方面，例如，表述“他爱我”、“你爱什么”中的爱显然是指涉意欲现象的。“他对科学工作有一种偏爱（Vorliebe）”这个句子所表达的东西有些人会称为一种情感，另一些人则会称为意欲的一种习惯性倾向。同样，我可以让其他人来决定，在包含爱的一系列词汇中（例如“错爱”、“不爱”、“最爱”、“钟爱的马”以及“钟爱的研究”等），是否有更好的理由把这些所讨论的现象归于情感或是归于意欲。就我而言，我相信，上述更为一般的表述在这些特定情形中都涵括了情感与意欲两个领域。

一个渴望某物的人会喜欢拥有这个东西；一个因某物而沮丧的人发现他因为不喜欢这个东西而沮丧；一个因某物而高兴的人
247 喜欢这个东西如此存在；一个想做某事的人之所以喜欢做它，即便不是出于这件事自身之故，至少也是为了它产生的这种或那种后果等等。刚才提到的这些行为并不仅仅是与爱并存的，它们还是爱的行为本身。那么显然，“成为好的”与“成为以某种方式被爱的某物”意味着同样的事情，而“成为坏的”与“成为以某种方式被恨的某物”也是如此。我们选择“爱”一词来涵括爱及其反面同样也是可以得到辩护的，这正如我们在前面讨论欲求与意欲时习惯性地所做的那样。

那么，作为讨论的结果，我们就可以说，内经验显然揭示了情感与意欲是统一的基本种类。内经验向我们表明，情感与意欲从不会界限分明，而它们与其它心理现象的区别在于其指涉一种内容时所具有的共同特性方面。不同哲学家都谈到这些，甚至那些把情感与意欲分为两类的哲学家也如此，他们清楚地给出其共同特征的标示，并且确证了我们对这些内在现象描述的正确性，正如日常语言所做的那样。

5. 让我们继续我们的研究计划。

当我们想证明表象与判断是两类不同的基本类别时，我们并不满足于仅仅提供直接的经验确证。相反，我们也表明，存在于这两种现象之间不可否认的巨大差异完全是按照它们指涉其对象的不同方式来确定的。除了这种区别外，每种判断都会与一种表象一致，反之亦然。现在我们将针对情感与意欲的关系提出同样的问题。如果某人认识到快乐或痛苦的情感指涉其对象的方式与意欲指涉其对象的方式没什么差别的话，他还能够说出其它一些构成情感与意欲之间的区别性因素的东西吗？情感与意欲之间的所有差别因而也都会被抹平吗？显然这并非实情。

我们前面已经看到，在快乐或痛苦的情感与严格意义上的意欲之间有一种心理状态上的连续性，即，存在一些居间的心理状态。而且我们在区分情感与意欲领域时，我们真的不知道这些居间心理状态应当属于哪一边。渴求、希望、勇气以及其它一些现象都属于这一居间状态。除了这些现象指向对象的方式没有什么差异之外，确实没人会声称这些现象中的任何两个之间不存在差异。
这些现象奠基于其上的表象与判断的显著差异使这些现象彼此得 248
以区分，因而，不论在古代还是在现代，人们都被这种区分所引领而试图划定它们的界限。在亚里士多德的《修辞学》与《尼各马可伦理学》中都是如此。其他人诸如西塞罗在其《论问题》的第四部中也跟随了亚氏的典范。后来我们在诸如格里高利（Gregory of Nyssa）、奥古斯丁以及其他教父那里发现了相似的尝试，在中世纪托马斯·阿奎那的《神学大全》第二部分上半部中，这种相似的尝试达到很高程度。在现代，我们在笛卡尔的《论激情》中，在斯宾诺莎《伦理学》的第三部分中（整部著作的最好部分），以及在休谟、哈特雷、詹姆斯·穆勒等等直到如今的著作中也遇到同样情形。

当然，这种想区分每一单一种类的界定——不仅是从其它一

些种类出发，而且是从其它所有种类出发进行区分——通常也不会忽视其反面，而这种否定以与判断领域中肯定与否定同样的方式贯穿于情感这个领域。而且这种界定还必须考虑现象强度方面的差异。不过，事实上这是所有必要的东西，而且这连同上面提到的资源一起，足以界定属于这个领域的任何一类的概念。毋庸多言，这并不意味着由上述哲学家提供协助的每种尝试实际上都已经成功了。

洛采在其《医疗心理学》中运用了与此相同的界定方式，当他界定情感的各种类别时，他没尝试诉诸于意欲的鲜明特征，因为他认为这必定会失败："否认意志的实在性是徒劳的，这种徒劳正如用长篇大论说明其简单本性一样，因为意志的本性只能通过经验而被直接知晓。"[①]

这是与洛采自己的观点一致的，[②]不过对我而言却根本不对头。每种意欲行为都会分享我们所划分的第三种类别的共同特征，因而，当人们称意欲对象为某种人们喜爱的东西（was jemand
249 lieb ist）时，他们就已经在某种程度上以非常普遍的方式标示了意志行为的本质。如果我们这时确定意欲以之为基础的表象与判断的区别性特征及其内容的特殊本性，那就完成了对这一特殊本性的原初刻画，并且对之做出了精确的界定，而这是与情感被界定时

---

① 《小宇宙》，第一卷，第257页。

② 可以肯定，康德与汉密尔顿并没得出这个结论；然而，一方面，他们在其尝试中并没有非常成功，另一方面，在他们成功的范围内，他们只是为他们基本观念的不正确（即在诸类别间存在着一种根本区别）做出了见证。当康德对比意欲的满意（即有关某物实存的满意）与情感的满意（即对单纯表象内容的无偏爱满意）时，就属于这种情况（参见本章第1节）。

的情况完全一样的。每种意欲行为都必须与我们认为我们能够做的行为相关联，必须与期望从意欲行为自身得到的善相关联。当亚里士多德把能通过行为达到的善称为可被选择之物时，他就碰触到过这种规定。詹姆斯·穆勒与贝恩对这些特殊条件给出了更为细致的分析，这些条件被这些情感现象所基于的表象与判断所确定。即便我们会发现对这些分析的这个或那个存在着反对，我仍认为，如果人们仔细考虑的话就会确信，意欲确实可以通过与界定情感这种特定种类相似的方式得以界定，意欲并不像洛采所声称的那样不可名状。[①]

6. 当我们说意欲可以通过对爱的普遍概念添加这样一些规定而得到界定时，我们并不是想说某个未曾对这种特殊现象进行过亲身体验的人可以仅仅通过界定而完全清晰地把握这一现象。这是绝对不可能的。就这方面而言，对意欲的界定与对判断的界定便存在着巨大差异，后者只是举证它们肯定或否定所针对的内容种类即可。任何人只要曾经做出过肯定或否定的判断就能够完全把其它判断生动地带到心灵中，只要他知道判断肯定或否定地指向的内容是什么。另一方面，不论一个人多么经常地以不同强度进入爱与恨的行为，如果他不曾特别地意欲什么东西，他就不会从上面提到的关于意欲的鲜明特征的陈述获得这种现象之本性的完全观念。如果洛采只是想说这些内容的话，我们会毫无保留地同意他。

不过，我们已经讲过，上述情况对于通常归于情感名下的其它 250

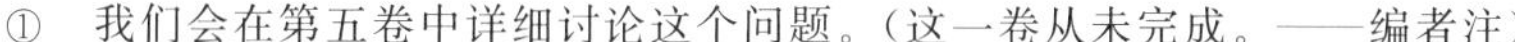

① 我们会在第五卷中详细讨论这个问题。（这一卷从未完成。——编者注）

特殊种类也都成立，如果借用洛采自己的表述，就是这些特殊种类中的每一个都表明了一种不同的情调。下述情况是不可能的，即，对于一个只经验了快乐与痛苦情感的人，仅从“希望”或“恐惧”的界定便可以完全清楚它们的内在差别性特征。这种情形对于快乐或开心的不同类别也是正确的；对一种善意的欣喜、对舒适温度的快感、欣赏一幅美丽图画的愉悦以及由一顿美味带来的开心不仅在量上是相互区别的，而且在质上也是相互区别的。如果缺乏一种相应的特定经验，那么就没什么对对象的规定可以产生正好与那个对象相对应的观念。

由于这些质上的差异，一个人当然必须承认在爱的范围内，仍然存在着指涉对象方式上的差别。不过这并不是说，爱的现象并没被同一个基本种类的单元所包含。相反，在爱的有质的差别的诸现象中存在着本质性的关联与一致，正如性质不同的颜色之间的关系一样。爱的现象与判断领域的相似性也使这一点更为清晰。这里也存在着指涉同一个对象的不同方式；首要的是，我们应当把肯定与否定之间的差异看作这种差异。[①] 把这种差异称之为性质上的差异是正确的。

不过，同一个基本种类的统一体包含了多个方面，这是因为这些方面在其基本特征上是相似的，而且它们的区别虽然是其本性的一部分，却不会达到像表象与判断之间的区别那样的重要意义。目前的情况正是如此。显然，在爱这种基本种类的特殊类别之间



① 我们这里也应当考虑明证与非明证的差异以及绝然判断与定言判断等方面的差别（1911 年版注释）。

的性质的差异不应被纳入考虑，这正如判断中性质的差异不应被纳入考虑一样。如果它们被纳入考虑的话，那么最终的类别就会数目巨大，甚至不计其数，因为与爱或恨相关联的对象都变成了爱恨自身的对象，并且这些现象在过程中经常改变其情调。而且这种详尽区分的狭窄界限最终也会与最初基本分类的总体目标相左。

正因如此，甚至那些把我们所认为的**一种**基本类型分为多个 251
类别的人，在他们的分类中也不会把所有这些差别都纳入考虑。他们只区分出情感与意欲两类。他们不考虑他们称之为意欲的领域包含着爱与恨的各种情调，同样也忽视情感领域更为复杂的情况。他们在实践中认识到各种各样的情形，而这种次要的区分不能为区分为几个基本类别辩护。如果我们的解释是正确的，那么他们就应当原则上承认他们对情感与意欲所做的区分也是应被抛弃的。

7. 我们现在进行第三组考察，其结果将会确证我们的主题，即，情感与意欲属于同**一种**天然的基本类型。

当我们想确立表象与判断之间的基本差别的时候，我们详细表明了一种现象与另一种现象基本的区分如何在于其指涉内容的方式上。当判断加到表象上面时，我们会发现一种全新的类型、一种全新的强度、一种全新的完善与不完善、一种全新的支配这些现象产生及持续的规律。同时，这也表明，作为一个整体的爱恨类型，由于其特征属性而与表象及判断是完全不同的。如果在爱恨现象这个种类内，在指涉对象的方式上仍然存在着另一种基本区分，那么我们就会期望，其中一个领域自身也会显明与另一个领域在每个例举到的方面上都会有一种相似的区分。

可事实上根本不是这么回事。

首先，一个人很容易明白下述事实，即，情感与意欲的差异和爱恨同肯定与否定之间的差异是不可同日而语的。即使我们将快乐-痛苦与意欲-反感某种东西进行对比，我们在这两种情形中也会看到基本上相同的对比，即，都是喜欢与不喜欢、高兴与不高兴的对比。当然在这两种情形的每一种中都会有某种变形与现象的各种不同情调相对应，不过它们的差异不会比这个种类中诸如快乐与痛苦、希望与恐惧、勇敢与懦弱、欲求与厌恶等现象之间的差异更甚。

对于强度而言这同样成立。这整个类别显然被一种特殊的强
252 度所区分。正如我们前面谈及的，确定性的程度差异与爱恨程度差异不具可比性。如果有人说："这对我来说可能是两倍，就像那是可爱的"，这就是非常荒谬的。不过上述情况在同一类自身中则是不成立的。我们可以比较不同爱或恨之间的程度，正如我们可以比较肯定确信与否定确信的不同程度一样。正如可以毫无困难地说，我对某物的肯定程度要大于对其它东西的否定程度，我也可以说我爱某个东西多于我恨另一个东西。我们不仅可以确定相反的强度是较大的或较小的，而且也可以确定快乐、欲求、意求及意图彼此相关的强度大小。我们可以说，我从这里获得的快乐程度比从那里获得的欲求程度要大，我再次见他的欲求没有我让他知道我不高兴的意图强烈等等。



这与完善及不完善显然有某种相似的关联。我们看到在表象中既没有美德也没有恶德、既没有知识也没有错误。我们在判断现象中获得了对错，而在爱恨领域则独特地发现了善恶。也许仅仅能在意欲领域而不能在情感领域发现善恶这种区分？很容易看出这并非实情，确实存在着道德上或好或坏的情感，正如存在着道德上或好或坏的意欲行为一样，例如同情、感激、勇气、嫉妒、幸灾乐祸、惧怕等等情感。鉴于前面提到的清晰界划的缺失，我确实不知道每个特别事例在什么程度上可以正确地划归为意欲领域；不过即使其中只有一种属于情感，那也会达到我们的目的。[1] 我们 253
也不能说德与恶对情感与意欲这两者而言是共同的，而在意欲中却存在着另一种特殊的完善与不完善的新类型。至少就我的知识而言，还没人能确证这种新类型。

让我们转到比较中的最后一点，即，对支配现象持续之规律的比较。

虽然判断无法独立于支配表象序列的规律，可仍然存在着对于判断成立的特殊规律，这些规律不能从表象规律中获得。我们已经注意到，这些判断规律构成了逻辑学的主要的心理学基础。我们看到相似情况之于爱与恨也是成立的。事实上，爱恨现象既离不开支配表象序列的规律，也离不开支配判断的产生及彼此相伴的规律；不过爱恨现象也展现出支配其特殊持续与发展的不可被派生的规律，这些规律构成伦理学的心理学基础。

---

① 下述说法是正确的，即，我们通常在狭义上使用德与恶这两个词，以至于可以说每种爱恨行为都是德或恶。只有某种突出的行为才可以冠之以德的称号，即，爱某种真正值得爱之物的行为与恨某种真正值得恨之物的行为。相似地，我们也把恶的名称赋予会引发相反态度的臭名昭著的行为。显然，以恰当的态度进行爱恨的行为并不能称之为德。或许我们会表明，这些概念如何能被扩展以至于它们会具有完全普遍的应用性。不过这足以表明，这些概念至少在通常的运用中并没给出人们惯常对情感与意欲之区分的支持。

我们现在可以询问这些规律的情况是怎样的。这些规律是专有性地局限于意欲吗？还是说它们至少有一部分既支配情感也支配意欲行为，而另一具有新特征的不同部分则只适用于意欲现象？这两种可能性都不对；相反，在一种情形中，一种意欲行为会从快乐与悲伤中得出，而在另一种情形中，快乐与悲伤的行为同样会从
254 意欲行为中得出。为了另一个东西，我会喜欢或厌烦一个对象，虽然一般情况下我会对后者无动于衷。同样，我会出于另一个东西而对一个东西欲求和意欲，虽然通常我并不想要后者。下述情况也是真实的，即，如果我们剥夺了一种习惯性享有的快乐，就会对之唤起一种更强的欲求，反之亦然，在长期欲求之后发生的快乐因而就会被提升与加强。



怎么会这样呢？我们说情感领域与意欲领域的规律本性上是相同的，不过在整个心理学领域到处存在的最大对立看来正是位于这里。作为区别于其它所有类别的一种类别，意欲被认为是处在自由的领域。即使这个领域不能完全免除规律的影响，确实也能免除诸如存在于其它领域中的规律的支配。因而，我们似乎面对着有利于对情感与意欲所做的通常区分的强有力的论证。

众所周知，这种反对所基于的意志自由早已成为激烈争论的主题，我后面会进入这个主题。① 不过我相信我们已经站在可以拒绝其论证而不必担心其后果的有利位置上。让我们假定在意欲领域有完全的自由，因而在特定情形下意欲某物或不意欲它，抑或

① 这是第五卷的主题。（这个主题在布伦塔诺的《伦理学的基础与建构》中有所触及。英译见 trans. Elizabeth H. Schneewind，Routledge & Kegan Paul，1973。——编者注）

是意欲相反的东西都是可能的。这确实不能存在于整个领域，而只能存在于这样的领域中，在这一领域行为的不同方式（或至少是行动或不行动）的每一种都能以其自身的方式被看作是好的。自由意志的最重要鼓吹者通常也会坦率地承认这一点。不过，虽然未清晰地说出来，他们的下述信念还是明白无误的，即，在不能被称作意欲行为而是常常被称作情感行为的心理活动中也存在着自由行为。过去所犯罪过引发的悔恨的痛苦、恶毒的快乐以及其它许多快乐与悲伤的现象被认为并不比改变一个人生活的决心以及伤害某人的意图更少自由。确实有些人相信，包含对上帝的沉思 255
之爱的情感比爱邻人的仁慈意欲更有价值，而且他们也这样做，尽管他们只是谈论与自由行为相关的价值与无价值。如果人们不管这些，而只谈论**意志**[①] 自由，正如我们看到的，这就与意欲这个词在古代哲学中的扩展使用有关，即，意欲包含着狭义的情感与意欲概念。然而，在现代哲学家中，意欲这个词的含义经常会与他们研究中所包含的其它非清晰性因素相关。甚至洛克也从未完全弄清楚下述差别：即，能够做或避免做一种行为有赖于某人是否意欲它与在相同条件下意欲或不意欲它的可能性之间的差别。因而确定的是，如果爱与恨的领域有自由的话，它就不会只包括意欲行为，而是也扩展到某些情感行为。另一方面，同样确定的是，我们也会像称呼意欲行为自由那样称呼每种情感行为的自由。这足以表明，对自由存在的承认并不会加剧情感与意欲之间的裂隙，而且这

① 为了与汉语中的惯常用法相应，Will（Wille）一词只有在与“自由”联用时才译为“意志”，其它地方一般译为“意欲”。文中其它地方译为“意志”的是 Volition 一词。——译者注

对传统的分类不会有什么支持。

8. 我们现在已经完成了我们研究过程的第三部分。在考察情感与欲求关系的时候，我们从根本上跟随了前面研究表象与判断的根本差异时所走的道路。然而在这里的每一步，我们的观察正好都是与上一章相反的。

让我们简单概括这些观察的结果。

首先，内经验向我们表明，在情感与意欲之间并没有任何严格的界限。我们发现所有不是表象与判断的心理现象在其指向其内容方面都是相似的，它们都可在一种明确的意义上称为爱恨现象。

256 其次，虽然否认了表象与判断在指涉方式方面存在差异，便不能在二者间例举出任何差别，可我们看到在爱恨领域相反的情形才是正确的。这里每种特殊的类型都能被其所基于的特殊现象所界定，这种界定也需借助于爱与恨及其强度差异之对比。

最后，我们看到，在情感与意欲中没有需要去发现的情境变化，而情境变化在存在着差异的意识种类中是经常发生的。

因而，我们已经完全论证了第三类现象的统一性。有待我们表明的是——正如我们讨论表象与判断的关系时所表明的那样——导致对真正情况误解的原因是什么。

9. 这种错误的原因在我看来有三重：**心理上的**、**语言上的**以及我们可以称之为**历史上**的，所谓历史上的原因就是源于心理学先前在其它问题上所犯的错误。

让我们先来看其中最为突出的**心理上**的原因。

我们前面已看到内意识现象如何与其对象以一种独特的方式融合在一起。内知觉被包含进它所知觉的行为中，而且伴随一种行为的内情感也以同样方式而成为其对象的一部分。这就很容易混淆内知觉与其对象关联的特殊方式与它意向地指涉对象的特殊方式，并且把属于内意识的爱恨现象当作**独立**的基本种类。

如果我们回忆康德关于情感与欲求之差异的说法，我相信我们会清楚地看到他的理论与刚提到的区别的关联痕迹。他说欲求能力有一种“对象性的指涉”，而情感所指涉的“只是主体”。[①]

在汉密尔顿那里，在其大大加剧了情感与意求的分离性的意义上，这种事实更加醒目地突显出来。其非常难以相互一致的诸界定倒是一致地指向这样一个事实：他谈论情感种类的时候，他心中想的主要是属于内意识的情感现象。他把情感界定为只属于当下的存在则是辨白性的，而他所说的“主观地主观的”情感特征则 257
至少是可理智化的。他在其讲座的第二卷中对情感源头的研究也正好与这种解释一致。[②]

可是如果这种内在现象与其对象的特殊关联在这种情况下导致两种基本类型区分的话，那么为何同样的事情不能在认识领域发生呢？为何我们不能把内知觉与其它每种认识区分开来而当作一种基本的不同指涉方式呢？这个问题容易回答。我们已经看到，爱恨现象的一种特定特征如何包含了不同的变化，它们彼此的不同远甚于判断中特定种类的不同。那么在这里就更不会看到，指涉种类比认识现象的联结更具有普遍一致的特征。在一种情形中引起错误的情境被证明在另一种情形下并没什么诱惑。

---

① 参见本卷第五章第4节的注释。

② 《形而上学讲座》，第二卷，第436页以下；亦可参见洛采：《小宇宙》，第一卷，第240页，以及其它地方。

10. 除了我们所例举的这个原因之外，这种错误还有另外一种心理上的原因。正如我们记得的那样，康德及其追随者坚持，意欲现象不可从情感现象中派生出来这一点有利于认为这两类现象之间有根本的差异。意欲现象不能从任何其它心理现象中派生出来无疑是正确的。而且我这样并不是只想说意欲活动的特定变化只能通过特殊经验获知，因为这一说法对于爱恨的其它个别种类也都是成立的。希望与占有的快乐相比具有某种特定色调，而高层精神快乐的不同情调与低级的身体性快乐相反，同时二者都具有不可派生性。其它一些东西要对下述事实负责，即，特殊的意欲看来尤其是不可派生的，而由此也产生了把意欲解释为一种特殊原初能力的活动倾向。

每种意志或意求在严格意义上都指向一个行动。这不仅是欲求某种东西发生，而且是欲求某种东西作为这种欲求的结果而发生。如果某人还不知道，或是至少怀疑某种爱及欲求现象会直接或间接地产生所爱的对象，那么意欲行为对他而言就是不可能的。

可是，一个人如何才能获得这种知识或这种怀疑呢？这不能从爱之现象的本性中获得，不论它们是快乐或痛苦现象、欲求或畏
258 惧现象还是其它什么现象。那么，剩下的唯一可能性就是，假定这种知识或是内在的，或是从经验中获得的，就像我们获得有关力的关系的其它知识那样。第一种选项显然假定了一个非常特别的事实，这一事实是容许派生的最后之物。而第二种选项清楚地预设了一种特殊的经验范围（这在一开始肯定具有更大的可能性），以及预设了这些经验所指涉的一种特殊能力的实存与实施。因而，某些爱之现象的力量是意欲的一个前提，而这些现象是要去实现

它们所指向的对象的。这也正是以某种方式首先给予我们意欲的能力，只要我们不像贝恩所做的那样把行为能力作为意欲自身的能力的话。既然由于这种表达与践行爱与欲望的能力完全不同于爱与欲望自身的能力，那么它们看来就既非源于自身也非源于知识的能力，实际上看来也是如此。因而意欲与意求的能力自然就显现为一种尤其不能派生的能力，虽然其派生的不可能性不基于下述事实，即，相关的现象在特性上与其它爱的现象根本不同。

相反，一种切近的考察会揭示，这展现了意欲现象与其它的爱及欲求现象之间一种新的相似性标记。如果意欲预设了某个经验了爱之现象影响的人带来了被爱的对象，那么显然也就预设了不能称之为意欲的爱之现象，这也证明爱之现象以与意欲相似的方式而有效，虽然这或许是以一种更小的程度相似。因为如果这种影响专有性地与意欲关联，那么我们就会进入一种令人不快的循环。意欲会预设一种对意欲的经验，而这自然也会预设意欲。如果只是欲求某种作为其发生结果的事件，那就是另一回事了；那么这就能被下述修正所重复，即，我们有关力的关系的知识导致通常所谓的意欲行为的发生。

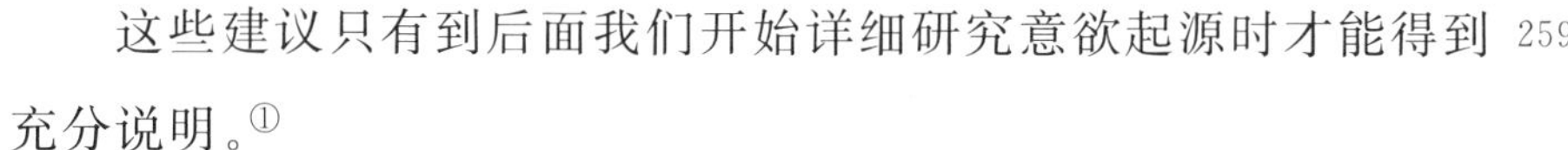

这些建议只有到后面我们开始详细研究意欲起源时才能得到 259
充分说明。[①]

如果我们前面考察过的康德关于情感区分特征的陈述使我们

① 布伦塔诺意思是说在第五卷中会这样做。不过可以参见《伦理学的基础与建构》。——编者注

认识到，他的分类和某种爱之现象属于内意识的事实之间的关联，那么还有不少其它说法非常清楚地指出我们刚才考察的各种关系。康德确实把欲求能力界定为："一个人的观念能力，即，把这些观念对象转化为实存的能力。"在同一段落中，他说观念指涉的"仅仅是主体"，观念是在"与快乐情感的关系中被思考的"，在此他说到了另外一种"客观的关系，它是欲求能力的一部分，因为它同时被视作这个对象的现实性的原因"。不过，如果爱的内在现象都被归于情感并且与其它所有现象相对的话，那么这两种分类的界限就出现了，而这个界限与我们做下面的事情时得到的界限一点也不一致：我们把对一个对象的意求行为（这假定我们所讨论的力的关系是被知晓的）与其它所有爱之现象区分开来。这就是为何我们在康德那里发现了奇怪的说法，即，任何希望，即使我们认识到它是不可能的（例如拥有翅膀的希望），它也是试图获得所希望之物的渴望，它也包含着我们的欲求是因果效果的观念。[①] 这是为了使一组考虑与另一组融洽，从而强行划定界限的绝望尝试。另一些人宁愿进一步扩展情感这个类型，直至扩展到严格意义上的意欲的界限，而且，还有一些人或多或少描述了这两种类型的居间部分，因而我们就遇到了界限的不确定性问题。

11. 我们说分类错误的原因除了出于现象自身特性的心理上的因素，还有语言上的因素。

正如我们讲过的那样，亚里士多德正确地认识到我们第三类基本现象的统一体，并以"欲求（ὄρεξις）"这个词来称呼它。这个表



① 《判断力批判》，导论三，注释。

述选择的不是太好，[①]因为在日常语言中把喜悦称为欲求比较少 260
见。不过这并没能阻止中世纪的人追随“哲人”的权威，亚氏的译者在这方面与其它方面都延续了他的这种思路，并把所有行为的能力都归属于“欲求能力”(facultas appetendi)[②]这一类型。后来，当沃尔夫区分认识能力与欲求能力时，他承续了经院哲学的表述。那么，由于事实上在一种过于狭窄的意义上使用“欲求”一词，以至于它无法包含思维之外的所有心理现象，这就引发了下述观念，即，有些现象没包含在到目前为止的类型中，因而必须有一个新现象的种类与这些现象平行。我们前面所引述汉密尔顿的一个段落[③]表明，这种情况对人们确实具有影响。

12. 我们还说过，心理现象这种类型划分方面的错误还有第三种原因；即，**在先前研究中的错误**具有一种有害的影响。



我们要牢记，最基本的错误是人们把表象与判断现象归属于同一种基本类型。人们发现了**真**、**善**、**美**这三种理念(它们经常被如此称呼)；这三者似乎是相互平行的。人们相信他们不得不把这三种理念与我们心理生活的基本不同方面关联起来。真的理念归因于认识能力，善的理念归因于欲望能力；那么第三种情感能力正

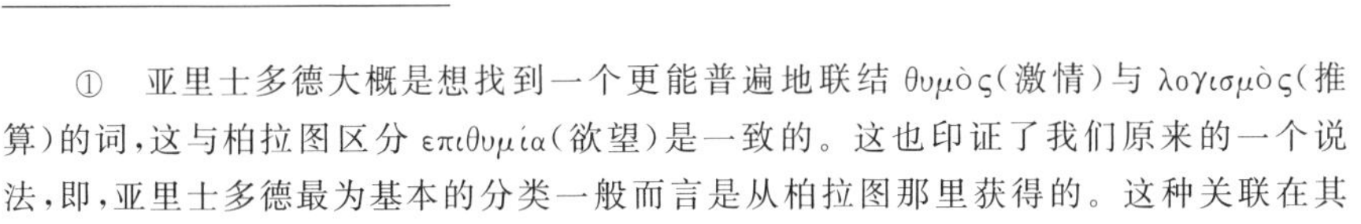

① 亚里士多德大概是想找到一个更能普遍地联结 θυμὸς(激情)与 λογισμὸς(推算)的词，这与柏拉图区分 επιθυμία(欲望)是一致的。这也印证了我们原来的一个说法，即，亚里士多德最为基本的分类一般而言是从柏拉图那里获得的。这种关联在其它方面当然也成立。

② 只是在孤立的事例中才有脱离的迹象，例如当托马斯·阿奎那使用“爱”(amare)这个表述来作为《神学大全》中这个种类的最普遍名称时。参见 P. I, Q. 37, A. 1 以及其它频繁地出现的各处。

③ 《形而上学讲座》，第二卷，第 420 页；亦可参见本卷第一章，第 4 节。

好发明出来成为美的理念的原因。早在门德尔松论及灵魂的三种能力时，他就谈及真、善、美。后来一个相似的三分者责备康德把快乐与痛苦的情感限制于“片面的美学趣味判断”，并且“没把欲求能力当作一种纯粹的心理能力，而是当作与善理念相关且服务于它的东西”。[①]

对有关真善美是否分配到认识、欲求与情感三种基本能力的更为详细的辩护性研究，确实会引起人们更多质疑。

261 我们前面引述过洛采的段落，这位把意欲与情感区分为两种基本能力的思想家把“每一时代基本的道德原则”当作“有鉴赏力的情感指示”。事实上，赫尔巴特把所有伦理学都归于美学，伦理学是美学的一个特殊分支，而美学是更为普遍的理论科学。[②] 因而，按照赫尔巴特的观点，善的理念面临着被美的理念完全吞没的威胁，或者至少善是一更为统合性观念的特殊形式而隶属于这一观念。

其他人则做出相反的尝试，他们把美的概念隶属于善的概念。这对于像托马斯·阿奎那所谓“善就是喜欢的东西，而美是所喜欢东西的显现”而言就是成立的。[③] 这里，美的显现开始被认为是某

---

① 迈耶尔（J. B. Meyer）：《康德的心理学》，第120页。

② 甚至亚当·斯密最后也这样做（如果康德正确的话），他说美就是引起无私快乐的东西。事实上，奥古斯丁早就讲过“真诚意味着理智与美，这也就是我们如何使自己的精神恰切”（83Q. Q. quaest. 30，开头附近）。

③ “通过理智行为产生的内在的与非多样系列包含在第一因的观念中。因为当我们称建造者为房子的原因时，那么在这个原因中也就包含了建造者的艺术；因而如果建造者为房子的第一因，那么这第一因的观念中也应包含艺术”（《神学大全》，P. II, I, Q. 27. A. 1 ad 3）。

种善的东西，然后，产生美的显现的东西自然也是善的。事实上，这种意义上的美无疑可被称为一种善，这种说法对于“真”也成立；因而欲求性的特征看来可以成为这三类现象的共有部分。如果只是由于我们这里处理的是三个理念，那么我们确实不能以任何其它方式来考虑它。

因而，必须以某种不同的方式来解释**美**、**真**和**善**的三分。这样做的时候，就会出现它们与我们心理生活三个方面的关联；然而，这种关联并不是与知识、情感与意欲的关联，而是与**我们**所划分的三种基本心理现象的关联。

三种基本心理现象的每一种都有其自身特殊的完善种类。正如我们看到的，这种完善性是在伴随着每种行为的内情感中使其自身被知晓的。在每种基本类型的最完善行为之内可以说存在着一种高贵的快乐。表象行为的最完善状态存在于对美的沉思中，不论这是被对象的影响所加强，还是独立于这种影响。在表象领 262
域我们能够发现的最高级快乐与此相关联。判断行为的最完善状态存在于关于真的知识中；我们自然发现，关于真的知识的最完善状态（比其它的完善）更向我们揭示了存在的充盈。例如，当我们掌握了一个规律——比如引力定律——的时候就可以一劳永逸地解释大量现象便是如此。因而，知识就是一种自在自为的快乐与善，如果暂且不论其所有实践运用的话。大哲学家（亚里士多德）讲：“人天生便欲求知识”，看来他比其他人更多地体会了知识的愉悦。亚氏又说：“理性沉思是最甜美、最好的。”[①]最后，爱之行为的

① 亚里士多德：《形而上学》，第一卷，第1章；第十二卷，第7章。

最完善状态存在于能够自由地上升到更高的善好中，期间也不会被一个人对自己的快乐与利益的考虑所阻碍；并且在一种自我牺牲的精神中，把自己让渡给一位（由于其完善性）最值得爱的存在者；这种完善还存在于对美德的实施或对善的爱中，这种善是根据其完善程度而出于其自身之故的。快乐内在于高贵的行为中，首先是内在于与这种完善相应的高贵之爱中，这正如知识中的愉悦与美中的沉思相应于意识中其它两方面的完善那样。诸**理念的理念**在于所有真、善与美的统一体，即，在于这样一个存在者，其表象是无限之美的一种展现，这种美在它之中和它的无限中显示出来，并且超越了每种可设想的有限之美的原型；一个其**知识**是无限真理的展现的存在者，在其自身以及在其终极的和普遍的解释原则中展现所有有限的真理；一个其**爱**是爱无限的、无所不包的善的存在者，在其中，所有其它东西都以有限方式分有了其完善。我认为这就是所有理念的理念。最大的福就是这三重统一体中的三重愉悦，其中无限的美被看到，而这种看又通过其自身被认知为必然的与无限的真理，其作为无限的仁慈之爱又开始展现自身，并且作为对整体的爱、作为无限的善而必然地奉献自身。这就是基督教对福的应许，它是历史上出现的最为完美的宗教。最伟大的异教徒思想家，特别是受神圣激发的柏拉图，在希望这种福佑时与基督教是一致的。



263　我们看到，如果你同意我们否认情感是一个基本类型，并且如果你正好继续采纳我们的基本类型，那么真、善、美这种三分就正好能被心灵能力的体系所界定。事实上，这是“美”能被完全理解的唯一方式，甚至在康德那里，也不缺乏对这一事实确证的陈述，即，只有当把美与表象行为以我们所做的那种方式联结起来，才能把美放到正确的位置上。在可以对上述说法提供支持的众多文本之中，我这里只提及一、两处。在《判断力批判》中，康德说："当对象的形式……在关于这个形式的单纯反思里(不考虑从对象获得的任何概念)被评价为是对这个对象的表象中的一种快乐的根据时，那么这种快乐也被判断为与这个对象的表象必然结合着，不仅与把握这个形式的主体结合，而且一般地与做出这种判断的主体结合。这个对象于是就被称为美的；而通过这种快乐(因而也具有普遍有效性)的一种判断能力就被称为趣味。"[1]在《正义的形而上要素》(1797 年)中，他再次重复，有一种快乐根本不与对对象的欲求相关联，而只与一个人形成一个对象的*单纯表象*相关联，他说："快乐并不必然与对一个对象的欲求关联，因而基本的快乐并非存在于表象对象的实存中，而*仅仅与表象自身相关联*的快乐则被称之为纯粹沉思的快乐或非活动的愉悦。这后一种快乐我们称之为趣味。"[2]

我们的断定对于下述情况也是有效的，即，没能认识到表象与 264
判断基本差异的论断为接受另外一种实际不存在的基本差异铺平了道路。以这种方式，我们在进行心理现象划分中遇到的第一个

① 康德：《判断力批判》，trans. James Creed Meredith(Oxford，1952)，导论七，第 31 页。

② 《正义的形而上要素》，第一部分"道德的形而上学"，trans. by John Ladd (New York，1965)。托马斯·阿奎那就像一般的逍遥学派那样，与康德一样犯了把表象与判断结合为一种基本类型的错误，不过他在上面例举的段落中(见本章第 12 节注释)也支持美与表象的联结。在其它地方，他说，"善一般与欲求相关……而美与认识能力相关，那些赏心悦目的东西，我们说它们是美的"(《神学大全》，P. I，Q. 5，A. 4 ad 1)。

错误在第二个错误的产生中起了重要的作用。不过看来这种情况还不是最棘手的。

另外,新的错误自然由于对分类的真正原则缺乏清晰的了解而加剧。我们已经谈到过这点,因而现在就不再进一步深究。

不论还有什么会促使把情感与意欲当作心理现象的两种基本类型,我还是相信在我们前面的探究中已经收集了产生这种错误的主要因素。这些因素是重要而广泛的,因此许多杰出的思想家让自己被这些错误所误导就不足为奇了。那么我希望作为我们概览的一个结果,对我们所捍卫的情感与意欲合二为一这个主张的怀疑已经被消除。因而我们的整个基本分类看来就是完全确实的。鉴于此,下述观点就是成立的,即,心理现象在其指涉内容方式的基本差异方面,或者说在其意识的方式上就不多不少正好展示出三种基本类型,因而全部心理现象也就落入这三种类型中;这三种类型分别是:表象类型、判断类型以及爱恨现象类型。

# 第九章　三种基本类型与内意识的三重现象之比较及其自然位序的确定 265

1. 我们所确立的表象、判断与爱这三种基本现象使我们想起前面发现的三重现象。我们看到伴随每种心理现象的内意识都包含着一种表象、一种认识与一种情感，而它们又都指向那种心理现象。显然这些要素的每一种都对应着现在浮现出的心理现象基本类型中的一种。

这向我们表明，属于三种基本类型的现象是非常紧密地结合在一起的。因为没可能再设想比内意识的三种要素更为紧密的结合了。

此外，我们知道这三种类型最具普遍性；并不存在不体现为这三种类型的心理行为。我们所有的意识生活中的内容总会属于其中某一种类型。

然而，正如我们前面指出的，并不能从这里得出，这三种类型之间可以相互派生。每种意识状态的统一体表明，三种行为能力的每一种都能够在其中呈现。不过可以毫无矛盾地设想，能够存在诸如下述心理生活的形式：这种形式缺少这些心理行为类型的一种甚或两种，并且也缺乏与它们相应的全部能力。出于同样的原因，在一种相对意义上被称为单纯表象行为的那些心理行为与

266 不属这种类型的心理行为之间在下述意义上仍存在一种差别，即，一个行为的一阶对象有时只是被表象，有时也被肯定或否定，有时又以某种方式被爱或恨。可以说，在第一种情况下只是共鸣的现象链条在后两种情形下却是直接震动了。

这个事实只是证明了这三种现象类型中每一种的普遍性意义，因而，当我们关注与诸类型的基本特征相关的问题时，这一证明确实是受欢迎的。通常所说的知识、情感与意欲的三分不能以同样方式诉诸于这种三分。汉密尔顿也声称意志的完全普遍性，大概是因为他确实认识到这种普遍性的重要性。汉密尔顿说："在我们的哲学体系中，这三类现象会在不同卷、章中分别论述；而在本质上这些现象却是相互交织的。在每种(甚至是最简单的)心理形态中，知识、情感与欲求或意欲都构成心理状态"等等。[1] 不过，对于分析"意欲"概念的人而言，汉密尔顿无疑正在声称某种对于其第三个种类而言不可能的东西。正如我们前面所言，一种意志只有通过某人自己的因果观念才开始成为可能的。这表明意志这类概念完全少有普遍性特征，这也特别证明了，这个概念还远不能被用到原初的行为上去。

因而，我们看到，我们的分类在这方面也优于通常的分类，虽然我不愿断言，这与我们前面讨论得出的一些结果具有同样的决定性意义。

2. 仍然存在着一个有待回答的问题，不过我们在前面的研究

---

① 《形而上学讲座》，第一卷，第 188 页。后来(第二卷，第 433 页)他再次重复了同样的观念，只是不再这么有信心。

中已经为回答这个问题铺平了道路，事实上我们在某种程度上已经预期到这个问题了。这就是三个现象种类的自然位序问题。

这里正如其它地方一样，各种现象类型的相对独立性、简单性以及普遍性必定会决定其位序。

以上述原则为基础排序，显然表象堪称首位，因为它是三种现象中最为简单的，而判断与爱通常都包含着表象。

表象也是三种现象中最为独立的，因为它是其它现象类型的基础，也正因为如此，表象是最普遍的。我并不是说，这是因为我想否认判断与爱在每种心理状态中也都是以某种方式被表象的。相反，我已明确地强调了这点。不过在考虑到其普遍性的时候，我们同时注意到某种差异，就一阶对象以唯一方式必然普遍地呈现在意识中而言，它是表象所特有的一种意向的内在性。我们可以 267 毫无矛盾地设想，一个存在者只具有表象能力而不具有判断与爱的能力，而对于后两类现象我们则不能如此设想。再者，支配这种心理学想象之表象的持续的规律与在我们现在的心理生活中展现其影响的一些规律是相同的。

出于相似原因，判断被排在第二位。因为，在表象之后，判断是最简单的类型。判断只是基于表象，而非基于爱恨现象。一种结合表象与判断行为的存在者的观念即使不包含爱恨也不会有什么矛盾。而且我们能够给那些支配表象序列的规律加上一些特殊规律而支配判断，同时又可以完全不考虑爱恨现象。可当我们考虑爱恨现象与判断的关系时，就会是一种不同的情况。显然下述情形并非必然，即，某人相信，一个东西存在甚或能够存在是为了他爱它；可是每种爱的行为是爱某物的存在却是必然的。除非拥有一个现象与另一个现象相互作用关系的信念，否则一种爱永不会引起另一种爱、一个东西也永不会为了另一个东西而被爱。一种爱的行为在某些情况下是一种愉快，而在另一些情况下则是悲伤，抑或是希望、恐惧或其它任何形式，这有赖于对被爱对象的实存与非实存及可能与不可能会做出怎样的判断。这样，事实上，下述情形看来也是不可设想的，即，一个存在者被赋予爱与恨的能力而不具有相应的判断。而且，完全不顾判断现象而去建立支配爱恨现象的规律同样也是不可能的。考虑到独立性、简单性，以及出于同样理由考虑到普遍性，那么爱恨类型就应排在判断类型之后。当然，这种普遍性上的差异也可以用来谈及表象与判断之间的差异。

我们从刚才所讲的可以看到，那些认为意欲是最基本心理现
268 象的人（这甚至在我们的时代还经常出现）是如何完全搞错了事实关系。显然，意欲的先决条件并不仅仅是表象。刚才进行的讨论表明，判断优先于一般意义上的爱恨，更优先于稍后的意欲现象。那些哲学家因而恰恰是把这些现象的自然位序搞颠倒了。

我们应当基于我们所发现的自然分类及其诸类型的自然位序而进行进一步的特殊研究。我们应当首先讨论支配表象的规律，然后讨论判断的规律，最后讨论爱与恨的规律。当然，在讨论前面的现象时完全忽略后面的现象是不可能的，因为我们已经声称、也只能声称，这些现象在一种限定及相对的意义上是非独立的。意欲不仅在外在世界领域会施加主导影响，而且在内在的表象领域也是如此；同时，情感也影响了我们随后的表象过程。同样众所周知的是，人们经常相信有些东西是真的，是因为这种东西或者是满

足了其虚荣心，或者是迎合了其希望。甚至最为自然的分类在某种意义上也是人为的，对于这些成员的自然秩序而言也是如此。当孔德在其著名的科学体系中建立起所有理论科学的一组秩序时，赫尔巴特·斯宾塞却用所有科学的"一致同意"理论来反对他，这就迫使我们承认他们的学说一个优于另一个。也许这种诉求离题太远，不过孔德自己也承认，他的分级不是绝对的，甚至较早的科学在许多方面也会得到后发科学的支持与推进。

# 1911年版附录

## 附录的评论为的是解释与捍卫，
271 以及矫正与扩展相关理论

### 一、与严格意义上的关系不同的心理指涉

正如我相信我已经表明了的那样，每种心理行为的特征是：指涉作为一个对象的某物。就此而言，每种心理行为看来都是关系性的。事实上，当亚里士多德例举其关系(πρὸ ςτι)范畴的各种主要类型时，他提到了心理指涉。不过他立刻注意到这种关系与其它种类关系的差异。在其它关系中，两个项——基项(fundament)与端项(terminus)——都是真实的，而这里只有第一个项——基项——是真实的。

让我们再进一步澄清其意义！如果我们从一种广泛的比较关系来看关系性(ein Relativ)的话，比如我们说较大的东西或较小的东西，那么如果较大的东西存在的话，较小的东西必定也存在。如果一座房子比另一座房子大，那么另一座房子也必定存在并且
272 有一种尺寸。就像有些东西对于相似及区别关系成立那样，有些

东西对于因果关系是成立的。因为有这样一种关系，其中作为原因的事物与作为结果的事物必定都存在。行为要成为这样子的话就只能使行动方同时成为受动方。如果没有时间关系也就没有原因。正如在时间关系中的事物会分有一种时间界限一样，在空间关系中的事物也会分有一种空间界限。只要原因的影响在持续，就会存在原因与原因的结果在时间中的相合。

可对于心理指涉而言则是完全不同的。如果某人表象某物，进行表象那个人必定存在，而他所表象的对象则根本不需要存在。事实上，如果在他否认某物时，那么当他的否认是正确的，对象的存在正好也就是他所排除的。因而心理指涉所必需之物只是进行表象的人。所谓的关系端项根本不需要在现实中存在。因而，人们可以怀疑，我们这里所处理的是否真的是某种关系，还是只在某个方面上称之为关系的东西，故而，我们这里最好称这种关系为"准关系"(Relativli-ches)。其相似在于下述事实，即，就像一个想着本来意义上的关系的人那样，一个想着心理行为的人是以某种方式同时想着两个对象，其中一个是直接的(in recto)，而另一个是间接的(in obliqua)。如果我表象某人爱花，那么爱花的这个人就是我直接表象的对象，而花就是我间接表象的对象。这就相似 273
于我表象某人比张三高的情形。其中高的某人是直接表象，而张三是间接表象。

我并不是不知道现在有些人与亚里士多德相反，否认"为了确认一个东西比另一个东西大或小而必须两个东西都存在"这个命题。例如，3 个东西会比万亿个东西小，不论是否有万亿。因而我所说的差异似乎就被取消了。事实上，如果我们接受下述进一步的断言的话，情况正好相反，即，即使 3 个与万亿个都不存在，前者也比后者小。因为如果存在心理指涉的话，即使对象的存在不是根本性的，可进行心理指涉的人的存在也是根本性的。然而，如果不存在 3 个东西，那它如何能比万亿个东西小呢？事实上，只要它存在，它就会是 3 个东西。正如一个立方体转变为一个球体就停止存在一样，这个立方体也停止具有 6 个边以及是正方体。于是我们在这里看到一种含混不清的错误。说 3 小于万亿的人并没有肯定性地断言一种关系的实存。他说的毋宁是，如果存在 3 个东西以及万亿个东西的话，那么这种关系必定会在它们之间存在；换言之，并不存在下述情况，即，3 和万亿存在但它们之间却没有这种关系。

我们这里不能诉诸于这样一种情形，即，当祖父与孙子不并存的时候，我们说孙子比其祖父曾经的个子高。这个陈述在这里也不是说孙子个子比祖父高。因为果真如此的话，那么在每种年轻人比老年人高的情况下，当年轻人长到他的高度后，就不仅可以说他现在比老人家高，而且能够说他比老人家既高又矮。然而这是荒谬的；正确的只是，正如我们所表述的那样，他比另一个过去的
274 人高，而比他将长成的个子矮。这只是意味着，如果这个年轻人仍是他原来所是的高度，或成为他将达到的高度，那么老年人就不会和他一样高，而只会比他高或矮。

当我说：“张三比李四所自认为的高”时，情况也一样。在这种情况下并不存在真正的高低关系，即便这里存在着他实际的高低与他所认为的高低之间的比较关系。很容易看到心理指涉的显著特征在其中起着作用。康德在一个场合说，一百块真钱并不比一

百块想象的钱多一块钱。可真相是，一百块想象的钱连一块钱都不是，它是比一百块真钱少的一百块钱；或者毋宁说，因为一百块想象的钱根本不是钱的数量，它根本不存在，那么它就不能和一百块真钱之间存在真正的数量关系，不论这种关系是相等、大小还是多少。

我不想不考虑“存在”(sein)与“实存”(existieren)的意义差异就结束这里有关心理指涉的讨论。根据这种差异性观点，这两个词都是在一种非常特别的意义上使用的。即，一个人会说，如果某人心理指涉一个对象，那么这个对象通常就会像他所指涉的那样真正地存在，即使这个对象不会像他所指涉的那样实存。

或许这种观点的鼓吹者中没有谁走得如此之远吧！不过无论如何他们之中有人说，我们看到的红与绿、我们听到的声音以及我们感觉到的对象等等根据科学都不实存，虽然它们都不实存，然而它们却存在。而且如果我们思考普遍概念，他们就会说作为我们对象的共相之为共相是存在的，虽然它们并不实存。

我承认我不能从这种存在与实存的区分中获得任何意义。就共相而言，假定它们具有存在正如假定它们具有实存一样荒谬，因为这导向矛盾。矛盾律不仅否认同样的事物既实存又不实存，而
且也否认同样的事物能够既存在又不存在。一个想到的一般三角 275
形凭其自身而存在又会如何呢？——显然它会是所有具体三角形都归属于其中的共同之物，但它对于这个或那个三角形又都不是真实的。因而我们不得不否认这个一般存在的三角形自身是直角、锐角或是钝角，因而它既非直角也非锐角也非钝角。可这种断言与三角形的一般本性是矛盾的，因为一般而言，不存在既非直

角、也非锐角、也非钝角的三角形。因而可以说每个具体的三角形都具有特殊而个体化的差异，即便这种差异每个三角形都不同。因而，一般存在的三角形就其自身而言是具有特殊而个体化的差异的。而认可其普遍性与认可其摆脱所有个体化差异的自由就是一种矛盾，因为想象不出符合这种条件的例证。① 不过，不可能通过一般心理指涉来（不合理地）区分存在与实存也完全被我们前面讨论的情况——其中表象的对象同时也正是我们所正确否认的对象——所证实。

## 二、论心理指涉作为二阶对象的某物

当我们说指涉作为对象的某物是心理行为最显著特征的时候，这并不能解释为“心理行为”与“指涉作为对象的某物”意味着相同的东西。恰恰相反，从前述内容可以看到，每种心理行为与作为对象的自身的关联并非一阶性的，而是二阶性的，正如亚里士多
276 德早已注意到的那样，他把这称为“随附性地”（εν παρεργω）。因此，在一个心理行为中，通常就存在着多重指涉与多重对象。

然而，正如我在《从经验立场出发的心理学》中已经强调的那样，对于心理行为的二阶对象，人们不是必须想到这些指涉的特别内容，例如想到对一阶对象的指涉。很容易看到，这会导致一种无穷后退，因为这里不得不出现一种三阶指涉，它会把二阶指涉作为

① 在前面的讨论中，我坚持着亚里士多德对“关系”一词的用法，不过我释然地承认这是没必要的。有人如果想要谈及过去之物与将来之物的关系，那么他会认为——由于与永远不存在的事物相反——过去曾是与未来将是的东西在某种意义上就都属于实际领域，不过与他进行这种语词方面的抬杠是愚蠢的。

其对象，随后出现一种四阶指涉，它会把三阶指涉作为其对象等等。二阶对象并非一种指涉，而是一种心理行为，或者更为严格地说，是心理行为主体，其中包含着二阶指涉和一阶指涉。虽然现在不会产生心理指涉的随附性（ἐν παρέργῳ）的无限后退，不过这也不会出现心理行为被想象为单纯之物的情形。甚至当一些心理指涉具有相同的对象时，如果指涉方式是不同的，这些心理指涉仍可以是不同的。这就是我们在心理指涉的随附性情况下发现的东西。我们已经区分了三种基本的指涉方式：表象、判断与情感关系。显然，在心理指涉的随附性中，表象方式永远不会缺席，因为它是其它类别的先决条件。然而，判断与表象是一样多，事实上，一种明证的“肯定”通常会呈现。另外，人们普遍地相信，在每种心理行为中都有所谓的“情调”（Gefuhlston），这等于说，正如每种心理行为是它所包含着的表象的对象一样，这种心理行为也是它所包含着的判断的对象、也是它所包含着的情感指涉的对象。我自己在《从经验立场出发的心理学》中也采纳了这种看法。然而，在那之后，我就抛弃了它，我现在相信，甚至在感觉中也存在着许多没有情感指涉的情况，因而其中也就不包含快乐或不快。我确实相信在视觉与听觉的广大领域，是完全可以存在着情感中立的。不过这并不排除下述事实，即，快乐与痛苦的活跃情感通常可以以被规律决定的各种方式而伴随着感觉。有关这点，可以参见我的《感觉心理学研究》。

下述事实尤为重要，即，心理行为主体会把它自身作为二阶指
涉的对象，而不论其所指涉的一阶对象是其它什么东西。作为这 277
种事实的一个结果，并不存在一阶对象的陈述不包括多个断定的

情况。例如，如果我说“上帝存在”，那么我同时也就证实了我判断上帝存在这个事实。或是如果我说“上帝不存在”，这包含了我否认有一个上帝这个事实。当某人对判断做心理学分析时，最好要注意到这一点，下述情况会作为其结果经常出现，即，如果某人继续其适当关注，那么判断的对象以及判断所基于的表象的对象就与人们通常想象它们所是的样子非常不同。它们中间的大部分会被证明是由随附性给出的指涉对象，这与一阶对象以一种显然不同的方式而确定地复合在一起。

为了避免误解，也为了反击经常出现的一些明显反对意见，再多说几句似乎并非多余。

并非所有领会到的东西都是清楚明白地领会到的。不少事情只是模糊不清地被领会到的。我相信我在《感觉心理学研究》中已经证明，一段音乐中的音符与混合颜色中的色素总是被真正领会的，但通常并未被区分开地领会。如今仍在争论的绿现象中的简单性与复合性问题也与这个事实相关。我确实相信我已经表明，感觉对象的强度差异是从现象的厚度差异得出的。可感空间在一个地方与另一个地方要么满要么空，可是个体性的满空间与空空间就不易清楚地区分开来。如果这对于物理现象是真的，那么某种相似性对于指涉它的心理行为也是真的。因而我们在这种情况以及在其它情况下也就有了不能被完全清楚地感知的一部分心理行为。所以，内知觉就是混杂的，虽然其不完善性不会限制其明证性的程度，不过它仍会引起不少错误。这就再次导致一些心理学家讨论，内知觉到底是否明证的，他们甚至会质疑内知觉是普遍有效的这种说法的正确性。

其他人也被导向同样错误的观点，即，他们立刻假定所有表象 278
以及所有指涉心理行为的判断都是内知觉行为。可这是错误的；心理现象与物理现象都能够成为一阶对象。例如当我们形成有关他人内在心理生活的清晰概念时，毫无疑问就属这种情况，不少情况下我们对动物也能够做到这点。我们知道或怀疑他们以某种方式具有感觉、思维及欲求，这与我们对应的心理方式一致或形成对照。非常相似地，我们通常设想，我们在既定情境下会以某种方式进行心理活动，我们也通常相信我们将会以某种方式感受及欲求，或是已经如此感受及欲求。确实，在这种情况下通常存在内知觉，但并不存在对我们刚才所提到的那些心理行为的知觉；这是对另一种行为的知觉，它当下实际地发生，并且指向他人作为其一阶对象。

指涉我们自己心理经验的所有记忆与期待都把这些经验作为其一阶对象，而把它们自身作为其二阶对象或其中一部分。

这为我提供了捍卫自身而抗击反对的工具。我下述说法是存在例外的，即，内知觉不会成为内观察，因为我们经常在回忆中观察先前在内知觉中知觉到的东西。对此的反对声称，记忆只是我们记得的心理行为的微弱重复。不过可以很轻易看到这不是事实；否则某人通过回忆一个先前的错误便会再次犯一个错误，某人羞愧于先前的罪恶也会是再次犯罪。我所回忆的先前的心理行为不会作为二阶对象随附性地出现，而是作为一阶对象出现，正如当我相信另一个人具有一个观念或具有心理行为时那样。

## 三、论表象的样态

当我把表象、判断与情感态度作为心理指涉的三种基本类型时，我意味的是它们每一种仍能够进一步细分。事实上，当我们指出判断中有肯定与否定、情感态度中有爱与恨的对立时，我们已经表明这种细分。而且，这对于表象这种基本类型也是成立的，即，
279 它的指涉方式一般是相同的，而在特殊样态方面是有差异的。正如当一个人肯定地判断某物而另一个人否定地判断这个东西时，尽管判断的是同一个对象，但这两种判断仍是不同的那样，表象同一个对象的两个表象也是不同的。

我在写作《从经验立场出发的心理学》时，表象的细分对我而言还没那么明显，或至少并不完全如此。不过作为一种结果，其中不少东西不仅需要扩展，而且需要校正。



首先，我们必须指明作为表象样态的时间的差异。那些认为过去、当下与将来在对象方面存在差异的人所犯的错误正如认为实存与非实存是真实属性的人所犯的错误。如果我们在一段交谈或在一段旋律中听一组声音，或是如果我们观看运动中或者颜色变化中的一种物理对象，那么同样的声音或同样的个体性地在空间上及性质上确定的有色之物，就首先对我们呈现为当下，随后越来越呈现为过去，同时新的事物显现为当下，新事物的表象然后经历同样的样态变化。那些把这些差异当作所包含对象的差异——有些像在我视域中偏左或偏右一点的表象之间总是存在着的差异——的人都不能辩护存在于空间与时间之间的巨大差异。就空间而言，我们能够毫不矛盾地设想存在着没有空间的事物：比如没

有长、宽、高也不存在于这里或那里的“精神”。同样，我们可以设想四维或更多维空间，其中第四维被认为是加在长、宽、高之上的，就像一个物理之物的高加在宽上或宽加在长上那样；并且更多的维度可以加到前面的维度上——就像现代几何学非常熟悉的观念那样；另一方面，下述情形是荒谬的：设想某种东西会存在，可这种东西却既不呈现也不与当下存在的任何其它东西并存，因为这种 280
东西既不与当下之物相似，又不具有多维的经历或变化。正如没有判断能够离开性质方面的样态那样，我们可以信心十足地断定，对于能够进行判断的所有存在者而言，并不存在能够离开时间样态的表象。我们能够毫不轻率地断定，这不仅对于人与动物而言如此，而且对于任何具有表象的存在者都是如此。具有同样确定性的原则是，如果离开对象就不会有表象。

这一点极为重要且具有最为深远的影响，我会在另一个场合更为详细地进入对它的研究。到那时我也会讨论下述情形是否是不真实的：即，我们必须对具有时间持续性的所有东西设定一种真实差异的连续性，而这种连续性是加在可设想的时间差异的连续序列之上的。这种完全超越性的差异不会在我们任何具体的直观中被给予。

不过我不会对下述事实完全置而不论，即，我们不可能对一个具有普遍性时间样态的东西形成表象，就像一个东西会不确定地在过去或是将来出现，或是更为不确定地在某时或某地出现。这正是具有不确定性的性质样态的判断（既不肯定也不否定的判断）是不可行的情形。现在我并不打算进一步解释它为何看起来是可行的。

毋庸多言,时间意味着什么的问题决不会还原为我们测量时间的量与间隔的基础是什么的问题,不论时间是以理性来测定还是以习惯或原初的本能来测定。后一种估算方式也具有巨大的心理学意义,它把研究者引向相似于下述情形的目的论因素中,即,引向在记忆的盲目信任、习惯性期待以及许多天然的倾向与反感中所发现的情形。不过我们这里必须考察的并非这些问题,而是最为重要的问题。

另一个重要观点也已被提及,从它出发可以讨论表象样态的差异。从这个观点出发我们区分了直接样态(modus reclus)与间
281 接样态(modus obliquas)。当我们活跃地思维时第一种样态当然永不会缺席。当我们思考具有心理指涉的某物或思考严格意义上的关系时,第二种样态是伴随着前者出现的。除了我直接思维的心理行为的主体,我通常也思维其对象;除了我直接思维的关系的基项,我也间接地思维其端项。而间接样态自身并非真是一个样态;它以不同方式分衍。当它与量的关系相关时是一种样态,当它与因果关系相关时是另一种样态,而当它与对一个对象的心理指涉相关时又是另一种不同样态;事实上,当这种心理指涉仅仅是一种表象或判断时,它本身就是一种样态,而不同的样态要看它所依赖的是肯定判断还是否定判断等等。

### 四、在直接样态与间接样态中表象的属性关联

众所周知,我们对非单纯对象的表象有时清楚有时又不太清楚。每当我们具有这种对象的清楚表象时,表象指涉就是复杂的,而且以一种复杂的方式属于笛卡尔式的清楚明白。当这种表象与

整体相关时，它就分别地与部分相关——这些部分以一种确定的方式统合在一起。例如下述情形就是如此，即，当我把一个红色块区分为有颜色的、红的、广延的、位于此的、三角形的等等，并认为它被所有这些属性所标示时。这些属性的一个看来是与其它属性以一种确定的方式统合在一起的。每种对属性的表象指涉具有一个特定的对象，因为属性是确定的，那么这种表象与其它表象就会一起直观地(anschaulich)呈现在统一体中。

然而我们具有更进一步的能力通过视其彼此为一体而来统合最为多样的对象，而不论它们在现实中是否一致，我们这样就达到一种具有属性的整体对象，而非达到直观统一体。例如，我能够以此方式思维一个圆的方、一个白色的黑马以及一种红色的绿。我也能够拥有与它自身等同的相同属性的表象，例如一块白餐巾，于 282
是对一个事物的确证就会导向与属性自身的等同。同样也容易看到下述情况发生，即，能够以直观的方式统合在一起的属性，比如某种颜色与形状的属性，并非是以直观的方式统合在一起的而是仅仅以属性的方式统合在一起的。

我在《从经验立场出发的心理学》中已经详尽解释了，某人在表象中呈现出两种性质在属性上的等同还不是在做一个判断(即其中一个属性谓述另一个属性)。不过对于反思前面关于二阶指涉所说的人来说，下面这一点是明显的：这并不是说在这种情况下就没有判断。通过切近的考察我们的确会发现，当我们具有一种清楚的表象时，我们就以某种方式与我们自身相关联，就像否定的判断那样，因为我们知道心灵指向某一部分与它指向另一部分是不同的。

显然，对一个表象的澄清会通过对其——直接的与间接的——对象的分析达到。那些自由的认同在直接样态中是可能的，正如其在间接样态中是可能的那样。另外，某种在直接样态中思维的东西能够与在间接样态中思维的对象等同，例如当我直接具有一束花的表象与我具有想要这束花的一个爱花者的表象的时候，在这种情况下，思维中直接的花与间接的花是相互等同的。如果我表象一棵绿的树，我是直接地表象树和绿，而且我表象性地将二者同一。另一方面，正如有人所言，如果我表象一棵非绿的树，过程看起来更为复杂。至少正如亚里士多德所否认的那样，一个否定不会是一个对象。如果这真的是不可能的（我认为这无疑是可能的），那就只能设定，我们表象一棵树而否认它是绿就是正确
283 的，因而我们就在处理一种间接样态的同一。我们后面会回到这一点。莱布尼兹已经强调了下述事实：如此这般的拒绝并非否定性的，因而就不会存在下面的反对，即，将其作为表象对象就是将非绿的某物作为对象。

## 五、由表象样态造成的对判断与情感态度的修正

表象在样态上的差异——正如在对象上的差异那样——不仅对表象自身是重要的，而且对判断与情感指涉也是重要的，因为后两者都是基于表象的。

284 这显然对于时间样态也成立。如果我判断一棵树存在，而且一棵树确实存在，那么在两种情况下我都做出了肯定判断，只不过是以一种不同的肯定样态。正如表象的对象“树”不仅与表象不同，而且与判断不同，表象的时间样态也是如此；在判断中也有一

种时间差异。当我希求过去或将来的东西时,相似的情形也是成立的。这两者都是爱的行为,不过它们具有时间的差异,正如它们所基于的表象具有时间差异那样。

很容易看到,这不需一种时间性判断的中介而发生。对当下及未来的希求既不包含对于被希求对象的存在或将要存在的信念,也不包含对这种信念的否认。我会毫不犹豫地明确强调这点,因为动词的变化与时间差异的这种特殊关联会使人们相信,时态差异与主要涉及判断的,而且与表象不相关的差异相关。因为动词是这样一种语言形式,其特殊功能是完成对一个判断的表述。

与直接样态及间接样态的差别相关联,下述情形就是真实的,即,判断与情感态度只是奠基于直接样态的表象上,而不奠基于间接样态的表象上,当然,这是因为间接样态从不凭借其自身而存在,而只是在心理行为中与直接样态一同存在。如果我表象否认某物的某人,或者即便我认识否认某物的某人,我也不会否认这个某物,不像否认"当我表象某物的原因时就引起这个某物"那样,尽管我的思维以之指向这一某物的间接对象及特定间接样态与我判断的内容不相关;其结果是,判断指向一个对象而非另一个对象。

当迈农把有人所说的"洛克教导说没有内在观念"运用于心理学分析时,他十分正确地看到,做出这个陈述的人并不认为没有内在观念。但是,迈农不是像我们所做的那样,认为在这种情况下,这个人是以直接的方式表象洛克对内在观念的否认,而且肯定了这一点,并通过表象方式间接地指涉内在观念,以双重样态指涉内在观念,相反,迈农认为我们是在处理指涉对象的第四种基本类型。迈农认为处于表象与判断之间的类型是与传统所谓的"假定"

285 相应的。很容易表明迈农把其劳作用于了复杂的幻象中。

当我们思想着某个肯定或否定一个对象的人时，与我们思想着某个仅仅想着这个对象的人时，思想的间接样态确实是不同的。当我们思想着爱恨某个对象的某人时，相似的情形也是真实的。谈论第一种情形中的心理指涉的基本类型并不比谈论第二种的基本类型更为必然，或者为了一致起见，我们间接地思想着一个结果同时又直接地思想着其原因时必须如此。显然这是在考察表象的间接样态的附属形式，正如我们谈到的，这对基于直接样态表象的判断这种情况具有重要意义。

此外，没哪个通晓德语的人会同意，迈农对假定(annehmen)一词的运用符合其日常的意思。正如迈农所用的那样，我们常常能够同时假定两个矛盾性的事物，例如，当我们说“洛克说笛卡尔在教导说存在着内在观念时是错误的”情况便是如此。因为在这种情况下，我们会假定，当某人教导说存在着内在观念时他是错误的，并且他同时假定存在着内在观念。为了避免这个矛盾，迈农不得不为这些二阶的间接指涉建立起一种新的基本类型，这就与他的“假定”有关，而他的“假定”又相关于判断。

“假定”通常被用于与“肯定”、特别是与“赞同”同义，当某人表达一断定时便是如此。在许多特别的情形中，它通常指涉一种更为复杂的心理过程，即，故意地坚持一种观念，就像你对某物做出了一种判断，这为的是研究：通过理性的思考，你会被导向其它什么判断或什么实践决定。正如我可以分析一个对象而不肯定它一样，我也会向我自己清楚地展示一个判断必定导致的结果，这只是通过表象一个做出判断的人而非通过肯定这个人而完成的。某个以某种前提条件而行为的人是以这样一种方式行为的——尽管他对此没有知识,这种方式与他如果具有知识会如何行为的方式完全相似。因而,即使真正有与“假定”对应的东西,它也不是一种特 286
殊的基本类型,而是我们已经划分的几种心理行为类型的结合。[①]

## 六、把强度归于每种心理指涉的不可能性,特别是把确信与偏爱程度理解为强度差异的不可能性

当我在《从经验立场出发的心理学》试图证明表象与判断是心理指涉对象的两种基本类型时,我以这两种指涉方式的强度的程度的不可比较性来支持我的观点,因为那时我遵从已经获得的看法,即,确信的程度被理解为强度的差异。不过我现在认为,这种观点是错误的。有关这种关联,请读者参考我的《感觉心理学研究》。在那里我也表明了,偏爱程度以及意欲的确定程度与感觉强度的程度根本就是不可比较的。我一般地表明,每种心理指涉在严格意义上都表现出强度这种观点必须被放弃,因为我们甚至发现了不具强度的表象(例如一般而言对数字 3 的表象)。可以比较两个被下述事实区分的人:一个人肯定性地判断某物并且对此确信不疑,而另一个人只是相信它大概如此。后一位与前一位所做出的就非同样的判断,而是在强度上要低于前者的判断。以可能性来做判断的人(事实上他做出了许多在内容上有差异的判断)只是以间接样态来指涉另一个人以直接指涉的判断来判定的东西。

① 参见马尔蒂:《对普遍语法的基础与语言哲学的研究》(Halle,1908 年),第 244 页以下。

甚至拉普拉斯说可能性构成复杂知识的时候，他已经很好地意识到这点，首先是关于多个相互排斥的情形中一个或另一个存在的知识，其次是我没有更多理由认为存在着一种知识，它比另一种知识更为真实。我们不能让自己被下述事实所迷惑，即，我们就像谈论感觉强度的程度那样谈论确信的程度。我们也谈论与运动速度关联的差异程度，然而，我们也许称作运动强度的东西与强度的关联并不比与感觉的关联更强。自然科学家知道静止状态实际上并

287 不劣于运动状态。如果世界的重心以你乐意的任何速度及方向运动而非处于静止，那么这与物理、化学及生物过程的内在秩序是完全无关的。关于特定感觉的强度则完全不同。响亮地听到某种声响的人就听而言优于微弱地听到它的人，正如一个不仅仅听着而且同时也触、闻、尝着的人，如果他在其它方面与只是听的人一样的话，那么就感觉而言他优于后者。因而如果一个响亮的声音就像在现象上那样实际存在的话，那么它的现实性就比一种微弱的声音大。

这便是对前面所犯一个错误的简要纠正。我几乎不需要附加说，我不相信这个论证的坍塌会削弱我把表象与判断区分为基本类型的依据。

## 七、把判断与情感作为一个基本类型的不可能性

在《从经验立场出发的心理学》中，我评论说，如果我们把判断与欲求标示为两种基本类型，那么我们就会毫不犹豫地承认，表象与判断是指涉的两种基本类型，因为判断与情感态度之间存在判断与表象之间不存在的相似性。在情感态度中存在着爱与恨的对

立，正如在判断中存在着肯定与否定的对立那样。可在表象中却不存在这种对立。在判断与情感之间还存在着更多相似性，而这在表象中是缺乏的。正如判断有时是正确的有时是不正确的一样，在爱恨领域也存在正确与不正确这回事。有关这点可以参照我在《道德知识的源泉》中的论述，在其中我也表明，有些情感态度 288
直接具有正确的特性(als richtig characteriziert)，正如判断那样。在一种更为深入的讨论中，正如我们这里会继续表明的那样，我们如何能够像对于判断——即所谓的根据其限定(ex terminis)就是自明的——那样直接明见地看到情感的正确。如果我们在这种情况中注意到，我们正确的判断必然基于一种表象，即，通过具有这种表象而以这种方式因果性地进行判断，那么对于直接正确情感的情形也是如此。正如我们看到判断正是由于这种情形而普遍、必然地正确一样，情感态度的情况也是如此。例如，我们不是认识到特定情形下的正义或人类的正义，而是认识到普遍必然的正义，同样，我们也普遍必然地认识到快乐优于痛苦、知识优于错误等等。在马尔蒂对我这本伦理学作品英译的一个注释中，人们会看到有关这个观念的讨论还在继续。①

在这种情况下，下述情形就不会很奇怪，即，那些被我的《从经验立场出发的心理学》的论证(即判断是与表象不同的基本类型)说服的人，现在认为应该把判断与情感统合为一个类型，并将肯定

① 布伦塔诺这里所指的是第一个英译本《道德知识的源泉》，Cecil Hague 译(West-minster，1902 年)，第 122 页以下。他提到的那个注释也出现在马尔蒂的德文本文集中，即《著作集》(Halle，1916 年)，第一卷，第 1 部分，第 100 页以下。也可以参见克劳斯有关价值论的论述，载《哲学年鉴》(柏林，1914 年)。——编者注

当作爱的一个亚种而把否定当作恨的一个亚种。有大量的日常语言表述看上去会确证这一点，就像肯定（Anerkennung）一词通常在赞同意义上使用，而（有关否定或矛盾的）拒绝（Verwerfung）一词在坏与不高兴的意义上使用那样。

尽管已经有那些我们做过的研究，看来我们再说几句也并非多余，判断不应当被当做情感这种基本类型的成员，正如它与表象不属同类一样。

相信某物非常不同于爱它，而拒绝一个对象与恨它也是不同的，否则就不会有悲伤的消息这回事。在这种情况下，并无足够辩护指出，因为同一事情从不同观点看可以是好的也可以是坏的，那
289 么有些东西也可以是被恨的而同时又被相信者所爱。如果某人在其它方面恨一个对象，那么这个东西的存在就是他所不想要的，因为他宁愿这个东西不存在。我们也不应忽视下述事实：即使在判断领域与情感领域存在着相似性，这两个领域也不会完全贯通。这里我必须强调《道德知识的源泉》中也一再强调的一个特殊原因的意义。在判断领域存在正确和错误。不过根据著名的排中律，它们之间并不存在中间环节，就像存在与非存在之间不存在什么东西一样。另一方面，在爱的领域不仅存在“好”与“坏”，而且也存在“更好”与“较好”及“更坏”与“较坏”。这必须研究偏爱的显著本性，正如我在《道德知识的源泉》中表明的那样，偏爱是一种特殊的情感态度，在判断领域并没有它的对应物。通过给一种好加上另一种好，更好的东西也就出现了；某种好东西确实可以加到某种坏东西身上，那么这种好与坏就产生了一个整体，而这时正确的偏爱则是偏爱那种自在自为的纯粹好。例如，在神义论中通常会说，上

帝允许恶存在于这个世界上是因为，作为这种涵盖的结果，这个世界就其总体而言比取消了罪恶的情形更为完美。我们于是会默默地意欲与选择好与坏结合在一起的东西，而在根据正确的程序进行判断时，为了在整体上正确，我们就不会允许错误进入其中。

还有其它方面！当我们正确地爱某物时，我们区分了为了其自身的善与仅仅为了它物的善，我们称后者为“有用的”。而当正确地肯定某物时，便没有这种相似的区分。存在着的所有事物，甚至其原因在其它事物中的事物，都是如此存在的（而不仅仅是为了那种原因而存在的）。

## 八、假定情感与意欲具有像表象与判断之间的基本差异是不可能的

我们刚才已经看到，最近有不少研究者想把我们建立起的基本类别数量缩减为两个，他们想通过把判断置于情感态度名下而做到这点。在这些人之外还有一些人，他们尚不承认我们所称的欲求、偏爱、希求、意欲以及选择等能够统合到快乐与悲伤这种基本的情感种类中。当我提请同行们注意在所谓的情感与意欲之间存在转变的渐进特征时，我听到**一种**观点说要在二者之间做根本 290
的划界。据说在所指出的爱与恨相互对立的心理指涉之中，存在着一些并非彼此不相容的心理指涉，即便它们指向不相容的事物；不过对于我归于这种类型的其它特定指涉而言，相反的情况才是真实的。例如，一个人住在两个令他快乐的地方同样都能快乐，但他并不能同时住在两个地方。这就是说，我们可以同时想到两个相反的东西，并在各方面比较它们，而在判断中肯定一个东西就排

除了肯定与它相反的东西。因而意欲在喜好方面就是不同的，正如判断在拥有表象方面是不同的那样。情况或许是，意欲预设了喜好，正如判断预设了表象，可只有为了建基于一种心理现象而成为一种心理指涉时，这种心理指涉才能被基于另一种心理类型。

然而，对表象与判断之间关系的比较，如果被更恰切地利用的话，我们就会看到在这种情况下事情是根本不同的。如果一种肯定附加于表象上，这并不涉及在表象上附加一种表象。另一方面，这里显示出，当我选择这两种令我高兴的不相容事物之一的时候，对同一对象的一种新的爱的行为就附加到对我喜欢的那个对象的爱中。

另外，这种我们称之为对一个对象的意欲及选择的心理指涉，并不是唯一表现出排他性的心理现象。意欲与选择通常与实践相关。不相信自己能像风神那样命令风与天气的人不可能意欲在三天中我们会有这种或那种天气。不过仍会存在下述情况，即，他在同一天出于某种原因而喜欢好天气，而出于另一种原因则喜欢坏天气，因为在这里与其它情况下一样，快乐情感与其它情感就是相容的，当然他可以决定性地希求这种天气而非那种天气出现。

我们现在应当说正是偏好(Bevorzugen)而非其它情感态度具有这种排他性的特征吗？如果是这样的话，就不可否认我们在处理一种真正的爱的情态，因为在日常语言中，我们也说偏爱(Vor-
291 liebe)。不过在多于两个不相容的对象时，其中之一就会比另一个更多被偏爱，同时又会比其它一个更少被偏爱，而最后这个才能被称为所“希求的”，因而或许我们应当认为只有绝对的偏爱而非相对的偏爱才是新的基本类别的一个例子。不过我们看到这种说法也是没前途的。

然而有人或许会说，这并不属于下述问题：是从一个人喜爱的东西中偏爱某物呢，还是从所有东西中偏爱某物。也存在着下述情形：我们偏爱我们知道是正确的行为，可是由于被激情所控制，我们相反地意欲与行为。如果这种情况发生了，就必须想一下亚里士多德对它的解释：激情不能使一个人释放其高级之爱并获得尊重；这阻止了人们达到其结果，因为激情会既内在又外在地掌控他们。虽然对身体性快乐的欲求并不按照理性来偏爱，可运行在激情兴趣中的理性考量会找到通达快乐的手段。爱与偏爱转化为手段并导致行动，而且相反的高贵的偏爱不起作用。如果我们以这种方式来解释的话，我们就是在处理一组复杂的关系。表象与判断附着于情感上，正因如此，就会有更多爱的情感（我们欲求某物为手段），最后就会有外显着的行为。不过这对于试图辩护一种新的心理种类的假定仍是徒劳的。

## 九、真实对象与虚幻对象

所有心理指涉都指向事物。

在许多情况下，我们所指涉的事物是不存在的。不过我们仍习惯于说它们是作为对象而存在的。这是宽泛（uneigentlicher）意义上对“存在”一词的使用，为的是方便表达，就像我们允许自己说太阳“升起”与“落下”一样。所有这些意味的只是：一个心理行为主体在指涉这些事物。因而像“一个人面兽身物一半是人、一半是马”这种陈述还是可以被继续允许的，虽然在严格意义上这种东西并不存在，即，在严格意义上并不存在半人半马的东西。

因为指涉事物是进行心理活动的某人所具有的显著特性，于是我们就被引向谈论已经在心理行为主体中存在或持存的对象。相似地，主体以不同方式指涉相同事物的事实，也使人们谈论在某
292 种方式下不是对象的某种东西，因为这种东西把对象包含在自身中，并且自己也同样包含在主体中。这种东西被称为心理指涉的“内容”。尤其是与做判断的心理行为相关联，人们谈论判断的内容以及对象。如果我判断“一个人面兽身物不存在”，这是说对象是一个人面兽身物，而判断的内容是人面兽身物不存在（或是一个人面兽身物的非存在）。如果我说这种内容在行为主体中有其存在，那么“存在”再次是在一种宽泛及非严格意义上被运用的，并且与严格意义上的“存在”所表述的是同样东西，即，“一个心理行为主体否认当下样态的人面兽身物的存在”。

然而，有人走得比这更远，他们把正确与错误判断之间的差异也纳入考虑，并谈论实际上存在的内容与实际上不存在的内容。例如，否定一个人面兽身物的判断是正确的，这是说人面兽身物的非存在是实际的，而人面兽身物的存在则是不实际的。相反，因为存在着树这一点是真的，那么不仅树实存，而且树的实存具有存在，而其非实存不具有存在。因而内容就被与对象相似地对待，在我们对它们的区分中，有些是在心理行为主体中存在这种宽泛的意义上的存在，有些是在属于主体之外的现实事物这种严格意义上的存在。然而，因为人们对宣称一个人面兽身物的非存在是一真实事物还有一些犹豫，所以，在把内容称为“对象性的”时一方面要考虑其差异性，另一方面要考虑其相似性。

不过这里确实处理的只是虚幻之物。任何一个说人面兽身物

的非实存具有存在的人，或任何一个通过说“正是如此”来回答人
面兽身物是否不存在的人，只是想说他否认当下样态的人面兽身
物，因而也相信否认人面兽身物的人做了正确的判断。因而当亚
里士多德说“正是如此”时就是非常正确的，我们以之标示我们赞
同一个判断，而这只是意味着这个判断是真的，而且真不存在于进
行判断的人之外；换言之，它**只**在宽泛的意义上存在，并不在严格
意义上现实地存在。如果我们在亚里士多德这些学说上让自己走
入歧途，并把那些虚幻之物当作严格意义上的存在，那么就会走向 293
令人沮丧的复杂。这样的话，在一个苹果之外，也就会出现一个苹
果的存在、一个苹果的非存在的非存在等等无穷后退情形，而这种
无限复杂也会是无限倍增的。

为了支持“一个人面兽身物的非存在真正地和现实地存在”这种说法，假如有人诉诸于“判断的真就是与现实相符”这个原则，并且说在否定判断的情形下，如果没有一种现实与之相应，也就没有这种符合。对此的回应是，在这种情况下那些旧的与传统的词的意义是被误解了。它们只意味着，一个肯定判断被称为真的，仅当判断所说的存在的或曾存在的或将存在的东西**确实**存在或确实曾存在或确实将存在。而一个否定判断被称为真的，仅当这个判断所说的不存在的或不曾存在的或将不存在的东西确实不存在、确实不曾存在或确实将不存在。只有在当下时态的肯定判断中才有肯定地与事物一致的问题，在当下样态的否定判断中不需要这种一致，例如，如果真的存在过人面兽身物，那么这就是对这个判断的否定。

有时在内容与对象之间会做出一种类比，即，认为有些内容像

有些对象那样不仅具有宽泛意义，而且具有严格意义，可有些内容就像有些对象那样不具有这种区分。然而并不存在对这种类比的辩护。

正如内容不能在严格意义上具有存在一样，内容也不能像对象在宽泛意义上具有存在那样具有存在；这是说内容不能成为对象，正如另一方面没有对象能构成一种内容的整体一样。很容易看到这个陈述是如何与前面说过的东西紧密相关的；如果一种内容（例如拿破仑的存在或非存在）能够成为一个对象，那么它也可以或是存在或是不存在，我们不仅可以在严格意义上说拿破仑，而且可以说拿破仑的存在，他在一段时间是存在的，而在另一段时间是不存在的，他具有一个开始和结束。一种内容永不会在是表象的对象的意义上呈现，它也不会在一个对象被肯定的意义上被肯定，甚至不会像那些相信它被肯定的那些人所认为的那样被肯定。当然，这样说的时候我不想否认，根据其它更为通常的用法，与说一个人肯定某物不同，我们可以说他肯定一个东西存在。不过唯一绝对的东西是，这里所呈现的是一个正在做出相关判断的人，我
294 们在就我们想到这个人的意义上来进行判断，我们想到正在正确地做出判断的某人。因而，严格讲来，如果我们说我们否认一个判断的内容存在，我们甚至没有十分确切地表达自己。我们应当说，我们否认“内容”一词是一个专名的存在，这个词就像“的”(of)与“可是”(but)一样自身并不命名、意味任何东西。“一个‘的’不存在”、“一个‘可是’不存在”并不比“一个 Poturi-Nulongon 不存在”更有意义。然而，下述表述却确实是有意义的，即，“前置词‘的’、或是关联词‘可是’并不命名任何东西”。

因而我们确定，一个人不能把一个人面兽身物的存在或非存在作为一个对象，正如他能把一个人面兽身物作为一个对象；一个人只能把肯定或否定人面兽身物的人作为一个对象，在这种情况下，人面兽身物就在一种特定的间接样态上同时成为一个对象。因而一般认为，只有落在事物(Reales)这个概念下的东西，才能为心理指涉提供一个对象。其它下述任何东西都不能像一个事物那样成为心理指涉的对象：不论是现在、过去还是将来，不论是现在的事情、过去的事情还是将来的事情，不论是存在还是非存在，不论是必然性还是非必然性，不论是可能性还是不可能性，不论是必然之物还是非必然之物，不论是可能之物还是不可能之物，不论是真还是假，也不论是真的东西还是假的东西，不论是好还是坏。亚里士多德所说的形式(ἐιδος，λόγος，μορφη)的现实性(ἐνέργεια，ἐντελέχεια)，我们则以红性、形状、人性等等诸如此类的抽象来表达，它不能成为心理指涉的对象，这对于作为对象的对象亦然，例如肯定之物、否定之物、爱之物、恨之物、表象之物等等都不能成为心理指涉的对象。

这里不能岔开太远而去每种特殊情形中演示这一点。因而让我们一般地评论说，仔细研究了其中一种特殊情况的人可能会倾向于假定相反的内容，即，他会发现在这些情况下我们通常也具有——有时是直接地而有时是间接地——作为对象的事物。他将会进一步发现，对于具有刚提到的作为句子的主词或谓词之一的每个句子而言，如果用事物取代主词或谓词，他将得到一个等价的句子。莱布尼兹知道这点——特别是在《人类理智新论》第二卷第二十三章第 1 节关注抽象名称(nomina abstracta)时，他给出了我 295

们所给出的那种转化，这就把我们从形而上学与逻辑学的复杂而琐碎的讨论中解脱出来。

这并不是否认，在许多情况下，我们可以把不是真实之物的虚构当作一个对象（例如把非存在像其它存在者一样都当作对象）——这在逻辑演算中被证明是无害的；事实上，这样的虚构甚至有利于这种演算，因为它简化了我们的表达形式，甚至简化了思想过程自身。这与下述情形是相似的，即，数学家从对小于零的数字的虚构及其它虚构中获益。通过运用这种方法，各种复杂的表象与判断就能够被当作是简单的那样对待，人们就不用对被错误地看作是心理的过程进行详尽的讨论，因为这在某些情况中是无用的。

自古以来的日常逻辑就大谈判断是基本而简单的，其实不然。例如，人们相信，在以字母 A、E、I 与 O 来标示的四种定言命题中，简单而基本的判断种类已经被区分开了，事实上在某种程度上它们所有的都是复杂的，而且它们尤其包括内意识的判断。

我们不禁想对四种定言命题进行一番某种程度上的心理学分析。如果我们将其中的复杂性与通过某种明显的虚构得到的简单性进行比较，我们会能更充分地意识到后者的益处。

对于四种定言形式而言，I 形式是最容易分析的。“有些 S 是 P”等价于下述存在命题，即，当我思维 S 等同于 P 的时候，也就以当下样态直接肯定了全体。如果命题根据逻辑虚构确实表达了一个简单判断的话，那它就等同于被这一存在判断所表达的判断。然而，如果仔细查看的话，这种命题形式意味着一个双重判断（Doppelurteil），其中一部分是在断定主词；而在谓词于表象中等同于主词之后，另一部分则断定在第一部分中完全被自身断定的主词，不过这是以一种附加的方式，即把谓词 P 附加于其上。

我们发现 O 形式有某些相似。逻辑学家称之为特称否定，这是非常不确切的，如果采用一个确切的表达应当说，是某种全然不可能之物。因为一个纯粹的否定判断只能是一个全称否定，正如 296
我们考察普遍性概念时指出的，一个肯定判断不可能只是一个特称肯定的判断。命题“没有树”是一个全称否定，而命题“存在一棵树”是个特称肯定，这对于“没有属于 A 的”与“存在一个 A”同样成立。只有当与 P 等同的 S 被前面一个附加的命题所限定时，某个否定 S 与 P 联结的人才会否定这种联结而不否定 S 所意味的整体。不过正是 O 形式中的这种限定，就像 I 形式中一样，表达了一种双重判断。就像在 I 形式中一样，其中一个部分构成 S 的肯定，这是双重判断的基本构成。第二部分与第一部分相关并且就像不可分割的部分那样预设了第一部分。这第二个部分就是否定的；它不会像 I 形式那样把一种属性加到 S 上（它被双重判断的第一部分所肯定），而是否定其中之一。它不否认**简单形式**的 S 与 P 的联结，而是否认 P 与我肯定的 S 之间的联结，因为每一肯定都是特殊的，我正是通过这种肯定而做出特称判断。因而，正如我们所说，并非与 P 联结的 S 是被否定的，而是局限于其指示范围的 S 是被否定的。这正是作为双重判断 O 的基本肯定部分的特称特征的结果，那么构成它的否定部分看起来是特殊的，实际上却不是。如果乐意的话，一个人可以说第二个判断是真正特称的，这只是因为它并非单纯否定，而是隐含地包含着一个肯定。

我们发现在 I 形式中，双重判断“S 是 P”等价于简单的存在判

断“存在 SP”，即“是 P 的 S”。鉴于我们刚才说过的，这对于与存在命题形式“没有 SP 存在”相关的 O 形式不能成立。因为在后一种情况下——这里完全没有肯定——根本没有限定性的因素解释否定判断显而易见的特称特征。

然而，我们必须注意通常表达 I 与 O 这两种形式的那种语言的特殊性。我们通常不会简单地说“一个 S 是 P”、“一个 S 不是 P”，而是说“有些 S 是 P”、“有些 S 不是 P”。这种“有些”实际上只是用来谈论多个中的一个。因而，例如我们不能说“存在一些上帝”，我们只能说“存在一个上帝”。

对于通常的 A 与 E 形式的表述也可以给出相似评论。我们
297 说“所有 S 是 P”，或“每个 S 是 P”，我们有时使用复数，而有时使用单数，不过，这个单数指涉的是个体所属的复数。当我们把 E 形式表达为“没有 S 是 P”的时候，指涉复数就不太明显。这里也很容易把“没有”理解为“在全部中没有”。这种形式在实践中以一种更为普遍的方式被运用。人们给出像“张三是个人”、“没有绝对完美的存在是不正义的”这样的命题，即使在这两种情况下，主体所指向的也是不能成为复数的某物。我也能够说“每个方的圆必须同时既圆又方”，虽然不可能存在方的圆，更不用说存在大量方的圆了。



于是我们看到，只有表述样态而非其形式意义与复数相关。因此，在刚才给出的 I 与 O 形式的分析中，我并没把这考虑在内。在我将要讨论的 A 与 E 的形式中，它也不是不被考虑的。如果我考虑的话，我将不得不以一种虚构的方式扩展数的概念，结果它将既包含“一”也包含“零”。因为显然对每个主体都存在一个整体数

量。然而,正是因为这个原因,通过断定这一点,我们会一无所获,例如,不说“一个 S 是 P”,我们说“在 S 这种事物的总体中,其中有一个是 P”;不说“一个 S 不是 P”,我们说“在事物 S 的整体中,一个 S 不是 P”。而在其它两种形式中,实际上也不指涉集合。不论我们说一个东西不出现,或是说它不出现在包含所有事物的类中,都不会有丝毫差别。某人说一个类是这种或那种东西,例如它是绿色的,但是在类中包含“一”与“零”,那显然不断定集合的任何东西——既不集合地断定,也不像逻辑学家说的那样,周延性地断定——因为当类是空的时候,其中就不会有这样的个体,谓词“绿”能够从头到尾可以一个接一个地断定这些个体。这样就偏离了基础,这种基础表明,为了其内容变得完全清晰,它自身需要更多更广的心理学分析。特别是,这会导致我们以各种方式对某物的表象做出一种否定判断,不过这也会一劳永逸地使我们不至于犯眼前的错误:即,“数”、“类”等诸如此类的概念不能从任何直观中产生,也不能从或内或外的意识中产生。我简短地涉及这些是为了阻止一种反对,这种反对很容易出现,反对我们已经提出的分析、特别是来反对下面将提出的内容。

在研究了 I 与 O 形式之后,我们现在转向 E 形式。 298

正如 I 形式被证明像是等价于存在命题“存在一个 SP”,即“是 P 的一个 S”那样,命题“没有 S 是 P”显然等价于存在命题“不存在 SP”。

我说“像是等价于”并以之表明:如果从心理学上考察的话,这就不完全相同。我们想通过一种更为彻底的分析来表明这点。一个人说“没有 S 是 P”,这时他想到的是有人判断“一个 S 是 P”,并声称以这种方式想到这个人的时候是想到一个进行错误判断的人，这个人坚持一种与他自己的判断相反的东西。现在我们看到，某人判断“一个 S 是 P”是在做出一个双重判断，其中第一个判断肯定 S，第二个把谓词 P 加在第一个所肯定的 S 上。那么刚才所讲过的东西就隐含着，他认为这两个判断中至少有一个是错误的，因为第二个蕴含了第一个，因而如果第一个错误，那么第二个无论如何也不会正确。因而它与存在判断的等价也是明显的，这种存在命题拒绝两种属性的结合。

于是 A 形式就与 O 形式关联，正如 E 形式与 I 形式关联一样。如果 O 形式意味着双重判断“存在着一个 S 且它不是 P”，那么命题“每个 S 是 P”是说，任何做出这种判断的人都是在错误地判断。我想到某人断定一个 S 并否认属于它的 P，并说想到这个人以这种方式思维，我就是想到某人错误地判断，即，某人坚持与我的判断矛盾的东西。这清楚地表明，作为我所采纳观点的一个结果，我相信根本不会存在一个人，他正确地否认属于 S 的 P。

当定言判断被还原为其最本质的要素时，对定言判断 A、E、I、O 四种逻辑形式的心理学分析就会产生某种复杂的结果。现在让我们来看，当这种复杂性使逻辑学家产生困难时，他们是如何来简化这些运算的！

逻辑学家所不得不做的也是创造虚构，其中也有否定性对象。就像其它东西一样，这个虚构对于外行也是平常的事；他谈到既愚钝又聪明之人，谈到既是无生命的东西又是活着的东西。逻辑学家同等地看待“吸引人的东西”与“不吸引人的东西”、“红的东西”与“非红的东西”，他将它们都称为“对象”。甚至清楚地知道一种

否定不能成为一个对象的亚里士多德，在其《解释篇》中也将诸如 299
“非白”、“非人”等等属于否定之物（ὄνομα ἀόριστον）的表述包含在某物（ὄνομα）之中。康德在其《纯粹理性批判》中所使用的区别于肯定与否定判断的第三种判断“无限判断”，看来与亚里士多德的术语存在着一种历史关联。

逻辑学已经以各种方式运用了这种虚构，并且也能更为技术化地来使用它，就像我在《从经验立场出发的心理学》中所表明的那样，也像紧随我步伐的席勒布兰特（Hillebrand）在其论定言三段论的书中所表明的那样。人们会看到，正如定言命题“一个 S 是 P”可被还原为存在命题“存在一个 SP”或“存在一个是 P 的 S”那样，定言命题“有些 S 不是 P”是如何可被还原为存在命题“存在一个非 P 的 S”，即“存在一个 S，它不是 P”。进一步我们也会看到，定言命题“没有 S 是 P”如何可被还原为存在命题“存在一个非 SP”，以及定言命题“所有 S 是 P”如何可被还原为存在命题“不存在一个 S，它是非 P”。在《从经验立场出发的心理学》中，我陈述了三个简单规则，如果这篇短文还有些道理的话，这几个规则就使所有复杂性都成为多余，这种复杂性是从亚里士多德开始的定言三段论通过区分格与样态达到的，可这种复杂化在所有情形中并不足以避免错误。同时这种处理以一种不会错的方式揭示了，整个三段论只在于对矛盾律的连续运用。贝恩在这一点上误入歧途如此之远，他说除了到目前为止的实践中三段论的规则毫无例外地得到了确证之外，我们没有其它的东西可确保三段论原则的正确性。

一种相似的技巧简化了假定性与析取性的指涉的理论，并使

它们的命题可还原为存在命题。这里我只需要坚持下述虚构，即，判断的内容也能够成为对象，对它我们也能够肯定或否定地指涉，不论是就内容和对象自身来说，还是它们是相互等同的或是以某种方式相互关联的都是如此。例如命题“如果所有A是B，那么有些C就不是D”，能够被转换为存在命题“如果没有C的非D的存在，就没有A的非B的非存在”。如果按照肯定前件式（modus ponens）的话，命题“A不存在则非B存在”，那么“非D的C存在”，或是如果按照否定后件式（modus tollens）的话，命题“C存在则非D不存在”，那么“A非存在则非B不存在”。如果以α取代
300 “A非存在则非B”，以β取代“C存在则非D”，那么论证就会采取下述简单形式：

“如果β不存在，则α不存在，
α存在，
那么β存在。”
“如果β不存在，则α不存在，
β不存在，
那么α不存在。”

确实，这里技术手段的运用是不太重要的，因为条件理论与析取三段论比定言三段论要简单。这或许就是如我们一样通晓三段论的亚里士多德没有在其《前分析篇》中考察它的原因所在。

不过为了确保不被误解，我可以明确地说，我们这里就像在《从经验立场出发的心理学》中所做的一样，并没有处理与定言三

段论相关的所有问题。例如,为了更为简要,我甚至没有提到判断引入的时间样态或绝然特性方面的复杂性,我也没有表明由于它们而容易遇到的特定的困难与危险是如何产生的。

这种虚构在逻辑学中是有用的这个事实已经导致有些人相信,逻辑学既有事物也有非事物为其对象,因而,对象的概念比事物的概念更为普遍。然而这是完全错误的;鉴于我们讲过的内容,这确实显然是不可能的,因为除了实体性对象外根本不存在其它东西,而且事物的统一体概念正如最普遍的概念一样,包含了真正是对象的所有东西。多数情形下的日常语言的术语并非心理学上 301
的术语,而只是语法学上的名称。日常语言的术语不命名事物,不过,涉及它们的话语只关注事物这一点也是真的。逻辑学的对象真的比事物的概念更为狭窄;逻辑学是一种技术性的学科,它为的是让我们通过研究与证明获得知识。逻辑学是判断的技艺。只有在判断中我们才有作为对象的所有种类的事物,这也会与我们的观点间接相符;如果直言不讳地说,正是知识——严格讲来是认知着的主体——才堪称逻辑学的对象。

## 十、逻辑数学化的尝试

有些人就像我一样感到需要对基础逻辑进行一番改造。特别是不少人试图给逻辑学一种完全的数学化特征,期望所有论证都有数学证明那样的明晰。根据我们的考察,所有否定判断的特征的普遍性在定言陈述的情况中都被解释为主体概念的量化形式。因此,人们被下述观念所打动,即,如果谓词与主词都被量化了那么会更好。这种观念在古代也并非完全陌生,亚里士多德明确地指出，如果人们只是在谓词前重复“所有”、“每个”这些词，而非把它们分别用到主词上，那就只能得出错误结论；他这样说的时候就已经注意到这种观念——当然只是论辩性地。因为没有像“所有人都是所有人”以及“每个人是每个人”这样的命题能够被认为是正确的。所有人是所有人并不为真，相反，没有人是所有人却是真的。而且没有人是每个人；因为如果这对于一个人是正确的，那么例如张三就不仅是张三，而且也是李四与王五等等。我们这里就看到对语言形式的一种完全误解。

302 最近古穆珀兹(Gomperz)在解释泰珀拉斯托斯(Theophrastus)的哲学时评论道，后者预示了现代的谓词量化理论。可如果你对他引述的段落仔细考究的话，就会发现相反的东西；泰珀拉斯托斯提到了这种观念，但正如之前的亚里士多德所做的那样，只是谴责它。

一种相似的误解导引着这样一些人，他们说每种定言判断都表达了主词与谓词之间的同一关系。洛采看来被这种观念引向了殊相理论，即，当我们说“一棵树是绿的”时，通过“树”我们隐含地理解了一棵绿树，而通过“绿”我们不仅理解了绿，而且理解了等同于一棵树的绿的东西，因而再次理解了一棵绿树。我们于是有了下述等式：“一棵绿树＝一棵绿树”。可是仅仅说同一事物被认为与自身同一这种相等的定言陈述的值又是什么呢？如果所有数学等式只是说 2 是 2，10 是 10 等等，那么它就很难对科学的进展有什么贡献。如果命题“一棵树是绿的”真的能够在本质上内容不变地转化为命题“一棵绿树是一棵绿树”，那么就很容易看到谓词“一棵绿树”被完全去掉也不会损失什么。我们就得到简单的存在命题“一棵绿树是(存在)”作为“一棵树是绿的”这个命题的等价命题,而这完全与我们的观点相符。如果一个人把命题“所有人是好的”等价于“所有好人是好人”,那么这就是一种头脑不清,因为后者是自明的而前者与经验相悖。

因而,不论我如何一般地同情使基本逻辑学的规则更为自明化以及更便于运作的努力,我还是不能赞同使逻辑数学化的尝试。我注意着不将自己把定言陈述还原为存在命题的尝试混同于上述尝试。我们前面谈到过那些希望夸大逻辑对象普遍性的人。而现在我们必须说,那些相信逻辑学所考察的判断只是处理等式以及数量关系的人,则陷入相反的错误。他们过于限制逻辑学的任务并想把它当作数学的一部分,而在我看来应当反其道而行之;所有数学都是逻辑学的一部分,这部分告诉我们某些知识——即可量化测定的——问题如何最好能以一种系统的方法来处理。

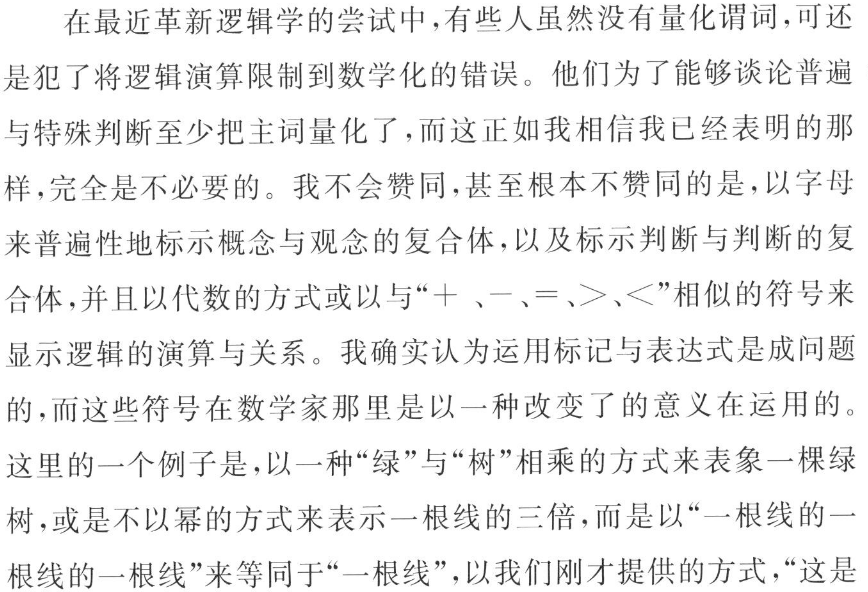

在最近革新逻辑学的尝试中,有些人虽然没有量化谓词,可还是犯了将逻辑演算限制到数学化的错误。他们为了能够谈论普遍 303
与特殊判断至少把主词量化了,而这正如我相信我已经表明的那样,完全是不必要的。我不会赞同,甚至根本不赞同的是,以字母来普遍性地标示概念与观念的复合体,以及标示判断与判断的复合体,并且以代数的方式或以与“＋ 、－、＝、>、<”相似的符号来显示逻辑的演算与关系。我确实认为运用标记与表达式是成问题的,而这些符号在数学家那里是以一种改变了的意义在运用的。这里的一个例子是,以一种“绿”与“树”相乘的方式来表象一棵绿树,或是不以幂的方式来表示一根线的三倍,而是以“一根线的一根线的一根线”来等同于“一根线”,以我们刚才提供的方式,“这是

一根线”被自己重复了三次。我们这里最根本的关注是不要含混不清，因而就要小心不能创造出新的含混不清，就像我们刚才所提到的那样。看来下述情形完全是偶然境况的结果，即，代数为了话语的表达而允许形容词与相关的名词前后相随。

如果人们也想以这新方法来处理数学难题，就像逻辑的普遍性强迫他们所做的那样，那么这就尤其是有害的。然而这事实上已经发生。不过，如果你考虑下述事实，即，全部尝试都是由期望将数学演算所具有的清楚性赋予其它类型的论证引起的，那么试图革新数学演算自身就非常奇怪了。我这里不会期望这种趋向真正成功，而是恰恰相反。当我听到新的逻辑学之友在其热望中预言说，他们也将会推动科学无与伦比地进步的时候，我就想起鲁鲁斯(Raymundus Lullius)在其“大科学”(Ars magna)中所列的高远期望。这被证明是完全徒劳无果的。我们现在发现最近许多方面都非常奇怪的新的代数的运用并没有带来什么重要的发现。

下述情形是这种数理逻辑没有足够关注使逻辑演算变得确定这一事实的另一个标示，使逻辑演算变得确定比简化与简单化它们更重要。新逻辑就像我那样批评了旧逻辑学及其对象的不完备性。不过正如我所发现的，新逻辑并没提请我们注意传统逻辑学
304 规则中的许多错误与矛盾，而这是在我的革新尝试中尽力避免的。例如，新逻辑没有指出，说“所有 S 是 P”这个陈述蕴含着“有些 S 是 P”这个陈述是错误的。我们看到一个完整的类别只会有一个成员或是有零个成员。在后种情况下，虽然说所有 S 是 P 仍是正确的，可是说一个 S 是 P 就是不正确的，因为事实上没有 S 是 P。因而下述规则是错误的，这个规则说，“所有 S 是 P”的真与“没有

S 是 P”的真是不相容的，这就像下述规则是错误的一样，这个规则说，在任一情况下，两个命题“有些 S 是 P”与“有些 S 不是 P”的一个或另一个必定正确。

没有办法为旧逻辑进行辩护的。如果一个人希望通过主张下述看法而做到这点，即，所有定言陈述都假定主体存在并应仅被看作假言判断，仍会受到自相矛盾的指责——即使这一看法被接受。因为对于只在特定前提下被看作真的两个断定而言，我们不再能说它们不能同时为真。相反，就像在两难推理中那样，我们能够从两者的真推论出前提的假。因而，例如从“所有 S 是 P”与“没有 S 是 P”两命题的真中——如果两者都需要假定 S 存在——，就可推出这一前提为假，就是说不存在 S。对此回应说，定言判断不应被认为由假设限定在了在主体存在的情形中，而是定言判断中已包含了对主体存在的断定，这也无济于事。因为如果 A 形式与 O 形式都包含了对 S 存在的断定，那么当 S 不存在的时候它们两者就都为假。这样两者就不再矛盾。

只有当我试图革新逻辑学的时候，最基本的逻辑规则——包括推论的四种通常样态——的这些及其它反常才会直接清晰地出现。这是由于对下述命题坚定的坚持，即，任何否定普遍性的人，都会否认这个概念的整个范围，而肯定它的人则肯定每种特殊的东西，相反，任何肯定某种其属性可区分为多种的东西的人，都会肯定其所有属性，因而也肯定其所有内容，不过没哪个否定这种东西的人也否定它的每一部分、否定包含于其中的每种属性。因而，我们可以说，当概念不是完全简单的时候，否定判断永不会做出一个有关其所有内容的判断，正如当概念不是完全个体性的时候，肯定判断永不会做出有关其所有指谓的判断一样。

新的数理逻辑已经发明了一种新语言。不过，在我看来，教我
305 们说一种新语言比教我们正确调校每个人都在用的言谈方式更少益处。人们不会停止在这些语言符号种类与他们的思维过程之间进行连接。因而最重要的事情是消除会从这里产生的危险。我们通过使话语每个部分的功能变得可理解来做到这点。因而对那些经常存在的且在所有语言中都相似地重复的含混不清(也是服务于某种目的的)，我们不是取消它们，而是使它们变得无害。命题“A 是 A”常被用来表述一个自明的先天判断，可不论是笛卡尔、斯宾诺莎、莱布尼兹还是康德都没注意到它不是肯定性的。如果注意到这点的话，前三位哲学家就会避免陷入有关上帝存在的本体论证明的错误中。如果注意到这点的话，康德也不会让自己误入对分析判断的一种错误界定，根据这种错误理论，如果一个肯定判断的谓词包含在主词概念中的话，它就被认为是分析的。这个错误在《纯粹理性批判》中是与不少进一步的错误联系在一起的，其中最糟糕的错误是，单纯的分析判断不能增加我们的知识。这个观点直到今天还存在，虽然它早已被亚里士多德所拒绝，而且康德在一个场合也不经意地提供了拒绝它的证据。根据康德，逻辑学被认为是纯分析性的然而又是真正的科学，因而它会丰富我们的知识。最崇拜康德的朗格也注意到这个矛盾，为了解除这个矛盾，他也使逻辑学依赖于一种先天综合的知识。不过由于这被认为只具有现象的有效性，朗格就声称空间直观是所有逻辑运算的根本基础。几何学图型彼此包含、并列或重叠，它们在逻辑学教科书中经常伴随着对定言三段论的说明，它们并不被认为是某种随意的

东西，而是包含了论证的核心。

我们真的会相信——与西塞罗曾说的相反——美德、正义以及其它普遍概念在一种字面意义上会是圆的或方的吗？肯定不会。把这些东西称为空间上延展的只是一种比喻。而正是这种转换会把我们带出空间直观领域，它不再允许先天综合真理的应 306
用——因为它们的应用是依赖于这种直观的。

## 十一、心理主义

有人已经对我的知识论做出心理主义的指控。这是一个最近才被使用的词，当被这个词形容的时候，不少虔诚的哲学家——就像正统的天主教听到现代主义这个词一样——会感觉他自己像是有罪似的。

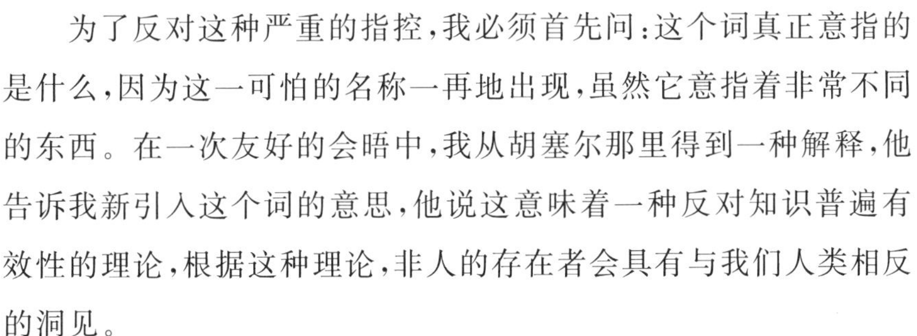

为了反对这种严重的指控，我必须首先问：这个词真正意指的是什么，因为这一可怕的名称一再地出现，虽然它意指着非常不同的东西。在一次友好的会晤中，我从胡塞尔那里得到一种解释，他告诉我新引入这个词的意思，他说这意味着一种反对知识普遍有效性的理论，根据这种理论，非人的存在者会具有与我们人类相反的洞见。

如果以这种意义理解的话，我现在不仅不是这种心理主义的鼓吹者，而反倒是这种荒谬的主观主义的非常严厉的拒绝与反对者。

不过我后来还是听说他们把我看作心理主义的鼓吹者，说我消除了所有的真理，因为据说之所以存在真理，仅仅是因为在心灵之外存在着某种东西，这种东西与真判断相符，且对于每个进行判断的人来说都是一样的。不过，在否定判断的情形中，以及在那些显示某物是可能的或不可能的、是过去的或将来的情形中，这个“某物”不能成为一个事物。这样，由于我不承认除了事物还存在着某种非事物，例如非存在、可能性、不可能性、过去性及将来性等等，所以，我被认为消除了所有的真理。

我回应说，即使消除知识的普遍有效性是这种拒绝的一个结果，这仍不能说我鼓吹心理主义，因为我自己不会得出这个结论。

不过，即使这一点也是不正确的；为何如果不预设非事物的话下述情形就不会是自明的呢？即，有两个判断，其中一个以某种方式肯定而另一个以同样方式否定，两个不同的人做出这两个判断并不比同一个人做出这两个判断更为正确。确实没人会认为，即使存在着非事物，为了使我们知道我们的判断是正确还是错误的，

307 我们首先必须感知这些非事物，并把它们与我们的判断相比较，看看它们是否一致。相反，通常是对于事物的直接明证的知觉，以及对事物在我们表象中联结的直接明证的拒绝，为我们对其他人和我们自己的思想进行批判性评估提供了最终支持。

我几乎不会相信这种诽谤性的攻击真地出于我自己的学生之口。为了不对这作更坏的解释，我必须假定这是一种记忆极端贫乏的显示。[①]

---

① 如今我们仍会看到，许多没有认识到明证性的显著本性的人，混淆了逻辑有效性与思维的发生的必然性，不论是对个体还是对整个人类而言都是如此。我至少既在讲座中也在著述中非常严格地区分了自然必然性意义上的合规律性与行为正确性意义上的合规律性。事实上，不论是我之前的人，还是我之后的人（包括胡塞尔），都没能在这一主题上做出比我更为清晰与重要的论述。

可并非仅仅如此！仍然存在着第三种可能性。你们知道人类是怎么样的，他们的概念又是如何不被他们意识到地转变的，因而，由于出现的模棱两可性，他们并不知道他们真正说的是什么。这种人类的失败也会在称我为心理主义的鼓吹者的那些人中出现。事实上，心理主义不仅被认为归宗于主观主义者，而且还被归于相信心理学对认识论与逻辑学有重要贡献的人。可是不论我如何被谴责为主观主义，我也不会误入歧途地否认那种真理。我宁愿相信：如果有人否认知识是判断而判断属于心理学领域，那在我看来，他就不得不是矛盾的，甚至是荒谬的。下述情况也是真实的，即，如果不是我们的其它存在者与我们一起分享知识，它们分享的东西必定会落入人类的心理学领域，而且也只有通过对这个心理学领域进行科学研究才能直接通达这种知识。

# 中译说明

该中译主要依据英文译本(*Psychology from an Empirical Standpoint*, Translated by Antos C. Rancurello, D. B. Terrell and Linda L. McAlister, English translation © 1973,1995 Routledge),关键术语参照了德文本(*Psychologie vom empirischen Standpunkte*, Felix Meiner, Leipzig, 1924 年第二版)。其中第二卷第一章的译文参考了陈维纲、林国文的中译(《现代西方哲学论著选读》,北京大学出版社,1992 年),特此致谢!

为了保持布伦塔诺著作原貌,本译文只保留了 1924 年版编者克劳斯(Oskar Kraus)几处资料性注释(以"编者注"标明),中译者所加几处注释也以"译者注"标明,其余未特别标出的都是原书作者所注(其中几处 1911 年版作者自己所补注释也都标出)。本译文未予采用的除了编者克劳斯的大量评论引申性注释之外,还有他写的长篇导论,以及他自己从布伦塔诺著述中抽取出的附录二(本中译保留了布伦塔诺自己 1911 年再版时所加的附录)。英译本的导论及前言同样未予采用。对布伦塔诺思想的理解与品评还是留给读者自己为好。

感谢倪梁康教授对本书翻译、出版的帮助和督促!感谢商务印书馆的陈小文先生在本书的出版方面所给予的支持和帮助!感谢所有关心本书翻译的师友！

特别要感谢本书的责任编辑关群德先生！关先生对整部译稿进行了细致的校对和大量的修改，其中绝大多数都被译者采纳；一些重要术语也根据关先生的建议进行了修改和统一。当然，译文中出现的所有错误都由译者自负。

本书的翻译断断续续，历经数载。虽尽力而为，终难免错误。敬请读者批评指正！

2016.7.7

于康乐园

**图书在版编目(CIP)数据**

从经验立场出发的心理学/(德)布伦塔诺著;郝亿春译.—北京:商务印书馆,2024
(汉译世界学术名著丛书:120年纪念版:珍藏本:增订本)
ISBN 978-7-100-23696-6

Ⅰ.①从… Ⅱ.①布…②郝… Ⅲ.①心理学—研究 Ⅳ.①B84

中国国家版本馆CIP数据核字(2024)第076122号

权利保留,侵权必究。

汉译世界学术名著丛书
(120年纪念版·珍藏本·增订本)
**从经验立场出发的心理学**
〔德〕布伦塔诺 著
郝亿春 译

商务印书馆出版
(北京王府井大街36号 邮政编码100710)
商务印书馆发行
北京通州皇家印刷厂印刷
ISBN 978-7-100-23696-6

2024年5月第1版 开本710×1000 1/16
2024年5月北京第1次印刷 印张22¾
定价:126.00元